河南省社会科学院哲学社会科学创新工程试点项目

中原学术文库·青年丛书

制造业与高技术服务业
融合发展研究

RESEARCH ON THE FUSION DEVELOPMENT OF MANUFACTURING
INDUSTRY AND HIGH-TECH SERVICE INDUSTRY

袁金星 ／ 著

社会科学文献出版社
SOCIAL SCIENCES ACADEMIC PRESS (CHINA)

前　言

　　经过改革开放四十多年的快速发展，我国国内生产总值已经稳居世界第二位，经济由高速增长阶段转向高质量发展阶段。制造业是国民经济的主体，是立国之本、兴国之器、强国之基。与我国经济总量快速膨胀相伴的是我国制造业规模日益庞大，我国成为名副其实的制造业大国，但是，很明显仍不是制造业强国，重要原因之一就是我国高技术服务业发展相对滞后。

　　高技术服务业是在经济全球化和全球进入知识经济时代的大背景下出现的。高技术服务业脱胎于制造业，随着分工的深化和交易成本的下降，高技术服务逐渐与制造业分离，进而逐步形成独立的产业，带来了市场上高技术服务业种类、规模、数量的大幅增加。市场化的高技术服务业不但为制造业母体提供高技术服务，还可以为市场上其他制造业提供专业化的高技术服务，从而实现高技术服务业与制造业分工与协作的市场格局。然而，当前由于市场化分工程度以及交易成本等因素影响，我国高技术服务业与制造业的分离程度不高，高技术服务业发展滞后，从而导致制造业在市场上找不到合适的高技术服务提供商，只能由自身提供高技术服务。在此背景下，我国高技术服务业由于市场化供给不足从而发展滞后，制造业由于专业化的高技术服务投入不足从而竞争力不强。

　　当前，人类社会已经开始进入第四次工业革命时代。信息技术、智能制造技术、新材料技术等发展突飞猛进，新技术、新业态、新模式、新产业层出不穷，产业之间的边界逐渐模糊，制造业与高技术服务业逐渐融合，制造业服务化程度不断提升，高技术服务成为制造业的主要业态，两者融合发展形成了价值链的重构与提升。面对新 轮科技革命和产业变革的历史机遇期，面对国际产业分工格局的战略重塑期，面对产业融合不断加剧的发展大势以及日趋激烈的国际竞争，如何最大可能地提高制造业产业链的服务增值环节？如何推动制造业和高技术服务业融合发展、助力"中国制造"向"中国创造"转变？深入研究和回答以上问题，对于我国打造现代化产业体系，推动制造业在全球产业分工占据有利位置有极其重要的战略意义。

本书以理论研究为基石和起点，沿着"理论基础分析→内在机理研究→实证分析→顶层设计研究→对策研究"的技术路线，在对国内外服务业与制造业互动关系研究进行总结归纳的基础上，进一步分析两者融合发展的作用机理、融合类型以及融合效应，并运用实证分析法，对我国高技术服务业与制造业融合发展中制造业高技术服务中间投入变动情况、制造业对高技术服务业中间需求程度变动情况等进行剖析，指出存在的问题以及相关影响因素，并在此基础上提出进一步促进我国高技术服务业与制造业融合发展的总体思路、发展目标、实施步骤、重点任务以及对策建议。

第一章绪论。伴随着世界产业结构开始从"工业型经济"向"服务型经济"加速转型，技术、知识开始成为产业价值链的重要增值内容，推动了产业间、行业间的关联度大大增加，产业与产业之间的边界日益模糊，产业与产业之间的渗透也越来越难以抽象出来。在这种发展趋势下，高技术服务业与制造业共同加速了价值链的分离、重组，有力地推动了发展方式转变和现代化产业体系构建。本章详细阐释了高技术服务业与制造业融合发展的时代背景、战略意义以及国内外学界对这一问题的主要观点及相关成果情况。

第二章制造业与高技术服务业的分工与协作。本章研究了我国高技术服务业产生、发展、壮大的背景及演进轨迹；分析了分工视角下高技术服务业与制造业分离的影响因素及分离程度；开展了我国与其他国家高技术服务业与制造业分离程度的对比分析；并通过实证分析法剖析了我国高技术服务业与制造业分离的影响因素，同时计算出我国高技术服务业内部典型行业对制造业的促进作用。

第三章第四次工业革命背景下制造业与高技术服务业融合趋势。本章结合第四次工业革命的新趋势、新特点分析了产业融合出现的新变化；并以科技服务业、信息服务业、商务服务业为代表，分析了第四次工业革命背景下高技术服务业与制造业融合的类型、内在机理与融合产生的效应；详细阐释了第四次工业革命背景下制造业价值链的分解，以及高技术服务业与制造业的价值链重构。

第四章我国制造业与高技术服务业融合发展的实证分析。本章重点分析了我国与发达国家以及部分金砖国家高技术服务业贡献率变化情况；对比了我国与其他国家制造业发展过程中高技术服务中间投入情况、高技术服务业中间需求变动情况以及服务业对高技术服务业中间需求程度等。同时利用 2002 年、2007 年、2012 年我国 WIOD 数据分析了我国制造业高技术服务中间投入变动情况、制造业对高技术服务业中间需求程度变动情况、装备制造业对高技术服务业中间需求变动情况以及高技术服务业典型行业的装备制造业投入程度变动情况等，并以长三角地区为例，对制造业与高技术服务业融合发展的中间投入、中间需求情况开展实证分析。同时，也对中部六省制造服务业与制造业的融合程度进行了分析。

第五章制造业与高技术服务业融合发展的典型模式及经验启示。本章将制造业与高技术服务业融合发展的模式总结为外延化模式、内部化模式、网络化模式以及市场化模式四种典型类型，并结合实际案例展开模式分析；归纳四种典型模式下制造业与高技术服务业融合发展的经验启示，并指出了我国制造业与高技术服务业融合发展面临的突出问题。

第六章促进我国制造业与高技术服务业融合发展的总体框架。本章在分析我国经济进入新时代的发展要求以及"中国制造2025"战略实施情况的基础上，结合之前研究的部分结论，描绘了新时期加快我国制造业与高技术服务业融合发展的目标方向、战略路径、推进策略以及主要任务等。

第七章促进我国制造业与高技术服务业融合发展的对策建议。在上述研究的基础上，从产业主体、产业规制、发展平台、创新支撑、空间载体以及发展环境等角度提出相关对策建议。

制造业和服务业两者关系虽然是众多学者研究的对象，但是不同的学者研究的角度、方法不同，不同时期研究的问题也不尽相同。本书尽管与其他学者的研究有相重合的部分，但不论是研究方法、研究思路还是研究内容上都具有一定的新颖性和创新性。本书深化了对高技术服务业与制造业互动发展一般规律的认识，进一步丰富和完善了产业融合发展研究体系，能为进一步推动产业融合发展提供一定的理论支持，特别是从高技术服务业发展外化不足的视角考察我国高技术服务业发展滞后问题，并从高技术服务业投入不足、发展不足的视角考察我国制造业竞争力落后的问题，具有一定理论价值。本书构建了高技术服务与制造业分离影响因素的计量模型，从实证角度对高技术服务业对制造业发展的促进作用进行了分析，对开展产业互动融合量化研究具有一定的借鉴价值。本书在深入分析高技术服务业与制造业分工协作机理的基础上，总结了高技术服务业与制造业融合的四种模式，结合我国产业发展战略，提出了推动高技术服务业与制造业融合发展的主要目标、工作方法、重点任务以及对策建议，具有重要的决策参考意义。

由于种种原因，本书仍存在着诸多不足，敬请同行专家和学界朋

友对本书存在的不足甚至错误给予批评指正。本书对所有直接引用的
参考资料都尽可能地一一注明出处，对所有参阅的文献在书末尽可能
地逐一列出，如有遗漏，实非故意，谨请原作者谅解。在此对所有被
引用和参阅的文献原作者表示诚挚的谢意。

目　录

第一章　绪论

自 20 世纪 90 年代以来，信息技术快速发展、经济全球化日新月异，全球生产要素流动全面提速，产业分工越来越细，新技术、新产业、新业态、新模式层出不穷，人们的需求空间越来越大。特别是世界产业结构开始从"工业型经济"向"服务型经济"加速转型，技术、知识开始成为产业价值链的重要增值内容，推动了产业间、行业间的关联度大大增加，产业与产业之间的边界日益模糊，产业与产业之间的渗透也越来越难以抽象出来。在这种发展趋势下，传统意义上的制造业与服务业的边界也逐渐模糊，制造业的价值链开始不断向服务环节延伸和拓展，而服务业开始从提供劳务服务为主向提供以技术、知识为基础的服务为主，高技术服务业蓬勃兴起，与制造业共同加速了价值链的分离、重组，有力推动了发展方式转变和现代化产业体系构建。因此，深入研究新形势下制造业与高技术服务业融合发展，是当前和今后一个阶段我国政府、学界的重要课题。正是基于上述基本认识，本书围绕这一问题展开相关研究，以期尽可能或者有可能为该领域学术研究提供一定的智力支持。

第一节　研究背景

知识经济催生了大批高新技术，极大地促进了服务业高技术化过程，使服务业开始发生质的变化。与此同时，新科技革命的浪潮推动高新技术产业价值链不断向服务环节扩展和延伸，产品中的服务价值比重甚至开始超过实体价值比重，高技术服务业对制造业转型升级的促进和支撑作用与日俱增，特别是国际金融危机爆发后，以美国为代表的发达国家开始重新审视经济增长模式，提出将"再工业化"作为重塑国家竞争优势的重要途径，让经济增长回归实体经济。其实质是利用通信技术、互联网技术等技术服务优势，使高技术服务业与先进制造业匹配融合，进而推动和巩固自身在制造业领域的技术地位，形成两者互动的发展方式，实现产业结构合理化和高级化，继续占据国际分工体系高端环节，保持对价值链的控制力。可以说，具有高增值性、低消耗、高辐射等特征的高技术服务业正在成为传统制造业升级的有力杠杆。

我国是制造业大国，但不是制造业强国。长期以来，我国制造业依赖廉价的劳动力、土地等要素价格优势融入了国际分工体系，但始终徘徊在价值链的低端。国际金融危机后，新一轮全球分工体系正在发生变化，不断上涨的要素价格使我国低端制造业优势逐渐减弱。制造业是国民经济的主体，是立国之本、兴国之器、强国之基。2015年5月，国务院正式发布《中国制造2025》，提出"坚持创新驱动、智能转型、强化基础、绿色发展，加快从制造大国转向制造强国"，并进一步列出了支持发展的高端服务业类别，包括工业设计、融资租赁等生产性服务业，研发设计、系统集成、知识产权、检验检测等高技术服务业。促进服务业与制造业融合发展，为的就是抢抓新一轮科技革命和产业变革的历史机遇期，在国际产业分工格局重塑的过程中占据有利位置。但是，激烈的国际竞争、新技术的大量涌现、产业融合不断加剧的发展大势，要求我们必须大力发展高技术服务业，最大可能地提高制造业产业链的服务增值环节，推动高技术服务业和制造业升级互动发展，助力"中国制造"向"中国创造"转变，打造现代化产业体系，这既是关系我国当前和长远发展的重大现实问题，也是发展所需、大势所趋。

第二节　研究意义

知识经济催生了大批高新技术，使高新技术产业价值链不断向服务环节扩展和延伸，高技术服务业对制造业转型升级的促进和支撑作用与日俱增。尤其是国际金融危机后，新一轮制造业国际格局正在发生变化，我国制造业正面临前所未有的崛起契机，如何推动制造业与高技术服务业融合发展，实现"中国制造"向"中国创造"转变，是关系我国当前和长远发展的重大现实问题。本书就此展开相关研究，无论是从实践上，还是理论上都有重要意义。

一　理论意义

一直以来，我国的制造业发展实行的是垂直一体化经营模式，生产性服务业包括高技术服务业一直与制造业没有得到充分分离，高技术服务业整体上内置于制造企业内部，导致制造业发展不充分、效率低下，同时，高技术服务业也没被作为一个独立的产业加以研究、扶持和发展。从 2003 年开始，高技术服务业才开始作为专业名词出现在政府相关文件中，政府、学界才开始逐渐重视该领域的研究。高技术服务业有何发展规律？高技术服务业怎么实现从制造业的分离？影响两者分离的因素都有哪些？高技术服务业与制造业融合的类型、内在机理是什么？对这些问题的研究，可以为我国新时代推动市场化改革，推动和鼓励制造业企业分离出高技术服务企业提供一定的理论指导。

另外，自从 20 世纪 70 年代产业融合现象受到国际广泛关注起，关于"产业融合"的相关讨论持续了近四十年，国内、国外学术界因为论述角度不同而没有达成一致认识，但是不妨碍产业融合理论成为当前产业经济学的前沿研究领域。很多学者针对产业融合提出了相关理论阐释，例如：格林斯坦和卡纳（Greenstein and Khanna，1997）、植草益（2001）、厉无畏（2003）、周振华（2002）、沃茨（Wirtz，2001）等对产业融合的概念、内涵、原因、过程以及产业融合的组织结构变化等方面进行了阐释，但是上述研究的基本出发点是基于信息通信产业（计算机、通信和广播电视）的"三网融合"，认为产业融合是信息通信产业扩散的结果，是产业经济发展的新趋势。但是在2008年国际金融危机爆发后，世界各国纷纷调整产业政策和科技政策，第四次工业革命迅速到来，科技创新风起云涌，推动了高技术服务业与制造业融合发展趋势愈加显著，传统的理论认识已经不能全面地解释这一全新现象。因此，在这种背景下，开展该课题的研究将在一定程度上有利于深化和发展产业融合理论。

二 现实意义

20世纪90年代以来，制造业和服务业的关系日益密切，特别是随着科学技术的不断进步，传统的产业边界逐渐模糊化或消失，产业融合加剧，制造业服务化和服务业高技术化趋势明显，使得制造业与高技术服务业互动发展态势愈加突出。但是随着我国经济社会的快速发展，人口红利大幅减退，劳动力生产成本大幅增加，加之国际竞争日趋激烈，我国制造业在全球价值链上的传统优势已经明显减小。特别是以人力资本和知识资本为主要投入的高技术服务业发展相对滞后，造成制造业缺乏核心技术，产品缺乏竞争力。2008年金融危机爆发，以美国为代表的发达国家产业发展战略开始回归实体经济，全球产业分工开始重新洗牌，既为我国制造业加快发展提供了有利契机，也带来了不小挑战。高技术服务业与制造业特别是先进制造业分离的同时还相互融合，加强这一发展趋势、发展规律对新时代我国制造业竞争力提升、现代化产业体系构建有参考价值。因此，本书就制造业与高技术服务业融合发展开展研究，具体有以下现实意义：①有利于各界更加重视高新技术服务业发展，加速服务业与制造业价值链相互渗透、延伸和重组，推动战略性新兴产业发展，最终形成新型产业体系；②有利于从服务领域入手推动"中国制造2025"战略实施，使我国制造业融入全球价值链体系，更好地参与国际分工与合作，提升制造业国际竞争力；③有利于推动制造业企业加大人才、知识等创新要素投入，调整企业发展战略和管理模式，探索高质量、可持续的发展路径。

第三节　国内外研究述评

一　关于高技术服务业

"高技术服务业"这一产业特有名词最早出现在我国相关政府文件中，国外多用"HTS"（High Technology Services）来表示，认为其是具有高技术产业特征的服务业，把它作为制造业的"附加"成分，但这种"服务附属"的观念对我国经济实践难以做出有力说明。而我国把高技术服务业作为以高技术服务为支撑，提供高质量、高技术含量和高附加值的新兴服务业来加以扶持，虽起步较晚，有关研究也是近几年才出现，但也涌现出一批研究成果。纵览相关研究文献，主要集中在以下三个领域。

（1）关于高技术服务业的概念内涵、行业界定等。曾智泽（2007）在深度剖析了国外高技术服务业统计分类目录中所蕴含的信息后，认为高技术服务业具有高技术性、高附加值性、高技术制造业从属性等基本特征，并对高技术服务业定义为：在高研发投入和高专利申请的基础上，通过高技术和高人才的投入，在高技术制造业上延伸而形成的高端服务业。王仰东、杨跃承等（2007）认为高技术服务业相比传统服务业，具有创新性、专业性、高智力性、高增值性等七个特征，并认为高技术服务业是知识密集、技术密集和人才密集的集中体现，而高素质的人才团队是高技术服务业最核心的要素和资源。石庆焱、赵玉川（2010）根据对高技术服务业内涵的理解，认为高技术服务业主要分布在二个产业领域，并根据《国民经济行业分类》框架，把高技术服务业划分为 12 个行业门类。李勇坚（2012）认为高技术服务业与技术创新密切相关，应把其看成一个动态的概念，包含的内容及行业是不断变化的。

（2）关于区域高技术服务业发展现状及发展模式等。王仰东、安琴等（2010）运用 SWOT 分析法对珠三角地区高技术服务业发展进行了较为全面深入的探讨，提出了把高技术服务业培养为主导产业等发展建议。王江、李郁璞（2010）总结了发达国家高技术服务业发展的 3 种不同模式，结合北京实际，认为北京高技术服务业发展应借鉴日本改进型研发模式和印度应用型发展模式，形成组合型的实用发展模式。李兰芳（2012）以上海市为例，结合 2002 – 2010 年相关产业数据，建立实证分析模型，计算出了高技术服务业对上海经济增长的贡献率。仇冬芳等（2011）设计了高技术服务业评价指标体系，并运用主成分分析法，提炼了影响高技术服务业发展的四大因素。

（3）关于高技术服务业发展水平测度以及高技术服务业对制造业影响等的相关实证分析。魏江、黄学（2015）运用多种研究方法，建立了高技术服务业创新能力发展评价指标体系，并结合浙江情况进行了实证应用研究。胡霞（2014）运用面板数据模型，分析了广东省高技术服务业及其内部细分行业对制造业生产率、利润率等的影响。罗宣、吴宁宁（2016）建立了基于突变级数法（CPM）的高技术服务业竞争力评价模型，选取我国 12 个省份进行了高技术服务业竞争力实证测量。张映红、燕善俊（2017）运用主成分分析法对我国华东地区高技术服务业发展水平进行了测度分析。翁朝霞（2013）运用了区位熵法对江苏省高技术服务业内部 7 个行业的优劣状况进行了实证研究。陈畴镛、陈力（2014）则运用熵值法建立了模型，对全国东、中、西地区 17 个省份的高技术服务业发展水平进行了对比分析。韩东林、杜永飞、夏碧芸（2013）运用因子分析法对我国环渤海、长三角和珠三角三个地区的高技术服务业发展水平进行了测评。陈仕鸿、徐姝妤（2014）采取偏离－份额分析法对我国 6 个省市的高技术服务业竞争力进行了对比分析等。

针对高技术服务业的研究可以说成果颇多，从基础概念到现实应用、从内部细分行业发展到整体竞争力评价、从发展经验总结到产业扶持政策等均有涉猎，可以说有诸多亮点。但是从上述研究成果来看，还存在定量分析多、定性分析少的问题，特别是对高技术服务业的产生、发展的内在机理，包括对产业转型升级特别是制造业转型升级的作用机理涉及较少。

二 关于制造业

由于制造业涵盖范围广、关联产业多，并且整体规模比较大，特别是在各国产业发展中都占有较大比重，因此，它是很多国家和地区的主导产业和支柱产业，学界对其研究也比较多，积累了大量的研究成果。围绕中国制造业发展，学界主要从分布的角度、产业结构的角度、创新的角度以及绿色发展的角度等进行了分析、述评、讨论等。虽然研究视角有所不同，但是相关成果都反映了中国制造业发展的方方面面，对指导、推动制造业发展提供了一定的智力支持。进入 21 世纪，特别是国际金融危机以来，全球产业分工体系开始进行新一轮调整，世情、国情都发生了明显的变化，学界对制造业发展的关注度进一步提高，相关成果主要集中在以下领域。

（1）关于发达国家"再工业化"对我国制造业发展的影响等。余菊花（2017）认为"欧美再工业化"战略对我国制造业转型升级带来了更多困难。苏萍（2017）认为德国工业 4.0 开启了以智能制造为主导的第四次工业革命，我国制造业转型发展必须利用该次产业革命的技术成果，坚持智能化和数字化的发展方向，重点发展大规模与定制化制造。陈汉林、朱行（2016）重点分析了美国"再工业化"对我国制造业发展带来的诸如资本外流、竞争优势减弱、科研创新能力差距拉大等方面的挑战。韩永彩（2016）运用实证的方法对美国实施再工业化政策前后中国制造业国际竞争力情况进行了对比分析，认为中国资本密集型、知识密集型制造业竞争力受到了负面影响，而劳动密集型制造业竞争力得到了提升。

（2）关于"中国制造2025"战略实施的路径、任务、策略等。刘芳（2017）结合"中国制造2025"战略，对陕西航空制造业与生产性服务业两者互动发展问题进行了探讨。屠西伟（2017）认为国际金融危机后，我国制造业与国际制造业的关系已经由"垂直互补型"的竞争关系转变为"水平替代型"的竞争关系，转型升级已经迫在眉睫。雷皓（2017）对德国工业4.0进行了全面阐释，强调我国要加快制造业转型升级必须要充分发挥国家"顶层设计"的作用。程皓、阳国亮、欧阳慧（2017）分析了制造业与供给侧的关系，认为"中国制造2025"战略规划实施必须与供给侧结构性改革结合起来，这其中政府作用十分重要。

（3）关于中国制造业转型升级方面的实证分析研究。刘涛、金英淑、霍静娟（2017）通过建立博弈交叉效率模型，对我国28个制造业行业的创新绩效进行了详细分析。原毅军、张军、孙大明（2017）利用面板数据实证分析了FDI技术溢出对我国制造业转型升级的效应影响。史本叶、李泽润（2014）运用VAR模型和脉动响应计算测度了中国制造业参与国际垂直专业化分工的程度，认为参与国际垂直专业化分工对我国制造业转型升级效应显著。邬丽萍、柴陆陆（2016）以中国 - 东盟制造业垂直分工为研究对象，通过运用面板数据开展实证分析，认为市场集中度是影响跨境制造业垂直专业分工的最重要因素。阳立高、谢锐、贺正楚、韩峰、孙玉磊（2014）利用近十年中国制造业细分行业面板数据，实证分析了劳动力成本上升对劳动密集型、资本密集型以及技术密集型制造业影响的异同，并分别提出了相关发展对策。苏杭、郑磊、牟逸飞（2017）利用 WIOD 和中国工业企业数据库相关数据分析认为，要素结构升级是我国制造业升级的决定性条件。

上述研究特别是近几年的研究，紧紧结合了世界新一轮产业分工的大背景和制造业价值链重构的历史性契机，对我国制造业转型升级的难点、短板、优势、方向、路径等进行了全面研究，但是涉及通过高技术服务业来推动我国制造业转型升级的研究还不够多。

三 关于制造业与高技术服务业的关系

关于服务业与制造业关系的研究一直也是产业经济学研究的重点领域。针对两者的关系，学界的研究观点可以归纳为四种。第一种是需求遵从论，也可以称之为服务附属论。该类观点认为服务业是制造业发展的"附属物"，是制造业发展的补充，或者说是制造业价值链的一个"附加"环节。该类观点以 Cohen and Zysman、Klodt、Rowthorn and Ramaswamy、Guerrieri and Meliciani 为代表。第二种是供给主导论，也可以称之为服务主导论。该类观点认为制造业效率的提升是以服务业发展为基础和前提的，只有服务业特别是现代服务业取得较大发展，才能带来制造业竞争力的提升。该类观点以 Eswarran and Kotwal、Pappas and Sheehan 等为代表。第三种是互动论。持该类观点的学者认为服务业与制造业之间是一种互补关系，两者相互作用、相互依赖、共同发展，并且随着发展水平的提高，两者的紧密程度会越来越深。该类观点以 Bathla、顾乃华、Park and Chan、席艳乐等为代表。第四种是融合论。该类观点认为，随着科学技术的发展和产业分工的深化，制造业与服务业的范围边界越来越模糊，融合发展的趋势愈加显著。该类观点以植草益、周志丹、Lundvall and Borras 等为代表。上述四种观点基本上可以概括学界对制造业与服务业两者关系的相关认识，很明显，服务附属论以及服务主导论两种观点都有一定的片面性，有部分的参考价值，但是存在一定的逻辑混乱性。笔者认为，互动论以及融合论两者事实上对服务业和制造业两者关系的认识是一致的，只是分析这一问题的出发点、角度有所不同而已，都可以用以诠释制造业与服务业两者的关系问题。

很明显，高技术服务业作为服务业范畴内的产业划分类别，学界对其与制造业关系的研究符合上述四种观点，笔者依旧认为运用互动论或者融合论来阐释高技术服务业与制造业的关系是合理的。在具体的两者关系的研究方面，学者普遍都立足于两者存在互动、融合或者关联关系的基础上，运用实证研究的方法来对这一问题进行更深入的分析。主要研究的视角包括两者共生角度、产业关联角度、耦合角度、组织生态角度等。具体包括：李霞、陈宁宁（2012）对比了福建省 2007 年和 2012 年高技术服务业和先进制造业投入产出表，分析了两者的产业关联情况，认为福建省先进制造业发展更多地依靠自身投入，同时，研究表明福建省高技术服务业与先进制造业的内在联系愈加紧密，但仍以间接带动为主。华广敏（2012）认为高技术服务业FDI 对我国制造业效率提升有明显的正的直接效应。田小平（2016）基于共生理论的视角，建立了共生模型，分析得出现阶段我国高技术服务业与制造业之间为互惠共生关系。田小平（2015）基于组织生态学的视角，利用天津市高技术服务业和知识密集型制造企业的相关数据，运用组织生态学的相关模型，分析认为两者有关联关系。华广敏（2015）利用跨国面板数据，对高技术服务业和制造业两者互动关系进行了实证分析，认为高技术服务业对促进制造业效率提升作用明显，而制造业对高技术服务业效率提升促进作用并不显著，良好的互动关系尚未完全形成。史一鸣、包先建（2013）建立了高技术服务业－装备制造业耦合熵模型，认为可以通过适当的外部干预来促进高技术服务业－装备制造业耦合系统高度耦合发展。傅为忠、金敏、刘芳芳（2017）建立了耦联评价模型，对2006－2015年我国高技术服务业与装备制造业产业融合度进行了测度，认为两者融合状态良好且成波动上升趋势。蔡媛媛、吕可文（2016）运用投入产出表对河南省生产性服务业与制造业互动情况进行了实证分析，认为二者尚未形成良好的互动关系。陈小兰（2017）采用投入产出表，运用直接消耗系数、完全消耗系数、影响力系数和感应度系数，对浙江省制造业和生产性服务业的投入产出关系进行了测度，等等。

总体来看，在学界对制造业和服务业两者关系的充分研究基础上，诸多学者对高技术服务业与制造业的互动关系或者说是融合关系没有较大异议，并且通过不同的角度、构建不同的模型对两者关系进行了理论验证和测度分析。但是很少有学者从高技术服务业的角度来研究服务业与制造业的关系，更多的是一种理论验证。此外，也很少有学者深入研究我国高技术服务业发展滞后的重要原因是高技术服务业与制造业特别是先进制造业分离不够充分，两者价值链条的垂直、分离、重构程度不高。

第四节　主要研究内容及技术路线

本书主要研究内容包括以下几方面。

（1）研究我国高技术服务业产生、发展、壮大的背景及演进轨迹；分析分工视角下高技术服务业与制造业分离的影响因素及分离程度；对比我国与其他国家高技术服务业与制造业分离程度；实证分析我国高技术服务业与制造业分离影响因素；计算我国高技术服务业内部典型行业对制造业促进作用的影响程度。

（2）结合第四次工业革命的新趋势、新特点分析产业融合出现的新变化；以科技服务业、信息服务业、商务服务业为代表，分析第四次工业革命背景下制造业与高技术服务业融合的类型、内在机理与融合产生的效应；分析第四次工业革命条件下制造业价值链分解，以及高技术服务业与制造业价值链重构。

（3）开展比较研究，分析我国与发达国家以及部分金砖国家高技术服务业贡献率变化情况；对比我国与其他国家制造业发展过程中高技术服务中间投入情况；分析我国制造业与其他国家制造业发展过程中对高技术服务业的中间需求变动情况；进行服务业对高技术服务业中间需求程度的国际比较。

（4）利用 2002 年、2007 年、2012 年我国 WIOD 数据来分析我国制造业高技术服务中间投入变动情况、制造业对高技术服务业中间需求程度变动情况、装备制造业对高技术服务业投入需求变动情况、以及高技术服务业典型行业对装备制造业投入变动情况；以长三角地区为例，对制造业与高技术服务业互动发展的中间投入、中间需求情况开展实证分析。

（5）把制造业与高技术服务业融合发展的模式总结为外延化模式、内部化模式、网络化模式以及市场化模式四种典型类型，并结合实际案例展开模式分析；归纳四种典型模式下制造业与高技术服务业融合发展的经验启示；分析我国制造业与高技术服务业融合发展面临的突出问题。同时，也对中部六省制造服务业与制造业的融合程度进行了分析。

（6）结合研究情况阐释新形势下加快我国制造业与高技术服务业融合发展的目标方向、战略路径、推进方法以及主要任务；从产业主体、产业规制、发展平台、创新支撑、空间载体以及发展环境等角度提出相关对策建议。

本书的技术路线如图 1 所示。

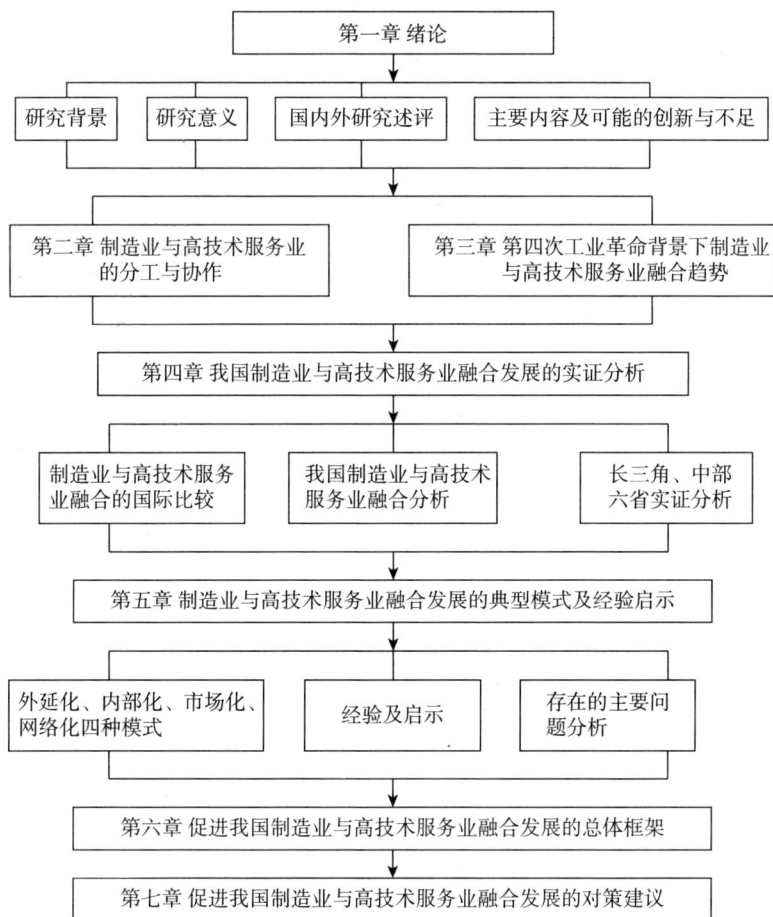

第一章 绪论

研究背景 　研究意义 　国内外研究述评 　主要内容及可能的创新与不足

第二章 制造业与高技术服务业的分工与协作

第三章 第四次工业革命背景下制造业与高技术服务业融合趋势

第四章 我国制造业与高技术服务业融合发展的实证分析

制造业与高技术服务业融合的国际比较 　我国制造业与高技术服务业融合分析 　长三角、中部六省实证分析

第五章 制造业与高技术服务业融合发展的典型模式及经验启示

外延化、内部化、市场化、网络化四种模式 　经验及启示 　存在的主要问题分析

第六章 促进我国制造业与高技术服务业融合发展的总体框架

第七章 促进我国制造业与高技术服务业融合发展的对策建议

图 1　技术路线

第五节　本书可能的创新与不足

一　本书可能的创新

（1）研究视角的创新。从产业组织角度看，服务业包括高技术服务业，是制造业从垂直一体化到垂直分离演进逐步形成的。在研究制造业发展以及垂直分离的问题上，国外学者很多时候立足于收入和就

业的视角，国内学者更是把研究重点放在了制造业垂直分离与 FDI、国际贸易、产业分工等之间的关系上。本书从高技术服务业发展外化不足的视角考察我国高技术服务业发展滞后问题，并从高技术服务业投入不足、发展不足的视角考察我国制造业竞争力落后的问题。

（2）理论方面的创新。目前学界对高新技术服务业与制造业的关系的研究理论推理还不够精致，主要是从共生角度、产业关联角度、耦合角度、组织生态角度等建立模型，运用定量分析法对这一问题开展研究。但是，以智能化、绿色化、数字化、个性化、互联网化等为主要特征的第四次工业革命已经来临，产业之间的边界日益模糊，技术在不同领域之间相互渗透、相互扩散和融合的程度显著加深，在这种条件下，技术进步将大大促进高技术服务业与制造业的深度融合发展。本书研究的高技术服务业与制造业融合发展主要是基于制造业的高技术服务投入程度、高技术服务中间需求程度以及高技术服务业嵌入制造业带来的制造业转型升级等。

（3）研究方法的创新。围绕高技术服务业与制造业融合发展，本书采用了 WOID 投入产出表相关数据，计算分析了我国高技术服务业与制造业的分离程度，并与发达国家以及印度、巴西两个"金砖国家"进行了比较分析。同时，本书通过对国家 2002 年、2007 年、2012 年投入产出表以及其他相关数据进行挖掘，比较分析了我国制造业的高技术服务业投入程度、高技术服务业的制造业投入程度以及制造业对高技术服务业的中间需求程度等。

二 本书存在的不足以及未来研究方向

本书存在的主要不足在以下几方面。

（1）在模型构建方面，由于能力有限，同时鉴于数据的可获得性，本书没有将第四次工业革命背景下，技术进步、科技创新日新月异带来的制造业价值链垂直分离快速化以及产业融合加剧的动态演进机制纳入研究分析框架，使得模型的构建以及各项参数的设计显得简单化，对问题的解释仍有提高的空间。

（2）在实证研究方面，本书仅仅从宏观的角度、中观的角度采用行业数据和区域数据对制造业与高技术服务业的垂直分离与产业融合互动问题开展研究；没有深入微观层面通过区域市场主体的具体数据分析高技术服务业对制造业效率提升问题；没有从国际层面研究 FDI 技术溢出对高技术服务业与制造业产业融合中间需求、中间投入变动情况的影响。此外，国家投入产出表每五年发布一次，在数据应用方面，本书采用的数据略显滞后。

（3）在研究内容方面，第四次工业革命的到来已经开始推动各国产业组织发生巨大变化，制造业垂直一体化与垂直分离的形式开始有了新的变化趋势，带来的制造业与高技术服务业融合效应也有待进一步深入分析与研究。

第二章 制造业与高技术服务业的分工与协作

高技术服务脱胎于制造业，随着分工的深化和交易成本的下降，高技术服务将逐渐与制造业分离而成为独立的产业，从而带来市场上高技术服务业种类和数量的增加。高技术服务成为独立的产业后，通过专业化生产或横向并购逐渐实现规模经济，从而实现平均成本的下降。市场化的高技术服务业不但为制造业母体提供高技术服务，还可以为市场上其他制造业提供专业化的高技术服务，从而实现高技术服务业与制造业分工与协作的市场格局。然而，当前由于市场化分工程度以及交易成本等因素的影响，我国高技术服务业与制造业的分离程度不高，高技术服务业发展滞后，从而制造业在市场上找不到合适的高技术服务提供商，只能由自身提供高技术服务。在此背景下，我国高技术服务业由于市场化供给不足而发展滞后，制造业由于专业化的高技术服务投入不足而竞争力不强。

第一节 高技术服务业的发展演化规律

当今世界，存在的一个普遍现象，就是服务业在国民经济中的比重逐渐提高。尤其是发达国家，不论是服务业增加值占国民经济的比重，还是服务业就业人数占社会总就业人数的比重，都已经超过70%。在服务业中，生产性服务业不管是增加值还是就业人数的比重也都已超过 70%。发达国家已经进入了服务经济社会，服务业尤其是生产性服务业已经在国民经济中占据主导地位。生产性服务业主要包括信息服务业、产品设计业、建筑设计业、工程技术服务业、法律服务业、会计服务业、广告服务业、营销咨询服务业、人力资源服务业、教育培训服务业、现代物流服务业、金融服务业、市场调查服务业、会展服务业等门类①。生产性服务业脱胎于制造业，生产性服务业在发达国家也被称为知识密集型商务服务业（Knowledge-intensive Business Service），简称知识密集型服务业，有时也被称为知识技术密集型服务业。这些服务业的人力资本和技术资本比较密集，并能源源不断地把这些资本用于实物商品生产过程，因此也可以被称作高技术服务业。

Bell（1974）提出了"后工业社会"的概念，后工业社会与前工业社会和工业社会相对应，前工业社会主要以农业为主导，工业社会主要以制造业为主导，后工业社会主要以服务经济为主导，并且在服务经济中，知识和技术占有很大比重，专业技术人员的重要性日益明显。因此，高技术服务业占据主导地位是后工业社会的典型特征。高技术服务业的发展伴随着分工的逐步深化，以及知识和技术等要素的逐步升级。早期的高技术服务业内容简单，技术含量并不高，主要强调熟能生巧。但是，现在的高技术服务业主要强调人力资本和知识资本。高技术服务业的发展过程，也伴随着市场规模的扩大和交易成本的下降。

钱德勒（2006）指出，美国经济的发展伴随着垂直一体化企业的大量出现。垂直一体化包括纵向一体化和横向一体化，垂直一体化企业通过兼并和收购，成为大型企业集团。大型企业集团出现后，逐渐垄断了整个行业，进而使得整个国家形成了垄断资本主义。从 19 世

---

① 刘志彪：《发展现代生产者服务业与调整优化制造业结构》，《南京大学学报》（哲学·人文科学·社会科学）2006 年第 5 期。

纪末开始，垂直一体化企业开始出现，到 20 世纪 80 年代，美国、英国、德国等发达国家主要的产业组织形式，基本上都是垂直一体化企业。当时的垂直一体化企业，基本上都是制造业，例如，美国的汽车制造行业、交通运输设备制造行业、食品加工行业、石油行业、机器设备制造行业等。其中，福特汽车公司是通过收购兼并成为垂直一体化企业的典型代表。在垂直一体化经营模式下，企业内部基本不存在购销费用，搜寻成本和谈判费用等交易成本大幅度降低。垂直一体化企业内部也不存在原材料、零部件等供给和需求的不确定性，也不存在供应商对价格的垄断性控制。另外，垂直一体化企业通过垄断，还可以对潜在进入者形成进入障碍，并能获得高昂的垄断利润。在此期间，经济学家一般认为服务不创造价值，只有农业和工业才能创造财富。例如，斯密也认为服务提供的是非生产性劳动。因此，服务还没有成为独立的行业，还只是垂直一体化企业内部的一项职能。

新中国成立后，中国开始实行计划经济模式。在计划经济模式下，社会所有的资源都归政府所有，企业的经营管理都在政府的计划和调控下进行。当时的企业基本上都是国有，国有企业一般都依靠政府的力量实行"大而全、小而全"的经营模式。在这种经营模式下，企业的原材料可以自己生产、零部件可以自己生产，甚至生产过程中所需要的螺丝钉等都需要自己生产，产品销售也采用统购统销等模式。在企业内部，医疗机构、单位食堂、单位澡堂和理发店等辅助部门一应俱全。在重工业优先发展战略下，几乎每一家重工业企业都可以自己进行锻造、自己加工金属、自己进行焊接和热处理。在当时的条件下，这种经营模式可以集中力量做大事，并在政府的计划下建立了中国完整的工业经济体系。但是，这种经营模式的弊端也很快显现了出来。1956 年，中央曾经设想对重工业企业进行专业化生产，但是，由于"大炼钢铁"和"文化大革命"等带来的破坏，重工业企业的专业化生产还没有得到推进就陷入停滞。由于缺乏专业化分工，重工业企业很难实现规模经济，单件产品的平均成本高昂。十一届三中全会后，专业化生产零部件又被提上日程，国家也通过行政力量建设了一批专业化生产零部件的公司。然而，在当时计划经济体制下，由于历史惯性和传统观念的影响，这些大型国有企业分离发展服务业的动力不强。在此背景下，中国高技术服务业长期内置于制造业，带来了中国制造业效率不高，竞争力不强，同时导致高技术服务业没有专业化发展而异常滞后，进而带来高技术服务业与制造业发展不协调。

经济全球化背景下，专业化分工趋势不断强化，企业生产组织方式不断变革，企业开始专注于自身的核心竞争力。与此同时，垂直一体化企业的弊端逐渐凸显，由于垂直一体化企业规模庞大，官僚化趋势抑制了企业效率提升，企业的规模经济优势难以发挥。由于垂直一体化企业业务过于分散，不能发挥自身的核心竞争力优势，企业整体竞争力下降。另外，由于信息技术的突飞猛进以及交通运输网络便捷性提升，在激烈的市场竞争环境下，垂直一体化企业开始进行"归核化"经营，也就是把非核心业务逐渐剥离，开始专注于自身的核心竞争力。例如，企业将产品生产过程中的人力资源业务、研发业务、设计业务、售后服务业务、仓储业务、财务会计等外包出去，外包的业务可以进行独立核算经营，并形成知识密集和人力资本密集的高技术服务业。这些高技术服务业分工细化，专业化程度提升，生产成本也不断下降，进而使得规模经济效应不断强化。在此背景下，由于高技术服务业的示范效应，制造业将更多的非核心环节外包出去，从而进一步推动了高技术服务业发展。

1963 年，美国为了解决垂直一体化企业出现的弊端，出台了"生产分享计划"，通过税收优惠政策引导垂直一体化企业把非核心业务剥离，进而提升企业的核心竞争力。由于美国鼓励制造业外包服务的政策效果显著，西方发达国家开始模仿，从而世界各国出现了制造业外包服务的高潮。到 20 世纪 80 年代，垂直一体化的产业组织模式已经发生解体，分工与专业化已经成为产业组织新的发展趋势①。在全球一体化背景下，发达国家垂直一体化企业通过"归核化"战略，把非核心的生产制造环节剥离后，转移到日本和亚洲"四小龙"等国家和地区。承接这些业务的国家和地区，发挥自己的比较优势，积极承接制造业外包和服务外包，带来这些国家和地区经济的快速增长。1992 年邓小平"南方谈话"后，中国开始大幅度引进外商直接投资，亚洲"四小龙"和日本等又把制造业加工组装环节外包给中国内地和其他地区，带来了这些地区 GDP、就业人数和财政收入的增长。在国际产业分工中，发达国家和地区自己专注于研发服务、营销策划设计，而把处于价值链低端的加工组装环节外包给其他地区，从而使得发达国家和地区高技术服务业比重的快速增长，并迅速进入了后工业社会。在此过程中，发达国家和地区与发展中国家和地区形成了产业间分工、产业内分工和产品内分工等产业组织形式，并形成了全球价值链体系。

按照产业发展规律，高技术服务业的产生和发展是建立在专业化分工基础上的，专业化分工依赖于生产成本和交易成本的降低。通过引入内部化—外部化概念，发现高技术服务业的发展也符合内部化—外部化的变迁。高技术服务业的发展可以分为三个主要阶段：第一个阶段为高技术服务内置于制造业的种子期。在此阶段，制造业生产所需要的高技术服务，基本上由垂直一体化制造业内部提供，高技术服务外部市场基本上不存在，并且垂直一体化内部的高技术服务满足不了制造业效率提升的需求。但是，制造企业对外部专业化的高技术服务业已经产生了巨大的市场需求。第二个阶段为高技术服务业的成长期。在此阶段，外部专业化的高技术服务业市场开始逐步形成，垂直一体化的制造业企业开始将部分高技术服务业外化，例如，比较典型

---

① 吴福象：《经济全球化中制造业垂直分离的研究》，《财经科学》2005 年第 3 期。

的有 ITO（信息技术外包）、KPO（知识流程外包）以及 BPO（业务流程外包）等。另外，随着高技术服务外包企业数量的增加，激烈的竞争推动高技术服务业不断提升服务质量和效率，从而进一步带动高技术服务业的专业化发展，进而实现高技术服务业的规模经济。此外，需要注意的是，此阶段的高技术服务业，一类通过专业化发展带来的规模经济而降低成本；另一类是高技术服务业通过差异化而产生服务创新，其所需要的人力资本和技术资本更加密集。第三个阶段是高技术服务业发展的成熟期。在此阶段，高技术服务业通过市场细分，使自身种类、数量和专业化水平明显提升，既有标准化的高技术服务，也有创新型定制化的高技术服务。

第二节　制造业与高技术服务业的分工

一　分工视角下制造业与高技术服务业分离的影响因素

经济全球化背景下，世界各国产业分工和结构调整加速。垂直一体化制造企业，纷纷将加工组装环节转移到其他国家和地区，并专注于自己的核心业务。垂直一体化企业将非核心业务剥离，也被称为"垂直非一体化"、"碎片化生产"、"垂直专业化"以及"工序外包"等。这个过程与企业的垂直一体化过程正好相反。垂直分离前后的企业之间还存在一定的贸易关系，但这种关系仍然是内生关系（Feenstra，1998）。在此过程中，在分离前后企业还存在一定的利益博弈。例如，如果制造企业选择垂直一体化经营，它们就不必疲于应付上下游企业的激励冲突。但是，在寡头垄断市场，垂直一体化企业为了在竞争中占据优势地位，必须要考虑将其非核心业务剥离，并尽可能利用自己的垄断优势地位，最大限度地压低关联企业的价格。此外，Bonanno&Vickers（1988）开创性地利用寡头竞争模型分析了垂直一体化企业分离非核心业务的利益动机。

Lyons & Sekkat 在假定工人工资和要素投入价格都没有变化的情况下，不管是垂直一体化企业，还是分离后的独立性企业，都是建立在私人偏好的基础上，对社会福利并没有增加，并且和资产专用性也没有关系。垂直一体化企业分离非核心业务，可以提升谈判地位，是企业家比较成本收益后做出的战略安排。Grossman & Helpman 从产业均衡视角对垂直一体化企业及其外包行为进行分析，并分析了外包的决定因素，他们认为外包在不完全契约环境下可以搜寻合作伙伴并对其专用性进行投资。Jansen 也从古诺寡头垄断视角分析垂直一体化企业是否分离非核心业务的系统均衡模型，主要考虑契约成本和收益之间的关系，并从相互替代和共存关系角度分析社会福利。Fontenay 否定了垂直一体化企业对消费者带来的福利，他认为社会福利只有在垂直分离后，才能有效提升，他的这种观点已经被大多数经济学家所接受。Holmes 则用制造业产出价值中所购买的中间投入的比例，来分析垂直分离的指数，并认为垂直分离的效果显著。

企业应该采用垂直一体化经营模式，还是不应采用垂直一体化经营模式？涉及的理论主要有亚当·斯密的市场规模决定社会分工理论、科斯的交易成本理论，以及在此基础上的核心价值理论、价值链理论和产业生命周期理论等。

亚当·斯密在《国富论》中指出，分工可以提升劳动力的熟练程度和劳动技巧，分工可以降低工作转换过程中的时间成本，还能对劳动进行简化，推动先进机械的发明，从而提升生产率，进而带来经济增长。亚当·斯密还认为，市场规模决定社会分工，市场规模越大，分工程度越高；市场规模越小，分工程度越低。分工的结果，表现为中间产品种类的增多和数量的增加。杨格在重新界定市场规模的基础上，认为生产数量决定了市场规模[①]。另外，杨格也对分工理论进行

[①] 李雪荣、杨新华：《自然分工、劳动分工与市场起源及其演变》，《河北师范大学学报》（哲学社会科学版）2013 年第 5 期。

了深化。他认为，分工是由于规模报酬递增，市场规模与分工互相决定，分工是迂回生产的表现形式。规模报酬可以产生在社会内部，也可以产生在企业内部。规模报酬伴随着科学技术的发展以及生产效率的提升。新古典经济学进一步深化了分工理论，认为知识和经验的增加，可以促进分工和专业化水平的提升，进一步推动技术进步和生产率的提升，并产生良性循环，使分工程度不断提升，带动经济增长。此后的制度经济学理论深化了分工理论，其核心理论认为制度创新可以使交易成本降低，可以提升交易效率，进一步促进分工程度提升①。

亚当·斯密的劳动分工理论已经初步有了"交易"的萌芽，康芒斯（Commons）认为，交易是经济分析的基本单位，交易可以分为配额性交易、管理性交易和谈判性交易。科斯于 1937 年正式提出了"交易成本"的概念，但当时此概念并没有引起重视，直到 1960 年《社会成本问题》发表时，交易成本才被重视。他认为，交易成本包括对产权的界定以及保障的费用、搜寻交易对象的费用、讨价还价的费用、订立监督和履行契约的费用等。Arrow 也指出，交易成本的存在，会给市场的形成带来很大的阻碍。如果交易成本达到一定程度，交易过程很难完成。Williamson 进一步把交易成本分为事前交易成本、事后交易成本。其中，事前交易成本包括签订契约的成本、契约规定权利和义务的成本等。事后交易成本包括签订契约后，契约的维护成本以及监督成本、实施成本等，交易成本的概念被深度扩展。North 指出，交易成本容易被观察到，其包括可以被衡量的部分，也包括不容易被衡量的部分，例如排队成本、获取信息的成本等。张五常也认为，交易成本可以看作制度成本，其包括信息成本、谈判和监督成本等。也就是说，除了企业生产和运输之外的成本，其他成本都可以被

---

① 任保平：《马克思经济学与西方经济学分工理论比较研究》，《经济纵横》2008 年第 3 期。

看作是交易成本[①]。

波特在《竞争优势》中提出了价值链（Value Chain）理论，他把企业生产过程分为基本活动和辅助活动。其中，基本活动包括进料采购、生产加工制造、销售、售后服务等，辅助活动包括人力资源、计划、财务、研究开发等活动。基本活动和辅助活动共同构成了企业的价值链环节，不同的价值链环节创造的价值不同，只有某些特定的价值链环节才能创造价值。企业价值链理论从企业竞争优势角度，对企业的价值创造过程进行深入分析，企业的竞争优势在于能为企业创造更多价值的环节，其他的非关键环节，可以外包出去，从而实现企业竞争力的提升。加里·杰瑞夫从全球化视角分析了价值链的国际分工，即提出了全球价值链理论。第二次世界大战后，发达国家把企业生产的关键环节保留，把非关键环节外包到非发达国家和地区，从而实现了企业生产和贸易资源的全球化配置。企业价值链的可分性为高技术服务业与制造业的分离提供了理论基础。哈默和普拉哈拉德在《企业核心能力》中首次提出了核心能力的概念，核心能力一般具有稀缺性、能产生价值、不容易模仿和可持续性等特征。企业的关键价值链环节决定了企业的核心能力，企业可以将有限的资源配置在其核心能力上，非核心能力可以外包，从而实现资源优化配置[②]。

二 理论模型

Zhang（2004）和吴福象（2009）分别构建了垂直分离的指数标准，并计算了制造业的国内垂直分离和跨国垂直分离程度。本书为了更好地说明分工条件下我国高技术服务业与制造业的分离问题，借鉴

---

① 刘朝阳、李秀敏：《交易成本的定义、分类与测量研究——中国总量交易成本的经验证据》，《经济问题探索》2017 年第 6 期。

② 王慧娟：《生产性服务外包提升中国制造业国际竞争力》，哈尔滨商业大学硕士学位论文，2013。

了吴福象（2009）垂直分离模型的构建方法，假定社会经济中只有制造业部门，其就业人数为 L。制造业部门中各细分行业每个从业人员的劳动禀赋为 1。制造业中只有一个企业生产最终品，其他企业提供中间品，并且同时也有很多高技术服务企业提供高技术服务中间品投入。高技术服务企业提供的中间品具有异质性，假定每个高技术服务企业提供的服务产品具有连续性，即 $x \in [0, 1]$。随着我国高技术服务业分工与专业化程度的不断提升，每个高技术服务企业专业化提供一种高技术服务中间品，假定市场均衡时，每种高技术服务产品也仅有一个高技术服务企业生产。另外，假定制造业产品生产过程中，需要使用劳动力和高技术服务中间品作为中间投入，并且制造业的从业人数仍然是 L。制造企业可以通过劳动力和高技术服务等把零部件、原材料、半成品等资源进行优化配置。制造企业可以有如下生产函数：

$$f[l, m(x)] = l^{1-\alpha} \left[\int_0^1 m(x)^\rho \mathrm{d}x \right]^{\alpha/\rho} \tag{2.1}$$

其中，l 为制造业企业的从业人数，$m(x)$ 为单位高技术服务业 x 的中间投入。生产函数 $f(l, M) = l^\alpha M^{1-\alpha}$ 具有 C–D 函数性质。其中，M 为制造企业生产过程中所需要的高技术服务投入，其具有 CES 生产函数形式，并且还具有规模报酬不变以及替代弹性不变等特征。因此，该生产函数可以具有以下形式：

$$M = \left(\int_0^1 m(x)^\rho \mathrm{d}x \right)^{1/\rho} \tag{2.2}$$

制造企业生产过程中需要高技术服务投入，并且高技术服务企业提供的 1 单位高技术服务产品也需要 1 单位的劳动力投入。制造企业所需要的高技术服务投入，可以从外部购买专业化的高技术服务，也可以利用自己的资源和能力提供高技术服务。但是，制造企业自己生产高技术服务的话，需要投入一定的成本 γ，此成本主要用来协调企业内部资源的调配。因此，制造企业如果自己提供 $m(x)$ 单位的高技术服务 x，将会带来劳动力数量增加 $m(x)(1+\lambda)$。另外，还需要假定 $(1+\gamma)>1/\rho>1$，此假定可以保证协调成本足够大。同时，高技术服务企业需要投入一定的固定成本 θ。如果制造企业从外部购买高技术服务，可能还存在一定的信息搜寻成本、谈判成本、订立合约的成本和监督契约正常履行的成本 δ，此成本可以被看作交易成本。假定交易成本 δ 短期内不变，并且不随产品数量而变化。因此，制造企业如果从外部购买高技术服务，需要承担的成本为 $m(x)+\theta+\delta$。

假定制造企业的产品价格为 1，则制造企业的产品产量与其价值相同。假定制造企业工人的工资为 ω，制造企业从市场上购买的高技术服务投入比例为 s，假定其取值范围在 $[0,s]$，则制造企业内部生产的高技术服务投入比例为 $[s,1]$。另外，假定制造企业从市场上购买的高技术服务业的价格为 $p(x)$，制造企业则可以根据资源优化配置原则分配劳动力数量 l 和从市场上购买的高技术服务数量 $m(x)$，在此基础上实现利润最大化：

$$\max\left\{l^{1-\alpha}\left[\int_0^1 m(x)^\rho \mathrm{d}x\right]^{\alpha/\rho}-\int_0^1 p(x)m(x)\mathrm{d}x-\int_s^1 (1+\gamma)wm(x)\mathrm{d}x-wl\right\}$$

(2.3)

由 (2.3) 式可以知道，第一部分为制造业总产出，第二部分为制造企业从市场上购买的高技术服务总支出，第三部分为制造企业内部自身生产高技术服务形成的总成本，第四部分为制造业总的劳动力成本。

假定高技术服务的生产存在对称性，那么可以假定 m_s 为高技术服务企业的均衡产出，p_s 为高技术服务企业产品的均衡价格，m_l 为制造业产品生产过程中的高技术服务全部由内部生产时的均衡产出，于是可以得到 m_s 和 m_l 的一阶条件：

$$\alpha l^{1-\alpha}\left(\int_0^1 m(x)^\rho \mathrm{d}x\right)^{(\alpha-\rho)/\rho}m_s^{\rho-1}=p_s$$

(2.4)

$$\alpha l^{1-\alpha} \left[\int_0^1 m \ (x)^\rho \mathrm{d}x \right]^{(\alpha-\rho)/\rho} m_l^{\rho-1} = (1 + \lambda) w \qquad (2.5)$$

由（2.4）式和（2.5）式可得到：

$$\left(\frac{m_l}{m_s}\right)^{\rho-1} = \frac{(1+\gamma) w}{p_s} \qquad (2.6)$$

此外，由于 Dixit & Stiglitz（1977）在不变弹性基础上，利用不变边际成本加成方法，计算出了 p_s。即 $p_s = w/\rho$ ［其中，$w = 1/(1 - p)$，并且 $\rho < 1$］。如果假定高技术服务企业可以自由进出市场，则可以得出高技术服务企业的零利润条件：

$$wm_s/\rho = w(m_s + \theta + \delta) \qquad (2.7)$$

（2.7）式左边表示制造企业产品的总收入，右边表示为总成本。由此，可以计算出高技术服务企业的均衡产出：

$$m_s = \frac{\rho(\theta+\delta)}{1-\rho} \qquad (2.8)$$

$$m_l = \left[(1+\gamma)\rho \right]^{1/(\rho-1)} m_s \qquad (2.9)$$

由于生产函数为 C - D 生产函数，则制造企业内部劳动力数量为 $(1-\alpha)L$，其他劳动力则为从市场购买的高技术服务业的劳动力数量。此时，可以计算出：

$$s(m_s + \theta + \delta) + (1 - s)(1 + \gamma) m_l = \alpha L \qquad (2.10)$$

其中，s 为制造企业从市场上购买的高技术服务占全部高技术服务投入的比例，此时把（2.8）、（2.9）和（2.10）式进行综合，则可以得出：

$$s\left[\frac{\rho(\theta+\delta)}{1-\rho} + \theta + \delta\right] + (1-s)(1+\gamma)\left[(1+\gamma)\rho \right]^{1/(\rho-1)} \cdot \frac{\rho(\theta+\delta)}{1-\rho} = \alpha L$$

$$(2.11)$$

可以解得：
$$s = \frac{\frac{\alpha L(1-\rho)}{\rho(\theta+\delta)} - (1+\gamma)\left[(1+\gamma)\rho\right]^{1/(\rho-1)}}{1/\rho - (1+\gamma)\left[(1+\gamma)\rho\right]^{1/(\rho-1)}} \qquad (2.12)$$

由于 $(1+\gamma) > 1/\rho > 1$，并且 $1 > \rho > 0$，

因此可得：$(1+\gamma)\rho > 1, 1/\rho - (1+\gamma)\left[(1+\gamma)\rho\right]^{1/(\rho-1)} > 0$。

由于
$$\frac{\partial s}{\partial L} = \frac{\left[\alpha(1-\rho)\right]/\left[\rho(\theta+\delta)\right]}{1/\rho - (1+\gamma)\left[(1+\gamma)\rho\right]^{1/(\rho-1)}}, \qquad (2.13)$$

可以得：$\qquad\qquad \partial s/\partial L > 0$。 $\qquad\qquad (2.14)$

由于 L 表示制造企业的就业人数，因此也可以用此变量表示制造业的市场规模，即随着制造企业市场规模的扩大，制造企业从市场上购买的高技术服务业的比重在增加。由于 $s \in [0,1]$，可以求得 L 的两个关键值：

$$\begin{cases} L \leqslant L_1 = \dfrac{(\theta+\delta)\left[(1+\gamma)\rho\right]^{\rho/(\rho-1)}}{\alpha(1-\rho)}, s = 0 \\[4mm] L \geqslant L_2 = \dfrac{\theta+\delta}{\alpha(1-\rho)}, s = 1 \end{cases} \qquad (2.15)$$

由于 $(1+\gamma)\rho > 1$，$\rho/(\rho-1) < 0$，于是可以得出：$L_1 < L_2$。同时，由（2.12）式还可以得出：$\dfrac{\partial s}{\partial \delta} = \dfrac{-\left[\alpha L(1-\rho)\right]/\left[\rho(\theta+\delta)\right]^2}{1/\rho - (1+\gamma)\left[(1+\gamma)\rho\right]^{1/(\rho-1)}}$，由于 $1/\rho - (1+\gamma)\left[(1+\gamma)\rho\right]^{1/(\rho-1)} > 0$ 由此，可以得出：

$$\partial s/\partial \delta < 0 \qquad (2.16)$$

根据（2.14）、（2.15）和（2.16）式可以看出，随着制造业市场规模的扩大，我国制造企业从市场上购买的高技术服务业的比重在增加。当 $L \leqslant L_1$ 时，制造企业生产所需要的高技术服务投入都可以由制造企业内部生产；当制造企业规模达到一定程度时，也即 $L_1 \leqslant L \leqslant L_2$ 时，制造企业则可以把部分高技术服务外包给市场上专业化的高技术服务提供商；如果制造企业生产规模继续扩大，即 $L \geqslant L_2$ 时，制造企业则可以将高技术服务全部外包给专业化的高技术服务提供商，制

造企业可以专注于自身的核心竞争力。此外，在高技术服务与制造业价值链可分离的条件下，我国高技术服务与制造业的垂直分离程度，随着交易成本的上升而下降，也即随着我国市场化程度的提升，交易成本将会逐步下降，进而会带来高技术服务与制造业的分离程度不断提升。随着我国高技术服务与制造业分离程度的不断提升，我国制造业核心竞争力不断增强，高技术服务业的专业化和市场化程度也不断提升。

三　制造业与高技术服务业的分离程度

制造业与高技术服务业的分离，涉及垂直专业化理论，也被称作生产分割理论，指的是制造业产品价值链的环节分布在不同的企业，或者分布在不同的国家和地区。Balassa（1965）较早提出了垂直专业化理论，随后的几十年中，大量学者对垂直专业化进行了深入研究（例如，Findlay；1978；Finger，1975；Krugman，etc.，1995；Arndt，1997；等等）。在全球化进程中，主要有生产的国际化以及进出口总额比重增加两个重要特征，企业生产所需要的零部件在不同国家和地区进行，每个国家和地区可以根据比较优势专业化生产某一环节所需的零部件。Hummels，Ishii，etc.（2001）进一步把垂直专业化定义为每个国家可以专业化生产企业特定生产阶段的某一种中间产品，企业通过将进口零部件进行加工组装后再进行出口。斯蒂格勒（1976）从产业生命周期视角分析了产业发展初期和产业发展成熟后的组织结构。Wright & Thompson（1986）从企业层面对施蒂格勒的理论进行了实证检验。

还有学者从服务外包视角研究高技术服务与制造业的分离，例如，Amiti & Wei（2005）指出，全球化进程中，服务外包比重正在迅速增加。当前，发达国家主要是服务在岸外包，离岸外包主要是制造业加工组装环节外包。Whitney（1995）认为，美国企业剥离价值链非核心环节的动力在于其政策支持。Abraham & Taylor（1996）通过实证分析，发现1972－1993年，美国通过在岸服务外包等政策，使得美国高技术服务业快速增长。Feenstra（1998）分析了全球化进程中的生产非一体化与贸易一体化的关系，企业生产过程中的中间投入比重越大，则生产非一体化程度越高。Holmes（1999）用产业总产值的中间投入的比重来衡量生产非一体化的程度。Lopez & Yadaw（2010）认为生产率高的企业进口中间投入的比重要高于生产率比较低的企业。Grossman（2002）用一般均衡模型分析了企业生产非一体化的条件，专业化的高技术服务企业可以提供低成本的专业化服务，但要花费一定的搜寻成本。刘志彪（2006）从价值链治理视角分析了全球化进程中的生产非一体化。卢锋（2004）用"产品内分工"理论解释了全球化进程中的生产非一体化。此外，还有很多国内学者对中国的制造业分离发展服务业进行了研究（例如，原毅军、刘浩，2009；霍景东、黄群慧，2012；等等）。

四 制造业与高技术服务分离程度的国际比较

Maddigan（1981）认为可以用增加值占销售额的比重来计算垂直一体化程度，在此基础上，吴福象（2005）用中间投入占销售额的比重来计算垂直非一体化程度，霍景东、黄群慧（2012）用某工业部门中服务业投入比重来计算工业部门的服务外包系数。本部分借鉴霍景东、黄群慧（2012）的计算方法，用 $DI_{it} = \sum_j X_i^j / Y_i$ 表示高技术服务业装备制造业 i 的分离程度。其中，X_i^j 表示装备制造业 i 生产过程中从外部购买的高技术服务业 j 的数量；Y_i 表示装备制造业 i 各部门。由于装备制造业是资本技术密集型行业，其是制造业的基础和母机，其发展程度反映了一个国家制造业的综合水平，因此本部分用装备制造业作为制造业的典型代表，用其发展水平来反映制造业的竞争力。因此，制造业 i 可以分别表示金属制品业、锻压制造业、计算机制造业、电气机械制造业、机械制造业、汽车制造业以及其他交通设备制造业等。高技术服务业是知识和技术密集型服务业，也是生产性服务业的典型代表。按照 WIOD（World Input-output Database）的行业划分标准，结合服务业技术密集程度，本书认为高技术服务业 j 主要包括电信服务业、计算机相关服务业、法律会计和管理咨询业、技术检测服务业、科学研究服务业、广告和市场研究业以及其他专业化服务业等。

从表 2.1 可以看出，2014 年，发达国家高技术服务业与装备制造业分离程度比较高，其中，德国高技术服务业与装备制造业各细分行业的分离程度都比较高，都远远高于其他 G7 国家和金砖国家。例如，德国高技术服务业与金属制品业的分离程度为 1.9%，为美国的 19倍，为中国的 24 倍。中国高技术服务业与装备制造业的分离程度不仅远低于发达国家，也远低于其他金砖国家印度和巴西等。从总体上看，发达国家装备制造业生产过程中需要大量高技术服务投入，是从外部购买获得的，即发达国家已经基本实现了高技术服务业的专业化发展和市场化发展。中国装备制造业生产过程中需要的高技术服务投入从外部购买的比重还很低，说明基本依赖于装备制造企业内部提供。大量研究已经表明，制造业是高技术服务业的母体，发达国家已经完成了高技术服务外化的进程，并且外化后的高技术服务已经成为独立的产业，为制造业母体尤其是装备制造业提供专业化服务。高技术服务业具有大量的人力资本和知识资本，装备制造业从外部购买专业化的高技术服务业的程度，决定了装备制造业的竞争力，其对高技术服务业的中间需求也决定了高技术服务业的专业化水平。

表 2.1　2014 年制造业与高技术服务业分离程度的国际比较

单位：%

国家	金属制品业	锻压制造业	计算机制造业	电气设备制造	机械制造	汽车制造业	其他交通设备制造业
美国	0.10	0.20	0.20	0.09	0.20	0.14	0.23

国家	金属 制品业	锻压 制造业	计算机 制造业	电气设 备制造	机械 制造	汽车 制造业	其他交通 设备制造业
加拿大	0.10	0.08	0.20	0.11	0.10	0.04	0.25
英国	0.50	0.26	0.60	0.26	0.30	0.21	0.44
德国	1.90	0.65	1.10	1.21	1.10	0.80	1.02
法国	0.80	0.35	0.70	0.55	0.50	0.69	0.67
意大利	0.40	0.23	0.40	0.29	0.20	0.53	0.63
日本	0.20	0.08	0.10	0.12	0.09	0.07	0.05
印度	0.30	0.27	0.60	0.31	0.60	0.18	0.23
巴西	0.20	0.14	0.30	0.21	0.30	0.30	0.15
中国	0.08	0.08	0.10	0.10	0.10	0.09	0.06

注：根据 WIOD 投入产出表中各国 2014 年数据计算而得。

第三节　我国高技术服务与制造业分离
影响因素的计量分析

一　模型设定

本书利用 WIOD 投入产出数据库中中国 2000 - 2014 年投入产出数据，计算出了 2000 - 2014 年中国高技术服务与制造业的分离程度。根据本章第二部分的数理模型结论，高技术服务与制造业的分离程度受交易成本和市场规模的影响。也就是说，随着市场交易成本的下降和市场规模的扩张，高技术服务与制造业的分离程度都会提升。因此，本书将交易成本和市场规模设为核心解释变量。此外，本部分还把中国对外开放程度、政府对制造企业外包高技术服务的支持力度、外商直接投资、中国的人力资本等作为控制变量，建立计量模型：

$$\ln fl_{it} = \alpha + \beta_1 \ln gm_{it} + \beta_2 \ln tc_t + \beta_3 z_t + u_{it} \tag{2.17}$$

其中，$\ln fl_{it}$ 表示 2000 – 2014 年中国高技术服务与制造业细分行业的分离程度，计算公式为 $fl_{it} = \sum_j X_{it}^j / Y_{it}$。其中，$Y_{it}$ 表示中国制造业 i 行业 t 年的总产出，X_{it}^j 表示制造行业 i 行业 t 年从外部购买的高技术服务 j 的数量。α 表示常数项，β_1、β_2 和 β_3 分别表示各变量对数值 $\ln fl_{it}$ 的弹性系数。gm_{it} 和 tc_t 分别表示本模型的核心解释变量市场规模和交易成本；z_t 为本模型的控制变量，可以分别代表中国开放程度 kf_t、中国人力资本 rl_t、外商直接投资水平 fdi_t 以及政府对制造企业分离发展高技术服务业的支持程度 zf_t 等变量，u_{it} 表示随机误差项。

$\ln gm_{it}$ 表示制造业市场规模对数值，可以用中国制造企业 i 行业 t 年的总产出的对数值来表示，数据来源为 WIOD 投入产出数据中国制造业各细分行业产出数据。按照亚当·斯密的分工理论，市场规模的扩大，将会带来制造业分工程度的提升，从而带来分工后企业的专业化发展。由此可知，随着制造业市场规模的扩大，分工程度将提升，制造业生产过程的"迂回"程度将增加，高技术服务将逐渐从制造业中分离，从而高技术服务业与制造业都能通过专业化而实现"规模报酬"，进而带来效率提升。因此，随着市场规模的扩大，预期高技术服务业与制造业的分离程度将增加。

$\ln kf_t$ 表示中国对外开放程度对数值，可以用中国历年的进出口总值来表示。改革开放以来，中国对外开放程度提升。对外开放开拓了我国制造企业的国际视野，也倒逼中国制造企业逐渐融入全球化分工浪潮，并充分利用国外先进技术和生产要素，进口国外先进机器设备，提升了我国劳动生产率。另外，中国制造企业开始引进、模仿、吸收国外先进技术，推动我国制造业的快速发展。

$\ln fdi_t$ 表示我国历年的外商直接投资额，数据来源为中经网数据库 2000 – 2014 年我国实际利用外商直接投资数据。在对外开放中，我国大量引进制造业外商直接投资。但是，外商直接投资企业基本采取的都是制造业代工模式，进口母国公司先进的机器设备，按照母国公司的研发和设计以及营销方案，在我国代工生产制造业产品之后，再出口到母国公司。在此过程中，中国本土制造业与高技术服务业的关联效应被割裂，中国制造业处于"被俘获"地位。

$\ln rl_t$ 表示我国历年的人力资本水平，可以用历年我国每十万人中的高等学校在校生规模来表示，数据来源为中经网数据库。中国人口众多，给中国制造业发展带来了人口红利。20 世纪 90 年代末以来，为扩大内需和适应我国制造业的迅猛发展，我国的高等教育机构大规模扩招，从而带来了我国人力资本总体水平的提升。人力资本的提升将有效推动我国制造业的专业化分工，因为高等教育培养的人才将广泛就业于制造业的研发、设计、金融、营销等处于价值链高端的高技术服务环节。因此，人力资本水平的提升，将显著推动我国高技术服务与制造业价值链环节的分离。

$\ln zf_t$ 表示我国地方政府对高技术服务业发展的支持程度，可以用历年地方政府财政支出占 GDP 的比重来表示，数据来源为中经网数据库。长期以来，我国的高技术服务业一般内置于制造业，由于可能带来成本的增加和对市场上高技术服务提供商的不信任，制造业一般不愿意到市场上购买高技术服务。因此，我国传统的制造业一般采取自给自足的模式生产高技术服务，但这种模式会带来专业化水平不高和效率低下。近几年来，中国很多城市出台了鼓励工业企业分离发展服务业的政策措施，即利用地方政府财政资金支持高技术服务业的专业化发展，取得了较好的效果。因此，可以预期，地方政府的财政支持推动了我国高技术服务与制造业的分离。

表 2.2　我国高技术服务与制造业分离的影响因素计量结果

变量	模型（1）	模型（2）	模型（3）	模型（4）	模型（5）	模型（6）
$\ln tc$	0.073 ** (2.27)	0.79 *** (9.58)	0.47 *** (4.93)	0.72 *** (7.2)	1.02 *** (4.37)	1.0 *** (4.29)

续表

变量	模型（1）	模型（2）	模型（3）	模型（4）	模型（5）	模型（6）
$\ln gm$		− 0.41 *** （− 9.24）	− 0.24 *** （− 4.84）	− 0.97 * （− 1.78）	− 0.09 * （− 1.69）	− 0.95 * （− 1.76）
$\ln kf$			0.39 *** （4.76）	0.19 ** （2.12）	0.23 ** （0.23）	0.44 ** （2.23）
$\ln fdi$				− 0.75 *** （− 5.7）	− 0.80 *** （− 5.88）	− 0.86 *** （− 5.92）
$\ln rl$					− 0.34 （− 1.41）	− 0.59 * （− 1.85）
$\ln zf$						0.56 （1.2）
随机效应	N	N	Y	Y	Y	Y
常数项	− 3.84 *** （− 57.96）	2.66 *** （3.76）	0.21 （0.27）	3.81 *** （3.96）	7.23 *** （2.78）	10.75 *** （2.74）
R^2	0.0201	0.2694	0.3183	0.3906	0.3953	0.3989
观测值	270	270	270	270	270	270

注：括号内为 t 检验值，*** 表示在1%水平上显著，** 表示在5%水平上显著，* 表示在10%水平上显著。

二　计量结果分析

从以上统计结果可以看出，随着逐个加入解释变量，模型的解释性在增强，本书以表2.2模型（6）为例分析，可以发现以下特征。

随着交易成本的下降，我国高技术服务与制造业的分离程度在提升。交易成本每下降1个百分点，高技术服务与制造业的分离程度提升1个百分点。交易成本涉及一个国家和地区的营商环境，其和市场化程度和信用体系建设密切相关。改革开放以来，我国社会主义市场体系逐步确立，我国的法治化建设和营商环境也有了明显改善。随着大数据技术的不断进步，个人的信用体系也在不断完善，这些都有力地推动了我国交易成本的下降。高技术服务的市场化依赖于营商环境，因此，交易成本的下降推动了高技术服务与制造业的分离。

随着制造业市场规模的扩张，我国高技术服务与制造业的分离程度在下降。我国制造业市场规模每提升 1 个百分点，高技术服务与制造业的分离程度下降 0.95 个百分点。按照斯密的"市场规模决定社会分工"理论，社会分工程度将随着市场规模的扩大而提升。21 世纪以来，我国制造业规模迅速扩张，但我国的制造业基本上实行的是"为出口而进口"的代工模式，这种代工模式割裂了本土高技术服务与制造业的关联效应。因此，随着制造业市场规模的扩大，并没有有效地带来高技术服务与制造业的分离。

随着我国开放程度的提升，高技术服务与制造业的分离程度在增加。我国开放程度每提升 1 个百分点，高技术服务与制造业分离程度增加 0.44 个百分点。在对外开放过程中，我国按照比较优势原则开展对外贸易，互通有无，发达国家高技术服务与制造业的示范效应可以推动我国高技术服务与制造业的分离。

随着实际利用外商直接投资的增加，我国高技术服务与制造业的分离程度在下降。实际利用外资每增加 1 个百分点，高技术服务与制造业分离程度下降 0.86 个百分点。长期以来，我国引进的外资企业都是制造企业，并且采取的是"两头在外"的代工模式，外资代工抑制了我国本土高技术服务与制造业的关联效应，也使我国制造业缺乏"心脏"与"脑袋"。

随着人力资本的提升，我国高技术服务与制造业的分离程度在下降。我国人力资本每提升 1 个百分点，高技术服务与制造业分离程度下降 0.59 个百分点。近年来，我国人力资本水平虽然在不断提升，但高等学校培养的一般是研发、设计、营销、金融等高技术服务业人才，但社会上提供的就业岗位基本是制造业代工人才。中国制造业的低端供给与高等教育人才的高端供给产生错位，也抑制了高技术服务与制造业的分离。

地方政府财政对高技术服务业支持力度每增加 1 个百分点，我国高技术服务与制造业的分离程度增加 0.56 个百分点。长期以来，由于市场上专业化的高技术服务提供商存在较大不确定性，当发生贸易摩擦或交易冲突时，无法采取有力措施保障企业合法权益。因此，我国制造企业为了降低不确定性，从而不愿意分离发展服务业。在此背景下，地方政府为了提升服务业占比，只能通过各种优惠政策，通过增加财政支持鼓励高技术服务业独立发展。

第四节　高技术服务业对制造业的促进作用

一　计量模型

高技术服务与制造业分离后，将成为独立的市场化产业。分离后的高技术服务企业，不但可以为母体制造企业提供专业化的高技术服务，也可以为社会上其他制造业提供专业化的高技术服务。高技术服务作为中间品投入，其内含的技术资本和知识资本可以带来制造业的迂回式生产，并可以带来制造业竞争力的提升。本书分别以 31 个省份规模以上工业企业的营业收入和规模以上工业企业的利润对数值为因变量，以高技术服务业中的信息服务业、商务服务业和研发服务业城镇就业人数的对数值为核心自变量，分别以中国的市场规模、对外开放程度、人力资本和外商直接投资为控制变量，建立计量模型如下：

$$\ln ys_{it} = \alpha + \ln xx_{it} + \ln sw_{it} + \ln yf_{it} + \ln kf_{it} + \ln rgdp_{it} + \ln rl_{it} + \ln fdi_{it} + u_{it}$$

$$(2.18)$$

其中，$\ln ys_{it}$ 表示我国 31 个省份历年规模以上工业企业的营业收入的对数值；$\ln xx_{it}$、$\ln sw_{it}$、$\ln yf_{it}$ 分别表示 31 个省份历年信息服务业、商务服务业和研发服务业城镇就业人数的对数值；$\ln kf_{it}$ 表示我国 31

个省份历年对外开放程度，可以用各地区历年的进出口贸易总额来表示；$lnrgdp_{it}$表示我国 31 个省份历年市场规模，可以用各地区历年人均国内生产总值来表示；$lnrl_{it}$表示我国 31 个省份历年人力资本水平，可以用各地区历年每十万人中高等教育在校生人数来表示；$lnfdi_{it}$表示我国 31 个省份历年实际利用外商直接投资数额。各变量数据来源为中经网和国家统计局网站。

表 2.3　我国高技术服务业对制造业的推动作用计量结果

变量	lnys			lngl		
	模型（1）	模型（2）	模型（3）	模型（4）	模型（5）	模型（6）
$lnxx$	0.027 (0.97)	0.063 ** (1.97)	0.074 ** (2.0)	0.124 * (1.87)	0.248 *** (3.25)	0.319 *** (3.48)
$lnsw$		− 0.066 ** (− 2.12)	− 0.063 ** (− 2.0)		− 0.242 *** (− 3.16)	− 0.223 *** (− 2.84)
$lnyf$			− 0.031 (− 0.59)			− 0.174 (− 1.39)
$lnkf$	0.194 *** (7.69)	0.200 *** (7.89)	0.199 *** (7.85)	0.280 *** (4.81)	0.317 *** (5.39)	0.316 *** (5.37)
$lnrgdp$	0.841 *** (21.22)	0.825 *** (7.89)	0.828 *** (20.89)	0.655 *** (9.95)	0.627 *** (9.47)	0.625 *** (9.37)
$lnrl$	0.403 *** (7.22)	0.437 *** (7.79)	0.44 *** (7.78)	0.782 *** (8.35)	0.824 *** (8.72)	0.857 *** (8.65)
$lnfdi$	0.038 (1.5)	0.047 * (1.81)	0.048 * (1.84)	− 0.141 ** (− 2.33)	− 0.11 * (− 1.82)	− 0.109 * (− 1.79)
cons	− 4.26 *** (− 18.99)	− 4.34 *** (− 18.99)	− 4.34 *** (− 18.93)	− 6.098 *** (− 13.1)	− 6.58 *** (13.46)	− 6.5 *** (− 13.13)
R^2	0.9706	0.9708	0.9709	0.8123	0.8174	0.8184
观测值	434	434	434	434	434	434

注：括号内为 t 检验值，*** 表示在 1% 水平上显著，** 表示在 5% 水平上显著，* 表示在 10% 水平上显著。

模型（1）、（2）、（3）的因变量为规模以上工业企业营业收入的对数值；模型（4）、（5）、（6）的因变量为规模以上工业企业的营业利润对数值。核心自变量为信息服务业、商务服务业和研发服务业城镇就业人数的对数值，控制变量为对外开放程度、市场规模、人力资本和实际利用外商直接投资的对数值（见表2.3）。

二　计量结果分析

通过表2.3计量结果可以看出，信息服务业城镇就业人数每提升1个百分点，我国制造业主营业务收入提升0.074个百分点。近年来，我国信息技术不断更新换代，制造企业逐渐在硬件和软件方面进行信息化建设。在"互联网＋"战略背景下，互联网信息技术已经逐渐应用到制造业的各领域。随着市场化的推进和我国交易成本的下降，信息技术外包已经成为制造企业的发展趋势。另外，由于我国信息服务业对外商直接投资企业还存在一定的进入壁垒，本土的信息服务业与制造业的关联程度比较高，信息服务业可以作为独立的生产模块进入制造业生产流程。因此，市场化的信息服务业作为中间投入可以提升制造业的生产效率，并能增加制造企业的营业收入。

商务服务业城镇就业人数每提升1个百分点，我国制造业主营业务收入下降0.063个百分点。商务服务业包括管理咨询、会计、法律、审计、广告等现代服务业。商务服务业一般是制造业生产过程中的中介服务投入，专业化程度比较高，知识和技术密集，商务服务业可以降低制造企业生产成本，推动制造企业生产的精细化。但是，长期以来，我国的商务服务基本内置于制造企业。近几年来，虽然商务服务业外化速度非常快，但由于中国的信用体系不健全等因素影响，中国的商务服务业仍然发展滞后，满足不了先进制造业的商务服务需求，从而使得商务服务业对我国制造业营业收入有一定的负向影响。

研发服务业对我国制造业主营业务收入有一定的负向影响。研发服务城镇就业人数每提升1个百分点，我国制造业主营业务收入下降

0.031 个百分点。研发服务处于制造业生产环节的上游，并且长期以来，我国的研发服务基本内置于大中型国有企业，但是我国大中型国有企业的研发效率低下。我国中小型制造企业对研发服务有大量的需求，但没有足够的资金实力去支撑研发，因而自主创新能力不足。我国的科研经费大部分用于高校和科研院所，但其研究成果主要为了职称晋升和人才奖励申报，成果转化能力薄弱。此外，发达国家的研发投入主要用于基础研究，而我国的研发经费主要用于试验和应用研究，导致我国科研领域的核心基础掌握在发达国家手里，进而导致研发服务对我国制造业有一定的负向影响。

对外开放程度每提升 1 个百分点，我国制造业主营业务收入提升 0.199 个百分点。加入 WTO 以来，我国对外开放程度快速提升，我国的进出口贸易总额也在迅猛攀升。通过对外开放，我国迅速加入全球价值链分工体系，进口国外零部件和机器设备，利用廉价的土地和劳动等低端生产要素，通过加工组装，生产廉价制造业消费品，又出口到国外发达国家，从而带来制造业主营业务收入增长。也就是说，通过对外开放，我国充分利用了比较优势，快速推动了工业化进程，成为世界名副其实的制造业大国。

市场规模每提升 1 个百分点，我国制造业主营业务收入增加 0.828 个百分点。改革开放以来，我国人均 GDP 和人均可支配收入迅速提升，收入增长带来了消费能力的提升。在互联网经济条件下，我国居民的个性化消费需求也在不断升级。在市场需求驱动下，制造业需要不断满足消费者的个性化需求，创新出更多差异化的产品。因此，随着市场规模的扩张，制造业不断推动产品工艺升级和链条升级，进而带来制造业主营业务收入迅速增长。

实际利用外商直接投资每提升 1 个百分点，我国制造业主营业务收入增加 0.048 个百分点。20 世纪 90 年代以来，我国大幅度引进外商直接投资。外商直接投资弥补了中国建设资金的不足，充分利用国内国外两个市场和两种资源，带来了我国制造业劳动生产率的提升，进而带来了我国制造业主营业务收入的增加。但是，由于外商直接投资实行"两头在外"的代工模式，虽然导致我国制造业主营业务收入增长了，但制造业的利润绝大部分被外资母公司带走，从而导致我国规模以上制造业利润下降。

人力资本每提升 1 个百分点，我国制造业的主营业务收入增加 0.44 个百分点。我国的工业化进程，得益于人口红利。但是，随着时代的发展，我国的人口红利已经不再。然而，随着我国教育事业的发展，我国人口资源优势已经逐渐转变为人力资本优势。我国的高等教育本科生和研究生在校生规模都位居世界前列，高等教育培养的大量高层次人才，为我国制造业主营业务收入的增加贡献了力量。

为了保证计量结果的稳健性，本书用规模以上工业企业利润对数值作为因变量，用信息服务业、商务服务业和研发服务业城镇就业人数对数值作为核心解释变量，同时用对外开放度、市场规模、人力资本和外商直接投资作为控制变量进行检验，即用模型（6）进行了稳健性检验。研究结果表明，模型检验结果基本与模型（3）类似，即信息服务业显著推动了制造业利润增加，但是商务服务业对制造业利润增加有一定负向影响，而研发服务业对制造业利润增加有一定负向影响。不同的是，由于外商直接投资"两头在外"的代工模式，虽然我国外商直接投资带来制造业营业收入的增长，但却导致我国制造业利润的下降。

第三章　第四次工业革命背景下制造业与高技术服务业融合趋势

当前，人类社会已经开始进入第四次工业革命时代。第四次工业革命的主要标志是以计算机和通信为基础的信息技术、新能源技术、智能制造技术、新材料技术和生物工程等技术群的发明和应用。在第四次工业革命时代，产业之间的边界逐渐模糊，高技术服务业与制造业逐渐融合，制造业服务化程度也将不断提升，高技术服务将成为制造业的主要业态。第四次工业革命中的信息技术将大幅度降低市场交易成本，并推动分工的深化，进而推动制造业将高技术服务等价值链环节分解，形成网络状的市场主体。同时，第四次工业革命下的信息技术也将推动制造业从外部网络状中的市场中寻求高质量的高技术服务投入，从而实现制造业价值链的重构，进而实现高技术服务业与制造业的融合发展。

第一节　第四次工业革命与产业融合

一　第四次工业革命

2013 年，德国提出了"工业 4.0"计划，其目的是提升德国工业竞争力。德国的"工业 4.0"计划发布后，中国工信部牵头多个部门，编制了《中国制造 2025》。与此同时，美国也出台了"制造业复兴计划"和"再工业化"战略；日本也出台了"制造业再兴战略"；

法国制定了"新工业法国战略";印度制定了"制造业国家战略"等。2014年10月10日,中德两国联合发布了《中德合作行动纲要》,并指出"工业4.0"对中德两国的制造业发展具有重要意义。德国的"工业4.0"计划被认为是第四次工业革命的开端,其核心为智能制造,即将通过信息通信技术等,使制造业智能化。德国"工业4.0"的核心是互联网与制造业的融合,通过智能工厂和智能物流,实现智能生产。德国"工业4.0"的关键,是所有的原材料,都被贴上标签,即所有的含有标签(即带有信息)的原材料都作为中间品投入进入生产过程,因此,制造业与信息产业将融为一体。德国"工业4.0"计划可以看作是以往制造业发展模式的一次革命,这次革命不仅是技术方面上的,也是生产力方面上的,还是生产组织方式上的,因此被称为第四次工业革命。第四次工业革命的典型特征,就是信息技术的广泛应用,物联网得到广泛普及[1]。

与第四次工业革命相对的,人类历史上已经发生过三次工业革命。其中,第一次工业革命发生在18世纪60年代,到19世纪40年代结束,主要成就是蒸汽机的改良和广泛使用。在第一次工业革命中,手工机器生产逐渐被"机器"大生产所取代,用机器生产机器是第一次工业革命的典型特征,机械化的"工厂制"逐渐成为主流生产方式。第二次工业革命发生在19世纪70年代,在20世纪初基本完成,其主要特征是电力和内燃机的广泛使用。第二次工业革命期间,人类社会进入了"电气化"时代,发电机和电动机开始运用到各行业。与第一次工业革命相比,在第二次工业革命过程中,科学技术开始与工业生产紧密结合,并有力推动生产力的发展。在此期间,"福特制"的流水线生产方式开始得到推广。在流水线生产方式下,企业生产过程被分割成很多工序,工人只需负责流水线上的某一道工序,

---

[1]　邓泳红、张其仔:《中国应对第四次工业革命的战略选择》,《中州学刊》2015年第6期。

提高了生产过程中的程序化和自动化水平，提高了劳动生产率，企业的生产成本也大幅降低。流水线作业方式的广泛采用，使企业的规模经济效应得到加强，企业规模的扩大使其进一步通过兼并收购而成为大型垂直一体化企业，并导致垄断资本主义的产生。第三次工业革命开始于 20 世纪四五十年代，其典型特征是电子计算机、原子能、空间技术和生物技术的发明和产业化。在第三次工业革命后期，人类进入信息化时代。

在第四次工业革命时代，中国抓住了历史机遇，迅速出台"中国制造 2025"战略。在这一战略下，制造业的数字化、智能化、个性化、绿色化和互联网化将逐步推进。制造业传统的生产技术、市场需求、组织方式、商业模式以及生产要素等都将被颠覆。第四次工业革命中的技术变革不是某一种单一的技术变革，而是包括以计算机和通信为基础的信息技术、新能源技术、智能制造技术、新材料技术和生物工程等在内的技术群的变革，这些技术在不同领域相互渗透、相互扩散和融合。第四次工业革命时代，效率提升不再依赖于流水线生产模式带来的规模经济，而在于强调材料的利用率、产品研发周期缩短、生产程序简化等，能迅速满足人们不断变化的个性化需求。在第四次工业革命时代，产业之间的边界逐渐模糊，制造业服务化程度不断提升，高技术服务业将成为制造业的主要业态，并占据制造业价值链的高端，信息化和智能化成为产业形态主要特征。第四次工业革命时代，企业已经开始实行"归核化"战略，各生产工序之间的网络化已经成为常态，技术和市场等要素的配置也将发生革命性变化，个性化产品的生产网络成为常态。第四次工业革命时代商业模式的要素已经变成了"终端＋平台＋服务＋数据"，卓越企业需要在此要素中构建自己的商业模式。①

---

① 余东华、胡亚男、吕逸楠：《新工业革命背景下"中国制造 2025"的技术创新路径和产业选择研究》，《天津社会科学》2015 年第 4 期。

二　产业融合

罗森伯格（Rosenberg，1963）最早提出了产业融合的概念，但是他认为的产业融合主要是技术融合。1840－1910 年，技术融合伴随着美国机器工业发展进程，生产机器的工业和其他工业之间出现了技术方面的融合。例如，钻孔技术、磨光技术等都可以用于生产机器的相关行业。技术融合把相互独立的机器工业相互联系起来，从而成为新的业态，从而出现了自行车制造业、缝纫机制造业等产业。萨哈尔在此基础上，认为某些技术在不同的机器产业中应用，并广泛扩散，进而带来创新过程的发生，从而实现技术融合。缪勒（Muller，1997）主要研究了数字经济时代，不同媒介之间的信息，例如文字、图像和声音等如何经过同一个多媒体终端显示出来，即"数字融合"。约菲也以数字技术为基础，认为产业融合不仅仅是技术融合，也包括产品融合和市场融合。Bally 认为产业融合的基础是技术融合，技术融合可以发生在信息传输业，也可以发生在包装技术、机器生产、保健食品、数码相机等各个行业。技术融合可以改变产业或市场的边界，并使各产业的竞争环境发生革命性的变化。植草益（2001）则认为，产业融合需要通过技术革新，并降低不同行业之间的技术和行政壁垒来实现，各个行业可以通过融合实现竞争与合作。[①]

关于产业融合的分类，Green and Khanna 认为产业融合分为互补性融合和替代性融合。产业的边界可以由产品类型决定，某种类型产品需要发挥作用，相关的产品需要配合使用，才能达到预期效果。他们还从经济现象视角，分析了产业融合。盖恩斯利用学习曲线模型，分析了产业融合的技术基础，并分析了产业融合的学习过程。Gambardella & Torrisi（1998）调查分析了 1984－1992 年 32 家电子公司，

---

① 胡汉辉、邢华：《产业融合理论以及对我国发展信息产业的启示》，《中国工业经济》2003 年第 2 期。

发现计算机产业、办公设备生产行业、电子消费品行业和无线通信行业等都存在融合现象。他们认为的产业融合主要包括技术融合、业务融合、市场融合和产品融合等类型。贝斯蒂（Bettis，1998）从资源利用的视角重新对产业进行了定义，并分别从需求和供给的角度分别进行分析。在此基础上，彭宁斯和普拉纳姆（Pennings & Purannam，2001）进一步把产业融合划分为需求替代性融合、供给替代性融合以及供给互补性融合、需求互补性融合。斯蒂格利茨则把产业融合从技术视角划分为技术替代性融合和技术互补性融合，并从产品的视角又把产业融合划分为产品替代性融合和产品互补性融合。哈克林等（Hacklin, etc., 2005）则根据技术融合的程度，把产业融合划分为横向融合、潜在融合和应用融合。

关于产业融合的机制，已经取得共识的是，技术进步是产业融合的根本原因，技术进步可以带来工艺创新、产品创新等。Lei（2000）认为，在产业结构演化方面，技术融合对产业竞争力提升具有至关重要的作用。通用技术在不同产业之间进行扩散，产业内不同企业的商业模式在技术进步条件下不断创新。Lee（2003）指出，不同产业之间的技术基础，给产业融合奠定了根基。沃茨（2001）认为技术、需求和规制放松等多方面因素的共同作用，导致了产业融合的发生。其中，驱动产业融合的技术因素包括数字化、智能化和媒体平台的融合。Amesse, Latour and Rebolledo（2004）则在技术融合的基础上，认为产业融合与契约和协议并购也有很大关系。植草益（2001）指出，产业融合首先会发生在同一产业内，不同企业在竞争过程中，不断采用新技术而产生竞争优势，新技术导致政府部门的规制放松，在此过程后会有大量企业倒闭，企业之间的兼并和收购也是产业融合的重要内容。周振华（2003）指出，产业之间在进入和竞争方面存在多种管制，但在技术进步条件下，技术之间、业务之间、市场之间和运作之间的边界逐渐模糊，从而使得不同产业趋于融合。陈柳钦（2007）

指出，同一产业内，不同企业间的竞争与合作关系以及跨国公司的存在共同导致了产业融合。

三　第四次工业革命下的产业融合

历次工业革命的经验表明，工业革命可以使生产力发生天翻地覆的变化，可以带来制造业的升级换代。第四次工业革命背景下，我国出台的"中国制造2025"计划，可以有效提升制造业生产率，提升制造业附加值，降低制造业成本，解决我国制造业有效供给不足的情况，从而推动我国实现制造业强国。

第四次工业革命的核心是互联网、物联网、大数据和云计算等信息技术的创新与广泛应用，其对我国价值链向高端攀升、参与全球产业竞争格局以及我国国内价值链与全球价值链的有效衔接都将起到重要作用。在第四次工业革命时代，信息和数据成为最主要的生产要素，其能提高制造业的生产效率并能对传统生产要素功能进行提升。十九大报告指出，我国经济已经开始从高速度增长向高质量增长转型，高质量增长的核心就是提升全要素生产率。提升全要素生产率，则要提升要素投入的效率和要素种类的配置效率。在第四次工业革命背景下，传统的土地、劳动、资金等要素投入，将逐渐转变为信息、知识和数据等要素投入，并且这些要素投入将会成为主导制造业转型升级的战略性资源。人类历史上曾经经历过的三次工业革命，主要解放了人的体力，实现了全要素生产率的提升。第四次工业革命将从海量的数据中挖掘信息，并将其转化为知识资本，从而可以解放人的脑力。从产业组织的角度来看，传统的产业组织存在严重的"X－非效率"，产生这种状况的重要原因是信息沟通存在缺陷。但是在第四次工业革命时代，互联网及信息技术将推动企业组织重构，即企业生产模式将从大规模流水线生产模式转向大规模定制。

第四次工业革命带来的信息技术，将广泛应用于制造业和服务业，并作为黏合剂，不断推进制造业和服务业的融合，从而实现制造业服务化，进而使我国更快进入服务经济社会。但是，历史经验表明，服务经济发展过程中，会存在一定的"鲍莫尔"效应，即服务业的增长率会低于制造业的增长率。然而，第四次工业革命中的信息技术进步，将极大地抵消服务业效率低下带来的后果，从而实现规模报酬递增。例如，互联网消费模式下，京东、淘宝等电商企业打通了制造企业与消费者的信息不对称，方便了消费者与企业的对接，中间环节被大幅度削减，产业发展效率大幅度提升。与此同时，制造业服务化进程将使众多制造企业将核心业务向服务环节延伸，制造企业价值链的研发、设计、营销、咨询、财务、法律服务等环节逐渐外化成专业化的服务提供商，制造企业的加工组装环节开始依赖于智能化生产和数字技术的应用。

每一次工业革命都会催生新的产业和新的业态，第四次工业革命中的新技术是推动新业态出现的关键因素，尤其是具有颠覆性意义的数字信息技术。2008年金融危机发生后，第四次工业革命进入了一个新的阶段。为了扭转金融危机带来的后果，发达国家都投入了大量研发经费，发展高技术制造业。科技创新已经是第四次工业革命中世界各国摆脱金融危机的重要手段，例如，德国的"工业4.0"计划，我国的"中国制造2025"等。在世界各国的强力推动下，新科技革命的成果不断涌现，高技术服务企业也将成为专业化的市场主体，与其母体制造企业也将形成网络化的协同竞争关系。产业之间的边界越发模糊，企业触角可以伸到市场各个角落。先进制造业与高技术服务业价值链的每一个环节，都将融入第四次工业革命所形成的信息系统中，从而形成高技术服务业与制造业的深度融合。

第二节　对服务业与制造业融合的总体认识

一　对服务业与制造业融合的基本认识

当美国开始实施"制造业回归"战略、德国启动工业 4.0 战略时，我国政府在 2015 年《政府工作报告》中指出，制造业是我们的优势，要实施"中国制造 2025"，坚持创新驱动、智能转型、强化基础、绿色发展，通过三个十年行动纲领，力争在 2045 年左右成为工业强国。并且在《政府工作报告》中进一步列出了支持发展的高端服务业，包括工业设计、融资租赁等生产性服务业，研发设计、系统集成、知识产权、检验检测等高技术服务业，促进服务业与制造业融合发展。这给我们释放了一个清晰的信号，即服务业与制造业融合发展将成为我国经济转型升级的新引擎。

服务业与制造业融合，从价值链角度看，是服务在制造业价值链中所占比重不断提高，产品附加值和品牌效益不断提高的变化过程。众所周知，服务业包括生产性服务业和生活性服务业。发达国家服务业占 GDP 的比例达到 70% 左右，在服务业中生产性服务业占了近六成。我国目前生产性服务业发展滞后、比例偏低是不争的事实，大力发展生产性服务业已成为全社会的共识。因此，对于服务业与制造业融合简单的解释就是说制造业企业由仅仅提供物品或物品与附加服务向物品—服务包转变。完整的"包"包括物品、服务、支持、自我服务和知识，并且服务在整个"包"中居于主导地位，是增加值的主要来源。生产性服务业包括哪些？除交通运输业、部分金融业外，更多是第二产业的延伸、扩展和分离。实践证明，制造业服务化不仅是工业调整结构显著提升增加值的有力措施，而且是大力发展生产性服务业的重要途径。从企业价值链角度看，服务业与制造业融合是制造企业以更好满足顾客需求为导向，以实现企业价值和获取竞争优势为最终目标，将企业价值链由以制造为中心向以服务为中心转变的动态过程。从产业价值链角度看，服务业与制造业融合就是在产业的运行过程中，制造业投入、产出中服务比重不断提高，服务要素日益成为制造业价值创造的主导因素，产业附加值和品牌效益不断提高的动态变化过程。中国工程院王应洛院士把这种服务业与制造业融合趋势表述为"制造业服务化"，认为这是在经济全球化、客户需要个性化和现代科学技术与信息化快速发展条件下，出现的一种全新的商业模式和生产组织方式，这种形式将使企业实现从单纯产品或者服务供应商，向"综合性解决方案"供应商的转变。

总而言之，服务业与制造业融合，可以从两方面理解，一个是制造业投入服务化，包括新技术研发、市场调研和广告、物流、技术支持、零部件供应、信息咨询等方面；另一个是制造业产出服务化，包括销售服务、维修保养、金融租赁和保险等方面。这种融合发展形式与传统的制造业发展模式的区别体现在三个方面：在价值实现上，传统制造通过有形产品实现价值增值，而服务业与制造业融合则强调通过向客户提供整体解决方案来实现；在工艺流程上，传统制造仅关注产品本身的制造，而服务业与制造业融合强调以人为中心，重视知识的积累和传递；在组织模式上，传统制造常常通过纵向或横向一体化来实现规模经济，而服务业与制造业融合则强调通过网络协作关系来实现知识的共享，实现资源的优化配置。

可见，服务业与制造业融合，从价值链角度看，是服务在制造业价值链中所占比重不断提高、产品附加值和品牌效益不断提高的变化过程。服务化已成为全球制造业发展的重要趋势，这种趋势与发达国家再工业化战略并不矛盾，我国国内也呈现出积极态势。我国制造业有关部门和企业应该顺应趋势，把握机遇，一方面采取有效政策措施，促进我国企业参与发达国家制造业的服务化分工，积极推进企业服务化进程，扩大生产性服务业内需市场；另一方面强化制造企业在资源、能源、环保方面的责任，促进企业进行服务化战略选择。

二　服务业与制造业融合的发展趋势

2011 年，国务院印发了《国务院办公厅关于加快发展高技术服务业的指导意见》（国发〔2010〕32 号），2014 年国务院印发了《关于加快发展生产性服务业促进产业结构调整升级的指导意见》（国发〔2014〕26 号），首次全面部署加快生产性服务业发展。2019 年国家发改委联合 15 个部门印发了《关于推动先进制造业和现代服务业深度融合发展的实施意见》，提出到 2025 年形成一批创新活跃、效益显著、质量卓越、带动效应突出的深度融合发展企业、平台和示范区，企业生产性服务业投入逐步提高，产业生态不断完善，两业融合成为推动制造业高质量发展的重要支撑的目标，获得各界一致"点赞"。

推动服务业特别是高技术服务业、生产性服务业大发展，不仅有助于引领制造业向价值链高端提升，培育"中国制造"新优势，而且有利于培育经济增长新亮点，为稳增长提供新动力，是一个"一箭多雕"的战略选择。服务化代表着制造业发展的大趋势和升级的大方向。在现代制造业链条中，附加值更多地体现在"微笑曲线"的两端，即前端的研发设计、市场研究、咨询服务和后端的第三方物流、供应链管理优化、销售服务，而处于中间的制造环节附加值较低。大致估算，服务环节所创造的价值占整体价值的 2/3，生产所创造的价值仅占 1/3。将制造环节向两端延伸，加快生产性服务业发展，必将大大提升制造业的"含金量"。现在世界各国都非常重视服务业与制造业融合这个趋势。美国的制造业回归、德国的"工业 4.0"战略，其实都是指向服务业与制造业融合。如果我国能采取有力措施，把服务业与制造业融合这盘棋下好，把生产性服务业、高技术服务业创新活跃、产业融合度高、带动作用显著的优势充分发挥出来，促进我国产业逐步由生产制造型向生产服务型转变，那对经济持续增长将有巨大带动作用。

高技术服务业、生产性服务业是经济中增长幅度最大的行业，越来越多的制造企业正在转变为某种意义上的服务企业，服务化成为制造业的重要发展方向，制造业高度发展呈现出"服务化"的新趋向。反映服务业与制造业融合的名词也应运而生：服务型制造、生产服务业、制造即服务。服务型制造是指，企业为了实现制造价值链中各利益相关者的价值增值，通过产品和服务的融合、客户全程参与、企业相互提供生产性服务和服务性生产，实现分散化制造资源的整合和各自核心竞争力的高度协同，达到高效创新的一种制造模式。服务型制造是基于制造的服务和面向服务的制造，是基于生产的产品经济和基于消费的服务经济的融合，是制造与服务相融合的新产业形态，是一种新的制造模式。

服务业与制造业融合首先表现为服务环节在制造业价值链中的作用越来越大。20世纪后期以来，经济领域的一项革命性变化，就是制造业与服务业的融合发展，许多传统制造企业以卖服务取代卖产品，把服务看作是创造差异化优势的工具，通过比竞争对手提供更好的服务来吸引消费者。其次，表现为优秀制造企业由"以生产为中心"向"以服务为中心"转型。越来越多的制造企业由关注产品生产，转向产品的整个生命周期，包括市场调查、产品开发或改进、生产制造、销售、售后服务，传统意义上的制造业与服务业边界日益模糊。再次，还表现为制造企业越来越多地进行"服务外包"或"服务剥离"。许多制造企业将内部在产前、产中或产后的服务功能独立出来，原来的服务活动转而由其他企业完成。这一转变促使提供生产服务的专门企业迅速发展。这些企业提供从技术产品研发、软硬件开发，到人员选聘与培训、管理咨询、金融支持、物流服务、市场营销和售后服务等全过程的服务链，推动了现代服务业的迅速发展，成为新的经济增长点。

三　服务业与制造业融合的典型特点

第一，在价值实现上，服务业与制造业融合强调由传统的产品制造为核心，向提供具有丰富服务内涵的产品和依托产品的服务转变，直至为顾客提供整体解决方案。

第二，在作业方式上，由传统制造模式以产品为核心转向以人为中心，强调客户、作业者的认知和知识融合，通过有效挖掘服务制造链上的需求，实现个性化生产和服务。

第三，在组织模式上，服务业与制造业融合的覆盖范围虽然超越了传统的制造及服务的范畴，但是它并不去追求纵向的一体化，它更关注不同类型主体（顾客、服务企业、制造企业）相互通过价值感知，主动参与到服务型制造网络的协作活动中，在相互的动态协作中自发形成资源优化配置，涌现出具有动态稳定结构的服务型制造系统。

第四，在运作模式上，服务业与制造业融合更强调主动性服务，主动将顾客引进产品制造、应用服务过程，主动发现顾客需求，展开针对性服务。企业间在业务流程合作中，主动实现为上下游客户提供生产性服务和服务性生产，协同创造价值。

四　服务业与制造业融合的典型模式

1. 提升产品效能的服务模式

罗尔斯·罗伊斯：实现制造与服务的高度统一。自20世纪80年代以来，全球航空发动机市场的竞争开始由制造转向服务，罗尔斯·罗伊斯率先尝试制造业服务化转型，从而奠定了其在全球三大航空制造公司中的主导地位。

从1995年起，罗尔斯·罗伊斯在发动机销售中加大了折扣力度，但却提高了服务水平和能力，采用了一种新的商业模式——以绩效保证式合同供货。这种模式要求在报出发动机价格的同时，提供发动机保养及在线化的维护服务，使得航空公司能够根据双方协商认可的发动机单位飞行小时费用付费。罗尔斯·罗伊斯通过这种模式得以对发动机进行在线监控、故障诊断和实时维修支持。这种模式取得了巨大的成功，罗尔斯·罗伊斯在全球航空发动机市场中的份额由20世纪70年代的不到5%提升到了目前的40%左右。罗尔斯·罗伊斯通过创新商业模式，将制造与服务高度统一，提升了企业的核心竞争力，成为全球航空发动机领域的领跑者。

2. 提高产品交易便捷化的服务模式

卡特彼勒的杀手锏：构建精准的供应链体系。成立于1925年的卡特彼勒公司是世界上最大的工程机械和矿山设备、燃气发动机及工业用燃气轮机生产厂家之一。20世纪80年代中后期，由于受到经济危机以及日本工程设备企业崛起的影响，卡特彼勒逐步陷入亏损境地。为了扭转局面，卡特彼勒推进企业战略转型，以提升产品全生命链价值为出发点，构建精准的供应链体系。

为实现公司产品的精准快速供应和配送，卡特彼勒在全球建立了规模最大的工程机械分销体系，其代理商不仅仅销售和租赁产品，而且还能提供相应的技术支持、使用培训、维修保养等服务。如今卡特彼勒已经构建了遍布全球的零配件多级供应网络。可以说，精准的供应链体系是卡特彼勒保持旺盛竞争力，成为全球工程机械领域领导厂商的杀手锏。

3. 整合产品功能的服务模式

华为：提升通信设备集成化服务水平。在过去的十年间，通信设备制造业已经从一个技术推动型产业演变成了一个以服务和成本为核心竞争要素的产业。而自1988年成立以来，华为就一直把面向运营商的服务作为其参与市场竞争的重要砝码。尤其是近年来，华为围绕服务化战略转型，逐步建立起满足电信运营商需要、符合市场主流需求的产品服务体系。

这一服务体系基于通信设备的全生命周期管理，提供全方位的集成化专业服务。这一服务包括：通信设备基础服务，该服务涵盖了通信设备的技术支持、工程服务和备件服务；通信设备系统继承服务，该服务是为了提升设备的性能和效率，从网络层面提供端到端的解决方案，提升产品的运营能力；通信设备管理维护服务，该服务是华为作为运营商的外包方，提供的代理维护、设备维护包干、专人值守服务等，华为通过该服务逐渐与运营商建立长久的合作伙伴关系；战略咨询管理服务，该服务主要围绕电信运营商的业务运营，为其提供业务解决方案，提高其市场竞争力，高质量和专业化的服务已然成为华为在市场竞争中取胜的关键。

4. 基于需求的服务模式

IBM：由生产的 IBM 转变为服务的 IBM。从某种意义上说，制造企业服务化转型的最高阶段是企业发展战略实现了从基于产品的服务向基于客户需求的服务的转变。IBM 正在逐步顺应这一趋势，转向以服务为主导的发展方向。

自 20 世纪 90 年代起，IBM 开始服务化转型，陆续推出了"四海一家的解决之道""IBM 就是服务""电子商务随需而变""智慧地球"等服务战略。其中，2008 年 IBM 提出了"智慧地球"的理念，2009 年起，IBM 开始举办"智慧城市"论坛，推广其在教育、医疗、能源、交通等领域的成熟解决方案，进一步强化和突出了其在复杂系统中的集成和整合能力。IBM 的服务化转型创造了一种新的商业模式，这种模式面向复杂系统，根据客户需求进行专业的系统设计，构建全业务综合集成服务体系，建立集"问题分析＋战略规划＋方案设计＋关键软硬件产品开发＋项目实施＋业务外包＋人才培训"为一体的全业务综合集成服务体系。

五　服务业与制造业融合的基本路径

国内服务业与制造业融合发展仍处于起步阶段。在我国，部分制造企业已经意识到了加快服务业融合的重要性。例如，陕西鼓风机有限公司通过将信息化与传统工业融合，开发并应用旋转机械远程监测及故障诊断系统，从而能够充分预测机组运行趋势，制定个性化解决方案，满足客户服务需求；宝钢的信息化部门以专业服务公司的形式，形成宝钢宝信制造服务企业，开展金融、物流等社会化服务业务等等。而许多经济发展较快的地区也在转变发展思路，尝试在本地区推进制造业服务化。

但相较于西方，我国服务业与制造业融合的水平并不高，仍处于起步阶段。究其原因，从投入服务化的角度来看，我国制造业的发展以资源消耗投入为主，制造企业对服务的需求不足。我国的制造企业大多处于加工组装环节，产品位于产业链低端，使得企业的生产服务需求主要停留在批发零售、运输仓储等低端服务领域，而对研发设计、品牌经营等高端服务环节需求不足。从产出服务化的角度来看，只有积累了丰富的知识资产，善于创新变革的制造企业才有可能更好地从销售服务、维修保养、金融租赁和保险等方面提供产品服务，实现服务化转型。但我国的制造企业大部分都不具备足够的转型能力，在专业知识、组织技术、客户关系、职业技巧方面的欠缺是阻碍企业转型的主要因素。

以制造与服务相融合的观念为路标。从总体上来看，我国制造企业对制造业服务化的认识仍停留在起步阶段，对加快两者融合发展的意义认识不足。受制于思想观念、经济基础等方面的影响，企业对融合过程中的新格局、新模式缺乏信心，对融合过程中可能引起的组织架构、业务模式、发展战略的转变缺乏勇气。因此，观念的转变作为路标能够起到引领融合的作用。从制造企业到国家层面都需要树立制造与服务融合的发展观，丢掉"先发展工业、后发展服务业"的落后思想，改变就制造谈制造、就服务谈服务的落后方式，充分认识到服务业与制造业融合是产业结构升级的方向，是推进工业化与信息化深度融合的重要任务。

以完善的市场环境为两者融合保驾护航。服务业与制造业融合的顺利推进需要完善的市场环境为其保驾护航。面向制造业生产过程和产品的新技术研发、物流、技术支持、信息咨询、金融租赁和保险等服务需要完备的知识产权法规、健全的社会诚信体系、严格的监管体系作为保障。而在我国这些保障力量都还相对薄弱，致使多项服务项目无法健康、有序地开展。以 GE 金融租赁服务为例，设备融资租赁、消费者信用卡服务、汽车租赁、债权出售、项目融资等金融服务受益于美国金融体系的完善。而受到国内金融改革和市场开放总体部署的制约，我国的汽车金融业务自 1998 年才得以开展，而且专业化程度较低。

以制造企业的自我提升为前进的内驱力。虽然有了前进的方向和完备市场体系的保障，但是服务业与制造业融合最终还是要以制造企业自身的不断提升为前进动力。卡特彼勒能够构建精准的供应链体系，先进经营理念、完善市场环境的作用固然重要，但也是与其在工程机械领域强劲的竞争力是分不开的。目前，我国制造企业服务化转型的自身实力并不强，这需要企业苦练内功，增强面向产品和服务的技术开发能力，树立品牌形象、建立完善的营销体系，储备技术和知识密集型人才，维护客户资源、挖掘客户潜力、培养优质客户。自身竞争力的增强是制造企业实现服务化转型的法宝。

服务与制造融合是当今世界制造业的发展趋势之一。它有助于企业转型与发展，主要体现在持续收入、节约成本、扩展业务、拓展品类、轻资产、提高利润率、降低风险、培养人才、优质服务和提高综合效益等诸多方面。例如，制造企业为自有制造或销售的产品提供相关服务，可以保证今后相当长的一段时间里为企业带来持续的、低风险的收入。又如，相对于产品制造，服务化需要较少的固定资产，可以为企业的轻资产运营提供可能。相对于制造业的研发和生产，备品备件的库存、维修技术和人员等方面需要较少的投资。但是，两者融合的挑战仍不容忽视。宏观层面，中国企业从制造环节向集成服务环节的延伸仍不足，如在价值链延伸、提供集成服务和整体解决方案、零部件定制服务等方面。微观层面，挑战更多，服务战略、领导力、服务人才、供应链、专业技能、市场营销等都是决定服务化成败的关键因素。

实现服务与制造融合，需要从解决客户问题、细节决定成败、持续不断创新、拥有客户关系、多种业务模式、面向终端客户、专业设计诊断与咨询等七个方面入手。再具体点来看，比如，服务领导力，为什么服务领导人是至关重要的？服务领导人需要具有怎样的特质？怎样培养卓越的服务领导人？再比如，客户价值，客户生命周期、客户价值分析等问题与制造企业服务化的关系是怎样的？还有，再比如，服务供应链，服务供应链的形成、供应链变革的基本原则、服务供应链的模式、供应链质量的影响因素是如何推动制造企业服务供应链的创新的？

总之，服务业与制造业融合是潜力巨大的新兴领域，也必然要求企业从战略、组织、营销、供应链等多层次、多角度衡量两者融合的战略调整方向与实施路径，促进制造业服务化转型。

六　我国加快服务业与制造业融合的主要背景

国际金融危机后，欧洲债务危机发酵，全球消费市场萎缩和经济增长减速，为提振国内经济，美国等西方国家重新提出再工业化的问题，让制造业回归国内。2012 年 3 月，美国出台"制造创新国家网络"计划，拨款 10 亿美元建立全美制造业创新网络，由政府出资成立 15 个制造业创新中心，加强高等工科类院校和制造企业之间的产学研有机结合，在税收、外贸以及投资等政策方面向制造业倾斜。事实上，美国等国家提出的再工业化战略并非简单地将劳动密集型的制造工厂迁回美国，而是瞄准了技术密集型的制造业，其根本目标是加快抢占 21 世纪制造业的制高点，在技术创新和产业创新方面远远拉开与其他国家的距离，稳坐全球霸主地位。

德勤会计师事务所与中国机械工业联合会共同发布报告并指出，当前，全球性的装备制造业服务化转型趋势明显，推动服务业与制造业融合发展是我国制造业升级的重要路径，并特别指出中国装备制造企业也已步入以服务创新为重点的发展轨道。《2014 年中国制造业服务创新调查报告》指出，在信息技术革命的背景下，制造业发展模式正在发生深刻变革。当今用户的"需求痛点"综合了产品和服务的功能，行业无法仅仅依靠有形产品自身的功能和质量来维持竞争力，推动服务业与制造业融合发展便成为全球产业发展的显著特点和重要趋势。

目前在国际分工比较发达的制造业中，产品在生产过程中停留的时间不到全部循环过程的 5%，而处在流通领域的时间要占 95% 以上；产品在制造过程中的增加值不到产品价格的 40%，60% 以上的增值发生在服务领域。产品价值实现的关键和利润增值空间日益向产业价值链两端的服务环节转移。从国内的产业发展现状来看，我国正处在工业化加速发展的重要时期。具体而言，加快服务业与制造业融合发展对我国经济发展方式转变的推动作用表现在以下几个方面：两者融合发展带动了二、三产业的协同发展，促进产业结构优化，同时还推动了经济增长向依靠技术、人才、管理要素的转变；两者融合发展是实现生产方式柔性化、敏捷化，实现制造业产品高端化的主要途径；两者融合发展还是实现精益生产、绿色生产的重要保障。

我国的制造业要解决核心技术、品牌缺失、价值链跃升等问题，仍需较长一段时间，推进制造业的转型升级任务依然艰巨。而当前，服务业与制造业融合是中国制造业在国际市场上形成核心竞争力的关键，是全球价值链当中的主要增值点，也是国际产业竞争的焦点。过去，我国令人瞩目的经济增长是通过制造业扩张来实现的。中国已经成为制造大国，但要成为制造强国，就必须更加具有创新意识。调查发现，我国装备制造企业服务化转型和服务创新有很强的动力，但企业仍处于服务化转型的初级阶段。虽然融合化理念在装备制造行业内已经相当普及且深受重视，大部分中国装备制造企业也已能够提供种类丰富的服务内容，并由"质量弥补者"阶段，进化到"差异化竞争者"阶段，但是这些服务活动的净利润贡献率却普遍低于10%，制造业服务尚未达到成为"利润创造者"阶段。调查还发现，装备制造业服务创新的价值定位，更多是从产品供给端而非需求端出发，并以基于产品的延伸服务为主，对其他利益相关者重视度不够，也缺乏"以客户需求为中心"的整体解决方案或独立服务业务。

我国服务业与制造业融合程度还不高，特别是服务业发展相对滞后、结构不合理等问题突出，这使得我国制造业长期处于全球产业链的中低端。发达国家的产业结构普遍存在"两个70%"现象，即服务业占GDP的70%、生产性服务业占服务业的70%，而我国服务业占国内生产总值比重不足50%，差距十分明显。在现阶段我国经济发展条件下，加快服务业与制造业融合并不是"去制造业"，而是制造企业根据企业实际和行业发展环境增强自身竞争力的理性选择，其根本目标在于拓展企业价值链，提升产业附加值和品牌效益。对我国整体经济而言，服务业与制造业融合发展既是我国制造业转型升级的重要方向和途径，也是服务业特别是高技术服务业大发展的源泉和动力，对于我国未来经济发展方式转变和经济结构战略性调整意义重大。

第三节　制造业与高技术服务业融合的类型、机理与效应

一　制造业与高技术服务业融合的类型

1. 科技服务业与制造业融合

科技服务业是专门为科技创新和科技成果商业化运作提供各种服

务的行业，是社会化服务和专业化服务相结合的知识密集型产业。制造业是科技服务业的母体，科技服务业随着分工的深化和市场经济的发展，逐渐形成独立的业态，并与制造业协同发展。通过市场交换实现科技服务价值是科技服务业的本质属性。企业的创新，不仅依赖于企业内部的科技投入，也依赖于外部专业化的科技投入，即科技服务业投入。夏杰长等（2007）分析了北京研发服务业的发展现状以及存在的问题等。楚明钦（2013、2014、2016）分析了科技服务业与装备制造业的关联效应，认为科技服务业对装备制造业效率提升并不明显，并从科技体制和机制等方面分析了原因。李建标等（2011）认为科技服务业的需求主要来自高技术产业，供给主要来自良好的制度。张琴等（2015）通过实证研究发现，科技服务业集聚有助于推动制造业升级。刘美平（2017）也认为，高科技服务业是供给侧结构性改革中影响供给创新的主要因素。

中国已经成为先进制造业大国，但还没有成为先进制造业强国。先进制造业竞争力的提升，需要大量专业的科技服务投入。2017年，我国的研发经费投入已超过了1.75万亿元，总体上的研发强度已经达到2.12%，但制造业研发投入与销售收入的占比仅1%，远低于发达国家4%－10%的水平（陈爱贞、陈明森，2009）。从投入总量来看，我国已经成为仅次于美国的研发投入大国，但我国研发经费投入结构不合理，研发经费使用效率低，研发成果的转化率低，这些都是我国科技服务业发展面临的瓶颈。另外，长期以来，我国引进外资企业，尝试以市场换技术，但引进的技术基本为国外淘汰的技术，并且对引进技术的消化吸收能力不足。此外，当前我国科技服务外化不足，虽然先进制造业对科技服务的需求旺盛，但科技服务的投入不足。科技服务作为企业的一种职能长期被内部化，而科技服务业的发展却是企业研发活动外部化的结果。科技服务业是现代生产性服务业的重要组成部分，是先进制造业的重要中间服务投入。科技服务业高度依赖于人力资本、技术资本和知识资本。中国中小企业研发投入不足，大中型国有企业研发部门内置，甚至很多企业依赖于政府的专项科研资金扶持，科技服务企业的专业化和市场化发展不足，公共研发平台建设滞后，已经成为制约我国先进制造业创新能力提升的"短板"。

2. 信息服务业与制造业融合

党的十七大报告提出了信息化与工业化融合的问题，要求通过信息化带动中国工业化发展。信息化与工业化的融合首先表现为信息产业与制造业的融合。信息产业发展过程中的先进技术、先进管理理念和模式等，都可以推动制造业价值链的分解与重构，从而拓展制造业的链条升级、业务升级和市场升级。第四次工业革命的实质就是信息技术的革命性突破，并由此带来信息产业与制造业的融合发展。第四次工业革命中的信息技术主要包括大数据技术、云计算技术、物联网技术、人工智能技术等，当前这些技术已经逐渐应用到制造业、电子商务、航空运输、金融等行业，当然第四次工业革命最主要的影响还是通过信息技术促进了信息产业与制造业的深度融合。制造业可以充分利用第四次工业革命的成果，把云计算技术、大数据技术、人工智能技术等与现代管理技术充分结合，利用数字技术技术进行机床的结构设计、产品的外观设计等，利用人工智能进行辅助生产和自动化控制。例如，3D打印机、人工智能和工业机器人等都是信息产业与制造业融合的产物。

信息产业与制造业的融合，主要是指信息技术不断向信息产业和制造业价值链的渗透和延伸。在渗透和延伸的过程中，信息产业与制造业价值链开始相互交融并重构，重构之后的价值链增值环节既含有信息产业的价值链增值环节，又含有制造业的价值链增值环节。这些重构之后的新价值链，兼具信息产业价值链和制造业价值链的优点，内涵更丰富，价值增值点更多，从而为融合后制造业带来更大的利润空间，以及更大的增长潜力。在信息产业与制造业融合过程中，制造企业为了增加利润来源，提升自身竞争优势，都会通过各种方式满足消费者的个性化需求。这种个性化需求要求制造企业充分利用现代信息技术，及其所产生的核心能力，甚至改变制造业产品的生命周期。信息产业与制造业融合的过程，就是制造业软化的过程，也可以称为制造业信息化的过程。[①] 在当今世界各国综合国力和现代化水平的竞争中，信息化水平已经成为决定性因素。美国、欧洲和日本在信息服务行业的地位遥遥领先，其市场规模已经占据世界80%的水平。信息服务业与制造业的融合，对制造业的业务流程进行了再造，提升了制造业的运营效率，使制造业进入了智能制造阶段，同时也带来了信息交流成本以及交易成本的下降，极大地提升了制造业的竞争力。[②]

3. 商务服务业与制造业融合

商务服务业是制造业的重要组成部分，主要包括咨询服务、法律服务、人力资源管理服务、财务服务、市场调查服务、广告会展、知识产权服务、旅游服务以及其他市场服务。长期以来，这些商务服务一般被内置于制造业内部，并没有成为独立的产业。例如，制造企业内部一般设有财务部、人事部、法律部、广告部等，这些部门作为制造企业的辅助部门，并非价值链的核心环节，却占据了企业大量资源，严重抑制了制造业的效率提升。然而，在全球化背景下，中国引进的外资企业的专业化程度非常高，其示范效应逐渐使得国内制造企业开始专注于自己的核心竞争力，即把非核心的商务服务外包给专业化的商务服务公司，自己则专注于能产生核心价值的领域。在此背景下，国内制造企业对外部专业化的商务服务业需求比较迫切，同时制造企业内部的商务服务环节逐渐外化成为专业化的企业，商务服务逐

---

① 徐盈之、孙剑：《信息产业与制造业的融合——基于绩效分析的研究》，《中国工业经济》2009 年第 7 期。
② 周志丹：《信息服务业与制造业融合互动研究》，《浙江社会科学》2012 年第 2 期。

渐成为专业化、市场化、集团化的行业。商务服务业的专业化优势，既可为母公司提供专业化的商务服务，也可以为社会上其他企业提供专业化的商务服务。专业化的商务服务可以为制造业优化经营方案，降低企业人力、物力等成本，还可以为制造企业的兼并重组提供专业化的法律保障。商务服务业的核心资产是人力资本，并且具有规模报酬递增特征。[①]

二 制造业与高技术服务业融合的原因

1. 第四次工业革命推动的技术进步是产业融合的根本原因

2008 年国际金融危机的发生，给美国、欧洲、日本、韩国等国家和地区的经济社会发展都带来了严重的影响。为了摆脱国际金融危机的影响，世界各国出台了各种制造业复兴计划。在各种复兴计划中，加大研发经费的投入是各个国家所共同实施的政策。例如，美国在"再工业化"进程中，2009 年 2 月实施了 133 亿美元的科技创新法案，在国家科技前沿领域，联邦政府将投入大量资金。[②] 日本在 2009 年 4 月也出台了《2009 年技术战略路线图》，在新能源和创新性技术方面也增加了大量投资。此外，韩国、印度、中国和欧盟等国家和地区也都不约而同加大了科技投资。技术进步的前提是有大量研发经费的投入，随着时间的推移，技术成果将伴随着研发经费的投入而不断涌现。在第四次工业革命进程中，技术进步是高技术服务业与制造业融合的根本原因，也是前提条件。技术进步导致不同产业之间的边界逐渐模糊，不同产业以及产业内不同企业都可以采用通用的技术，从而实现技术融合。在技术融合过程中，技术在产业内和产业间实现衔接。但是，如果技术融合能力过低，引进的技术和原有的技术

---

① 楚明钦：《生产性服务业与装备制造业融合——基于第三次工业革命的分析》，《现代管理科学》2016 年第 1 期。

② 姚海林：《西方国家"再工业化"浪潮：解读与启示》，《经济问题探索》2012 年第 8 期。

差距过大，或者口径不协调，则会增加融合成本。技术融合可以带来产业融合，但其只是产业融合的基础性条件。产业融合需要经过技术融合、业务融合、管理融合和市场融合等几个阶段。[①]

2. 规制放松是产业融合的外因

规制可以被看作是政策制定者颁布的规范与制约，也就是立法、司法和行政等公共机构对微观经济主体的规范与制约，也包括公共机构对市场经济活动的直接介入。Regulation 在日本被翻译为"规制"，在我国则被称为"管制"，但是管制带有计划经济的色彩，规制可以准确反映公共机构对微观经济活动的干预行为。规制可以分为社会规制和经济规制，其中，经济规制一类是以反垄断为基础，一类是对自然垄断行业进行政府约束和限制。20 世纪 70 年代后，发达国家出现了"规制放松"的热潮。例如，1975 年，美国取消股票委托手续费标志着规制放松的开始，后来在航空、交通、银行、电信等领域不断进行规制的放松。20 世纪 90 年代后，美国在通信和媒体行业也进行了显著的放松规制过程（Wirtz，2001），由此带来美国通信行业边界的模糊化，进一步带来美国信息产业的融合。"规制"反映了公共机构在市场经济中的作用，"规制"在解决市场失灵方面提供了很大帮助，规制放松可以极大地激发市场活力，推动产业融合。[②] 中国在计划经济时代，对服务业的规制过于"苛刻"，服务业的进入壁垒比较多，从而导致高技术服务业专业化发展不足。随着市场经济的推进和规制的放松，我国高技术服务业与制造业将会逐步实现深度融合。

3. 产业价值链的可分性为产业融合提供了可行性

波特（1985）提出的价值链理论，认为企业的价值链都是由基本活动和辅助活动共同组成的。价值链的基本活动，主要包括物流、生

① 马健：《信息产业融合与产业结构升级》，《产业经济研究》2003 年第 2 期。
② 谢地：《从"规制"到"规制放松"——西方国家微观经济干预政策的走势与我国公共经济政策选择》，《当代经济研究》1998 年第 2 期。

产制造、市场营销和售后服务等。辅助活动主要包括原材料采购、研发设计、财务、人事、审计、法律等活动。只有通过产业价值链不同工序之间的分工与合作，才能完成产品的生产过程。价值链上的各道工序，在产品价值增值过程中的贡献不同，只有那些核心价值链环节，才能为企业创造更多价值，而非价值链核心环节，如果占有企业大量资源，就会导致企业整体效率低下。斯蒂格勒（1951）则指出，企业价值链在产业生命周期不同阶段，发挥的作用是不同的。在产业发展初期，企业价值链的非核心环节，可以通过横向一体化和纵向一体化等方式内置于企业。当产业发展到成熟阶段时，企业价值链的非核心环节可以通过外部专业化的企业提供，从而使得核心价值链环节与非核心价值链环节竞争力都得到提升。企业通过剥离非核心业务，其成本优势得到极大提升，并通过专注于核心价值链而获得竞争优势。企业的非核心价值链则通过兼并收购获得规模经济和专业化经济，并能在产业价值链中形成错综复杂的网状结构，从而获得专业化优势。因此，价值链的可分性为高技术服务业与制造业融合提供了可行性。

4. 产业融合是市场需求驱动的结果

历次工业革命的成果，都极大地解放了生产力。第一次工业革命中，机器生产机器带来了生产效率的提升，极大地丰富了社会物质财富。第二次工业革命的成果主要是流水线生产方式得到推广，此种生产方式的结果是形成"标准化"的产品。标准化产品可以大幅度降低企业转换生产线的成本，从而实现规模经济和范围经济，并实现企业竞争力的提升。另外，企业成本的降低，带来了产品价格的下降，从而带来市场需求的增加，市场需求增加为企业扩大再生产提供了动力。钱德勒（2006）指出，在工业资本主义发展过程中，规模经济和范围经济发挥了很大的作用。在第四次工业革命背景下，大数据、人工智能和云计算已经开始得到广泛应用，虽然这些技术带来标准化产品生产规模的大幅度提升，但是，也使得消费者的个性化需求日益升级。由于高技术服务业的知识含量和技术含量比较密集，种类和数量较多，并且具有"异质性"，因此企业的高技术服务投入可以使企业直接适应制造业的个性化生产需求。个性化的产品可以适应信息技术进步带来的消费者不同的"挑剔"需求，然而，信息技术的不断更新换代又会带来消费者的个性需求升级。这种螺旋式的市场需求升级逼迫制造业不断增加高技术服务业投入，进而实现高技术服务业与制造业的融合。

三　制造业与高技术服务业融合的效应

1. 产业融合推动中国高技术服务业的发展

第四次工业革命背景下，"中国制造 2025"以及"互联网＋"政策的出台，将极大地推动我国人工智能、3D 打印、大数据、云计算等信息技术和智能制造的发展。在这些政策引导下，我国制造企业的生产规模将会出现空前膨胀。按照斯密的专业化分工理论，市场规模的扩大，将会使得制造企业专注于自己的核心竞争力，内置于制造业的财务、法律、审计、人力资源、融资、研发设计、广告印刷等价值链环节将逐步外部化。由于这些外化出来的价值链环节，知识含量和技术含量都比较密集，从而形成了独立的高技术服务业。这些高技术服务企业独立核算、自主经营，但是还与母体企业保持一定的联系，不仅为母体制造业提供高技术服务，也为其他制造业提供高技术服务。在产业关联效应作用下，制造企业对专业化的高技术服务业还有大量需求，并且制造企业的竞争力越强，其对专业化的高技术服务业的需求越强烈。在高技术服务业与制造业融合过程中，制造企业生产过程中的物质性投入将大幅度下降，但研发设计、财务、调查、咨询等高技术服务投入将大幅提升。这些都意味着，高技术服务业的市场规模也将不断提升，从而带来专业化程度不断提升。当前，我国高技术服务业专业化的市场化程度比较低，而高技术服务业与制造业的融合，可以带来我国高技术服务业的专业化和市场化发展。

2. 产业融合将推动我国高技术制造业创新能力提升

制造业尤其是作为高技术制造业典型代表的装备制造业是用机器制造机器的行业，是一个国家的基础性产业，其发展水平反映了一个国家的综合国力和创新能力。改革开放以来，我国高技术制造业发展突飞猛进，但是本土高技术制造业的自主创新能力低下，核心零部件基本上依赖进口。根据 WTO 统计数据，2001－2012 年，我国机器设备进口比例中，集成电路和电子元器件的比例从 22% 提高到 33.66%，并且上升趋势明显。另外，作为固定资产的高技术设备在我国 2/3 以上依赖于进口，例如，高端光纤设备、高级数控机床、高端石化加工设备、医院的高端检测设备等几乎全部依赖于进口。进口国外高端机器设备，可以弥补我国本土制造企业技术水平上的不足，可以大幅度提升制造企业生产效率，还能带来一定的技术溢出。但是，高端机器设备的进口也会给本土类似制造企业带来技术挤压和市场挤压，从而将本土制造业企业在低技术水平上"锁定"，中国本土制造企业想通过技术创新摆脱"被俘获"地位，困难重重，从而制约了中国制造业竞争力的提升。但是，在第四次工业革命背景下，中国高技术制造企业可以利用新科技成果进行弯道超车，通过高技术服务业与制造业的融合，提升我国制造业的技术水平和创新能力。

3. 产业融合可以推动我国出口升级

长期以来，我国为了弥补建设资金和技术水平的不足，积极利用国内国外两种资源，大量进口国外先进机器设备，利用国内廉价的土地、劳动力等生产要素，承接外国企业订单，加工组装制造业产品。但是，这些产品大部分不是用于国内销售，而是用于出口国外。在此过程中，中国出口额大幅增加，2010 年就成为世界第一出口大国，并且带来了大量就业机会与政府财政税收的增长。然而，中国出口的产品基本上是服装、电子产品、玩具等劳动密集型产品，并且中国制造企业为了满足国外消费者"苛刻"的需求，只能被动地进口更为先进的机器设备，从而使得中国制造业"为出口而进口"的贸易模式不断被强化。另外，改革开放以来，我国出口的产品基本是制造业产品，并且制造业产品顺差不断增大。而我国服务业基本处于逆差状态，并且逆差在不断扩大。在第四次工业革命背景下，在我国高技术服务业与制造业不断融合的进程中，制造企业不断剥离非核心业务，从而导致高技术服务业的专业化和市场化发展。高技术服务业还可以在兼并收购中产生规模经济和专业化效应，从而使得我国出口的产品从制造业产品向高技术服务产品转型升级。

第四节　第四次工业革命背景下制造业 价值链的分解与重构

一　第四次工业革命下制造业价值链的分解

第四次工业革命主要以数字计算和智能化为基础，制造业传统的生产方式将受到数字技术、大数据、云计算、物联网等的严重冲击，制造业的研发、设计、生产、营销等价值创造过程将发生革命性变化（黄群慧等，2013）。第四次工业革命带来的信息技术进步，还可以降低搜寻成本、监督成本和信用成本等交易成本。按照科斯的市场规模决定社会分工理论和威廉姆斯制度经济学中的交易成本理论，第四次工业革命将推动制造业将高技术服务等价值链环节分解，形成网络状的市场主体。

本书将借鉴 Oz Shy（1995）以及刘明宇等（2010）的模型构建方法，假定制造业生产过程中存在高技术服务生产环节 A 和制造生产环节，其中，高技术服务生产环节处于制造企业价值链的上游，制造生产环节处于价值链的下游。假定制造企业生产 1 单位时，需要高技术服务生产环节也投入 1 单位，并且制造企业生产过程中的每个环节的成本函数也都是线性的，则制造企业高技术服务生产环节 A 的成本函数为 $TC_1(q) = F_1 + c_1 q^2$，制造生产环节 B 的成本函数为 $TC_2(q) = F_2 + c_2 q^2$。由此，制造企业总成本函数为：

$$TC(q) = TC_1(q) + TC_2(q) = (F_1 + F_2) + (c_1 + c_2)q^2 \qquad (3.1)$$

由此，平均成本函数为：

$$AC(q) = (F_1 + F_2)/q + (c_1 + c_2)q \qquad (3.2)$$

边际成本函数为：

$$MC(q) = 2(c_1 + c_2)q \qquad (3.3)$$

假定制造业产品同质性比较强，则制造企业在以平均成本生产时的规模为最佳生产规模。此时，平均成本需要满足：$AC(q) = MC(q)$，则有：

$$q^m = \sqrt{(F_1 + F_2)/(c_1 + c_2)} \qquad (3.4)$$

$$AC^m = 2\sqrt{F_1 + F_2}\sqrt{c_1 + c_2} \qquad (3.5)$$

假定交易费用为 0，制造企业生产过程中所需要的高技术服务生产环节 A 将从制造业价值链中分离。假定 A 和 B 同时达到平均成本最小化，可以得到：

$$q_A^m = \sqrt{F_1/c_1}, q_B^m = \sqrt{F_2/c_2} \qquad (3.6)$$

解得：

$$AC_1^m = 2\sqrt{F_1 c_1}, AC_2^m = 2\sqrt{F_2 c_2} \qquad (3.7)$$

假设制造企业价值链中的高技术服务环节 A 与制造生产环节 B 分离后，A 和 B 同时能实现规模经济，并且分离前制造企业的平均成本大于分离后 A 和 B 成本的和，在此条件下，制造企业才有动力把高技术服务环节 A 分离出去，可得：

$$2 \sqrt{F_1 c_1} + 2 \sqrt{F_2 c_2} < 2 \sqrt{F_1 + F_2} \sqrt{c_1 + c_2} \qquad (3.8)$$

经过整理，可得：

$$\left(\sqrt{F_1 c_2} - \sqrt{F_2 c_1} \right)^2 > 0 \qquad (3.9)$$

即当 $q_A^m < q_B^m$ 时，$F_1/c_1 < F_2/c_2$，此时制造企业的产量为 q_B^m，B 与 A 两部分的差额，可以从外部市场购买，此时两部分的平均成本为 $2 \sqrt{F_1 c_1} + 2 \sqrt{F_2 c_2}$。当 $q_A^m > q_B^m$ 时，$F_1/c_1 > F_2/c_2$，此时，高技术服务生产环节 A 将从制造企业价值链中分离，而制造企业生产过程中需要的高技术服务则从市场上购买，从而制造业和高技术服务业都能实现规模经济。

此外，制造业生产环节 B 与高技术服务 A 分离后，制造企业在从市场上购买独立的高技术服务的时候，还需要一定的信息成本、搜寻成本、谈判成本以及契约维护成本等，这些成本可以统一为交易成本。第四次工业革命背景下，交易成本和信息技术密切相关，例如，互联网企业可以利用大数据和云计算技术等分析消费者和企业的信用状况。此时，制造企业价值链的分离还需要满足以下条件：

$$2 \sqrt{(F_1 + F_2)} \sqrt{c_1 + c_2} - 2 \sqrt{F_1 c_1} - 2 \sqrt{F_2 c_2} > E \qquad (3.10)$$

即在第四次工业革命推动下，数字技术、物联网、云计算等信息技术将广泛应用于制造业生产过程，制造企业还将利用大数据进行个性化定制，并根据消费者的个性化需求进行模块化生产，进一步推动分工和专业化水平的提升。互联网信息技术将倒逼中国的信用体系不断完善，信用体系的完善将不断降低市场交易成本，交易成本的下降将不断推动制造企业从市场购买专业化的高技术服务，并带来制造企业价值链不断分解。高技术服务环节从制造企业价值链分离后，高技术服务企业与制造企业可以分别通过专业化实现规模经济。制造企业价值链分解前的平均成本，减去制造企业价值链分解后形成的平均成本之和，如果仍大于交易成本的话，制造企业才有动力去分离高技术服务业；如果小于交易成本的话，制造企业则没有动力去分离高技术服务业。

二 第四次工业革命背景下制造业与高技术服务业的重构

第四次工业革命时代，高技术服务与制造企业价值链不断分离，形成独立的市场化高技术服务产业，并成为制造企业价值链的上游环节，为制造企业提供中间投入品。另外，高技术服务与制造业价值链分离时，高技术服务产业的独立发展还需要固定资产投资，即需要制造业的资本品作为中间产品，投入高技术服务产业发展过程中。假定经济中只有制造业 M 和高技术服务业 S 两个部门，制造业 M 生产资本品，高技术服务的生产需要资本投入作为基础设施投资。经济中劳动力总量为 L，制造业的劳动力份额为 λ，高技术服务业的劳动力份额为 1 − λ。同时，假定经济中的储蓄率为 s 并保持不变，经济中的人口增长率 n 也保持不变。此时，可以有以下等式：

$$M = S^\alpha K^\beta (\lambda L)^\gamma \qquad (3.11)$$

$$S = [(1 - \lambda) L]^u M^\theta \qquad (3.12)$$

$$\dot{K} = sY \qquad (3.13)$$

$$\dot{L} = nL \qquad (3.14)$$

其中，α 为制造企业生产过程中高技术服务业中间投入的产出弹性，θ 为高技术服务业生产过程中制造企业产品作为中间投入的弹性，β 为资本投入的产出弹性，γ 表示劳动力投入的产出弹性，u 为高技术服务业生产过程中劳动力的产出弹性。假定规模报酬非恒定，并且 u、β、γ 的取值都是大于 0 并且小于 1，θ 和 n 的取值也都大于 0。此时，可求得：

$$g_k = \dot{K}/K = s \cdot S^\alpha K^{\beta-1} (\lambda L)^\gamma \qquad (3.15)$$

$$\dot{g_k} = \alpha g_s + (\beta - 1) g_k + \gamma n \qquad (3.16)$$

当实现稳态均衡时，则有 $\dot{g} = 0$。因此，可以求得：

$$g_s = [(1 - \beta) g_k - \gamma n]/\alpha \qquad (3.17)$$

$$S = [(1 - \lambda) L]^u S^{\alpha\theta} K^{\beta\theta} \lambda^{\theta\gamma} L^{\gamma\theta} \qquad (3.18)$$

由此，可以求得：$g_s = \dot{S}/S = un + \alpha\theta g_s + \beta\theta g_k + \gamma\theta n \qquad (3.19)$

通过（3.17）式和（3.19）式可以求得：

$$g_k = (\alpha un + \gamma n)/(1 - \beta - \alpha\theta) \qquad (3.20)$$

因此，

$$\frac{\partial g_M}{\partial \alpha} = \frac{\partial g_k}{\partial \alpha} = \frac{un(1 - \beta) + \gamma n\theta}{(1 - \beta - \alpha\theta)^2} > 0 \qquad (3.21)$$

由于 $\dfrac{\partial[\beta\theta/(1 - \alpha\theta)]}{\partial \alpha} > 0$，并且 $\dfrac{\partial[1/(1 - \alpha\theta)]}{\partial \alpha} > 0$，可以得到：

$$\partial g_s/\partial \alpha > 0 \qquad (3.22)$$

同理，可以得到：　$\partial g_k/\partial \theta > 0, \partial g_s/\partial \theta > 0 \qquad (3.23)$

由此可以看出，在第四次工业革命时代，信息技术和人工智能将会使交易技术和交易效率明显提升。制造企业的创新发展，需要有高质量的高技术服务投入，高技术服务业的专业化和市场化发展，也需要有制造业生产的资本品作为固定资产投资，从而形成高技术服务业与制造业的融合互动。随着制造业中高技术服务投入的增加，制造业的增长率将会增加。随着高技术服务业中的制造业投入程度的增加，高技术服务业的增长率也会增加。高技术服务业与制造业的互动主要表现为高技术服务业与制造业价值链的分解与融合，通过价值链的分解与融合，从而实现高技术服务业与制造业价值链的相互渗透，并实现高技术服务业与制造业的深度融合，进而实现高技术服务业的高水平发展与制造业的转型升级。

第四章 我国制造业与高技术服务业融合发展的实证分析

20 世纪 90 年代以来，外资制造业给中国带来了大量的就业机会，使得 GDP 快速增长，也带来了政府财政收入的大幅增加，并使中国的工业化程度迅速提升。然而，外资制造业"两头在外的"代工模式割裂了中国高技术服务业与制造业的关联效应。在全球价值链中，研发、设计、营销等价值链高端环节始终掌握在外资制造业母公司手中，东道国仅仅承担制造业价值链的加工组装环节，价值链高端的附加值和利润都被外资制造业的母公司拿走。中国已经成为制造业大国，但还不是制造业强国。中国制造业竞争力提升，需要大量高技术服务业的中间投入。本部分将从产业关联视角，利用 WIOD 投入产出表以及中国和各地区投入产出表，从国际层面、国家层面以及区域层面等对制造业的高技术服务业的中间投入程度，制造业对高技术服务业的中间需求程度、高技术服务业的制造业投入程度以及高技术服务业对制造业的中间需求程度等进行比较分析，以实证研究高技术服务业与制造业的融合发展。

第一节 制造业与高技术服务业融合的国际比较

中国已经成为制造业大国，但制造业的核心技术和自主创新能力薄弱。制造业核心竞争力的提升，需要大量高技术服务业的投入。高技术服务业内含的知识资本和技术资本是制造业的"心脏"和"脑袋"，可以降低制造业发展过程中的生产成本和交易成本，使制造业生产更加精细化和专业化（刘志彪，2006；江静、刘志彪等，2007；Hoeckman & Mattoo，2008）。高技术服务业脱胎于制造业，但与制造业母体存在密切的产业关联效应。中国在工业化进程中，积极承接外商直接投资企业价值链中加工组装环节的转移，使得发达国家制造业比重大幅度降低，同时价值链高端的高技术服务业比重大幅度提升，从而加速了发达国家的经济服务化进程。当前，我国高技术服务业比重比较低，主要原因是高技术服务业内置于制造业，导致制造业的核心能力没有得到充分挖掘，同时高技术服务业外化不足导致高技术服务业专业化和市场化发展不足。按照产业发展规律，在市场规模比较小和交易成本比较高时，高技术服务业内置于制造业；当市场规模比较大和交易成本比较小时，高技术服务将逐渐与制造业垂直分离，而成为独立的高技术服务业，并与制造业母体存在产业关联效应。

关于高技术服务业与制造业的关系，由于学者都认为生产性服务业是知识密集、技术密集和人力资本密集型服务业，其技术含量比较高，因此大多数学者都从生产性服务业的视角研究了高技术服务业。Machlup（1962）最早提出了生产性服务业的概念，并且他认为生产性服务业知识含量比较高。Browning & Singleman（1975）也认为生产性服务业是提供专业化知识的服务行业。顾乃华等（2007）总结了生产性服务与制造业存在的需求遵从论、供给主导论、互动论以及融合等四种关系。Hoeckman & Mattoo（2008）指出，低成本和高质量的技术服务投入可以提升制造业竞争力。Fernandes and Paunov（2012）认为，高技术服务业可以提升制造业的创新能力。江静等（2007）认为生产性服务业可以推动技术密集型制造业竞争力的提升，科技服务业对制造业竞争力的提升具有一定滞后性。Guerrieri&Meliciani（2005）认为制造业对信息通信技术等高技术服务业有很大需求。原毅军等

（2017）指出，生产性服务业与制造业的技术关联关系比较密切。楚明钦（2013、2014）利用中国1997年、2002年和2007年投入产出表，以及WIOD投入产出表（1997－2009年）分析了制造业中的生产性服务投入程度以及制造业对生产性服务业的中间需求程度等。

本书借鉴楚明钦（2013、2014）的方法，用投入产出分析方法分析高技术服务业与制造业的中间投入和中间需求程度。其中，高技术服务业主要包括WIOD投入产出表中的电信服务、计算机服务、咨询服务、技术检测服务、科学研究服务、广告服务和其他专业服务等。由于G7国家都是工业化强国，金砖国家都是典型的发展中国家，中国也是金砖国家的典型代表，因此，本文选择G7美国、加拿大、英国、德国、法国、意大利、日本和金砖国家中国、印度、巴西等作为代表进行比较分析。

一　高技术服务业增加值率的国际比较

从表4.1可以看出，2014年，中国电信服务业增加值率达到了63.1%，远高于德国、法国和日本等工业化发达国家40%左右的水平，这说明我国当前电信服务业基础设施投资相对比较完善，电信服务业的中间投入相对比较低。中国计算机服务业增加值率只有38.4%，远低于发达国家美国、德国、法国60%左右的水平，说明中国计算机服务业的中间投入程度比较高。中国咨询服务业的增加值率仅有34%，远低于发达国家加拿大73.3%的水平，说明此行业的中间投入率比较高。加拿大技术检测服务业的增加值率最高，达到了65.4%，意大利技术检测服务业的增加值率相对比较低。日本广告服务业的增加值率在工业化国家中最高，达到了82.2%，而加拿大广告服务业的增加值率最低，仅有9.8%。中国科学研究服务业的增加值率仅有43.3%，远低于加拿大69%的水平。英国其他专业服务业的增加值率在工业化国家最高，达到了59.1%，而日本仅有28%。

表 4.1 2014 年高技术服务业增加值率的国际比较

单位：%

国家	电信服务业	计算机服务业	咨询服务业	技术检测服务业	科学研究服务业	广告服务业	其他专业服务业
美国	50.2	60.2	61.0	58.4	58.4	58.4	58.4
加拿大	60.6	59.0	73.3	65.4	69.0	9.8	51.7
英国	53.1	63.5	64.5	53.3	57.0	55.3	59.1
德国	41.3	61.2	58.6	59.7	64.6	56.6	54.3
法国	40.7	62.0	43.7	43.6	53.7	48.1	48.9
意大利	51.6	46.4	33.4	34.5	31.9	76.4	37.4
日本	39.2	40.4	—	—	47.2	82.2	28.0
印度	83.6	82.1	90.9	56.3	—	—	—
巴西	39.4	67.2	68.4	62.8	32.0	—	—
中国	63.1	38.4	34.0	—	43.3	—	44.8

注：增加值率的计算方法为某一行业的增加值占该行业总产出的比重。表中数据根据 WIOD 投入产出表数据计算而得。

从总体上看，中国高技术服务业中只有电信服务业的增加值率高于发达国家，其他高技术服务业增加值率都低于发达国家。原因是中国电信服务业实行国有企业寡头垄断模式，发挥了国有企业优势，集中力量进行电信基础设施建设。在电信服务业基础设施建设基础上，电信服务业的边际成本比较小，从而导致电信服务业的增加值率比较高。在互联网经济快速发展的时代，我国电信服务业要积极推进"互联网＋"，推动国民经济各产业与互联网深度融合。同时，我国要积极推进第四次工业革命，深度推进大数据、云计算、物联网、人工智能等行业的快速发展。中国计算机服务业、咨询服务业、科学研究服务业以及其他专业服务业增加值率比较低，说明这些高技术服务业的中间投入比较高，也说明这些高技术服务业的专业化程度不足，在发展过程中需要更多基础设施投资，从而导致我国高技术服务业的中间投入比较高。

二 制造业的高技术服务中间投入程度的国际比较

从表 4.2 可以看出，2014 年，中国金属制品业的高技术服务业投入程度为 1.24%，远低于 G7 国家法国 4.37% 的水平，但高于 G7 国家日本 0.98% 的水平。美国锻压机器制造业的高技术服务业投入程度在 G7 国家最高，达到了 5.71%，中国锻压机器制造业的高技术服务业投入程度为 1.97%，稍高于 G7 国家加拿大和英国。G7 国家计算机制造业的高技术服务业投入程度比较高，但金砖国家印度最高，达到 9.77%。中国计算机制造业的高技术服务业投入程度仅为 3.11%，不仅低于 G7 国家，也低于金砖国家印度和巴西。发达国家电气设备制造业的高技术服务业投入程度都比较高，金砖国家巴西最高，达到了 5.24%；而中国仅有 2.58%，稍高于加拿大和英国。美国机械制造业的高技术服务业投入程度比较高，达到了 5.24%，远高于中国 2.94% 的水平。美国汽车制造业的高技术服务业投入程度最高，为 7.46%，而加拿大在 G7 国家中最低，仅为 0.64%。中国其他交通设备制造业的高技术服务业投入程度远低于美国、英国、加拿大等发达国家。

表 4.2　2014 年制造业的高技术服务业中间投入程度国际比较

单位：%

国家	金属制品业	锻压机器制造业	计算机制造业	电气设备制造业	机械制造业	汽车制造业	其他交通设备制造业
美国	3.87	5.71	4.89	3.28	5.24	7.46	8.42
加拿大	1.64	1.64	3.46	2.17	2.24	0.64	5.16
英国	2.29	1.86	3.42	2.53	2.67	2.67	5.48
德国	1.90	2.39	4.42	4.36	4.12	2.99	3.73
法国	4.37	3.30	4.61	3.20	4.23	3.35	4.36
意大利	1.62	3.62	6.49	4.40	4.10	11.20	11.12
日本	0.98	3.19	4.00	4.74	3.30	2.67	1.87
印度	0.43	2.83	9.77	3.27	3.58	1.34	2.85

续表

国家	金属制品业	锻压机器制造业	计算机制造业	电气设备制造业	机械制造业	汽车制造业	其他交通设备制造业
巴西	2.16	2.22	5.85	5.24	3.20	5.17	2.44
中国	1.24	1.97	3.11	2.58	2.94	2.75	1.88

注：制造业的高技术服务投入计算方法为制造业某一行业的总产出中，高技术服务各细分行业作为中间投入所占比重的加总。表中数据根据 WIOD 投入产出表数据计算而得。

从总体上看，中国金属制品业、锻压机器制造业、计算机制造业、电气设备制造业、机械制造业、汽车制造业及其他交通设备制造业的高技术服务业投入程度都低于美国、德国、法国等。可以看出，这些国家都是装备制造业强国，装备制造业强国的实现，需要高技术服务业与装备制造业的协同发展。大量研究表明，装备制造业竞争力的提升，需要专业化的高技术服务业的投入。发达国家有强大的高技术服务业，同时高技术服务业与装备制造业有非常明显的关联效应，从而使得高技术服务业与装备制造业竞争力都能得到提升。中国装备制造业的高技术服务业投入程度比较低，原因是中国高技术服务业发展的专业化程度和市场化程度不足，高技术服务业一般内置于制造业中，从而导致装备制造业在发展过程中找不到合适的高技术服务业提供商。同时，装备制造业没有专注于自身的核心竞争力，导致生产成本高，效率低下，从而竞争力不强。

从表4.3可以看出，工业化国家金属制品业的服务业投入程度都比较高，其中，法国最高，达到了23.89%。中国金属制品业的服务业投入程度为8.38%，不仅远低于发达国家，也远低于金砖国家印度和巴西。工业化国家锻压设备制造业的服务业程度都比较高，其中，美国达到了17.6%。中国锻压设备制造业的服务业投入不仅远低于工业化国家，也远低于金砖国家印度和巴西。工业化国家电气设备制造业的服务业投入程度都比较高，其中，日本达到了18.86%。中国电气设备制造业的服务业投入不仅远低于发达国家，也低于金砖国家印度和巴西。发达国家机械制造业的服务业投入程度都比较高，其中，法国为 20.94%，中国不仅低于工业化国家，也低于印度和巴西。中国汽车制造业和其他交通设备制造业的服务业投入程度也远低于工业化国家。

表 4.3　2014 年制造业的服务业投入程度的国际比较

单位：%

国家	金属制品业	锻压设备制造业	计算机制造业	电气设备制造业	机械制造业	汽车制造业	其他交通设备制造业
美国	21.61	17.60	11.65	14.18	17.86	19.30	18.08
加拿大	15.29	16.59	17.12	14.75	16.48	15.41	16.14
英国	17.34	14.67	13.40	14.33	14.35	19.16	14.85
德国	12.14	13.27	20.78	16.37	15.75	16.54	16.86
法国	23.89	16.71	18.14	18.43	20.94	21.39	16.35
意大利	14.46	17.15	20.49	18.61	17.39	23.82	29.49
日本	9.35	17.16	14.62	18.86	15.33	10.88	12.50
印度	19.44	14.03	18.49	16.48	13.91	16.64	14.44
巴西	18.18	17.97	25.80	22.72	22.32	24.38	22.60
中国	8.38	12.15	12.61	12.52	13.28	13.50	10.27

注：制造业的服务业投入程度计算方法为制造业某一行业总产出中，服务业细分行业作为中间投入所占比重的加总。表中数据根据 WIOD 投入产出表数据计算而得。

三　制造业对高技术服务业中间需求程度的国际比较

从表 4.4 可以看出，2014 年，中国制造业对电信服务业的中间需求程度与美国、加拿大等工业化国家差距不大，而金砖国家印度制造业对电信服务业的中间需求率比较高，达到 23.7%。G7 国家中意大利制造业对计算机服务业的中间需求率最高，达到了 15.4%，而中国制造业对计算机服务业的中间需求率为 4.8%，和法国水平相当。中国制造业对咨询服务业中间需求率不仅远低于工业化国家，也低于金砖国家。中国制造业对科学研究服务业的中间需求率达到43.4%，不仅远高于工业化 G7 国家，也高于金砖国家巴西。中国制造业对其他专业服务业的中间需求率比较高，达到 15.5%，和 G7 国家德国相当，远高于美国、加拿大、英国、法国。在制造业对技术检测服务业的中间需求方面，加拿大最高，达到了 58.1%。在制造业对广告服务业的中间需求方面，德国中间需求率最高，达到了 47.0%。

表 4.4　2014 年制造业对高技术服务业中间需求率国际比较

单位：%

国家	电信服务业	计算机服务业	咨询服务业	技术检测服务业	科学研究服务业	广告服务业	其他专业服务业
美国	3.5	6.9	24.5	7.7	7.9	7.9	7.8
加拿大	3.7	3.7	20.9	58.1	9.0	14.4	8.4
英国	4.5	8.2	8.6	17.5	1.9	13.8	4.9
德国	6.2	11.1	20.7	29.9	2.5	47.0	15.9
法国	3.8	4.9	17.4	14.6	0.6	32.6	8.9
意大利	14.6	15.4	27.4	32.0	14.2	35.3	22.9
日本	10.8	11.6	—	—	26.2	34.8	25.4
印度	23.7	12.6	16.9	16.9	—	—	—
巴西	7.6	5.4	31.3	25.1	31.8	—	—
中国	3.5	4.8	14.0	—	43.4	—	15.5

注：制造业对高技术服务业中间需求率的计算方法为制造业所有细分行业对高技术服务某一行业（例如电信服务业）的中间需求率的加总。表中数据根据 WIOD 投入产出表数据计算而得。

四　装备制造业对高技术服务业中间需求程度的国际比较

从表 4.5 可以看出，2014 年，中国装备制造业对电信服务业的中间需求程度为 3.5%，远高于工业化国家，但低于金砖国家印度

13.6%的水平。中国装备制造业对计算机服务业的中间需求为4.8%，稍低于G7国家德国和日本，但高于G7国家加拿大0.6%的水平。中国装备制造业对管理咨询服务业的中间需求为14%，不仅远高于G7国家，也高于金砖国家印度和巴西。意大利装备制造业对技术检测服务业的中间需求为14.6%，远高于G7其他国家和金砖国家。中国装备制造业对科学研究服务业的中间需求率为43.4%，不仅远高于G7发达国家，也远高于金砖国家印度和巴西。德国装备制造业对广告服务业的中间需求程度为12.4%，远高于G7其他国家。中国装备制造业对其他专业服务业的中间需求程度达到15.5%，远高于G7国家。总体上看，中国装备制造业对科学研究服务业、管理咨询服务业、计算机服务业、电信服务业以及其他专业服务业的中间需求很强烈。

表4.5　2014年装备制造业对高技术服务业中间需求率的国际比较

单位：%

国家	电信服务业	计算机服务业	管理咨询服务业	技术检测服务业	科学研究服务业	广告服务业	其他专业服务业
美国	1.1	3.2	8.9	2.4	2.4	2.4	2.4
加拿大	0.8	0.6	4.4	3.0	1.2	2.1	1.0
英国	0.8	2.3	1.7	3.3	0.3	2.2	1.4
德国	2.7	5.6	10.6	11.3	1.2	12.4	6.1
法国	0.9	1.3	3.8	3.3	0.2	5.9	1.9
意大利	3.1	4.6	9.6	14.6	9.1	7.3	8.9
日本	2.9	5.5	—	—	9.5	10.7	6.8
印度	13.6	5.3	7.8	4.8	—	—	—
巴西	3.0	1.8	7.7	7.9	9.4	—	—
中国	3.5	4.8	14.0	—	43.4	—	15.5

注：装备制造业对高技术服务业的中间需求率计算方法为装备制造业所有细分行业对高技术服务某一细分行业（例如电信服务业）中间需求率的加总。表中数据根据WIOD投入产出表数据计算而得。

总体上看，中国装备制造业对高技术服务业，尤其是电信服务业、管理咨询服务业、科学研究服务业和其他专业服务业等的中间需求程度比较高。装备制造业是一个国家制造业的基础，也是技术密集型制造业。长期以来，中国制造业采取进口机器设备，加工组装电子产品、服装、鞋帽等产品，再出口到国外，这种"两头在外"的代工模式抑制了中国本土装备制造业的技术能力和市场能力提升（巫强、刘志彪，2012），并割裂了中国本土装备制造业和高技术服务业的产业关联效应。中国本土装备制造业在突破自身技术能力的过程中，对高技术服务业有大量的需求。但是，中国本土高技术服务业发展滞后，满足不了装备制造业的需求，从而带来装备制造业对高技术服务业的需求更加强烈。

五　服务业对高技术服务业中间需求程度的国际比较

从表4.6可以看出，2014年，中国服务业对电信服务业的中间需求程度为43.8%，低于法国53.6%的水平，高于意大利31.7%的水平，与其他G7国家水平接近。中国服务业对计算机服务业的中间需求程度为11.1%，远低于英国49.6%的水平，也远低于金砖国家巴西49.2%的水平。中国服务业对管理咨询服务业的中间需求程度为53.9%，和G7国家美国水平相当，但低于其他G7国家。发达国家意大利服务业对技术检测服务业的中间需求程度最高，为58.5%，但加拿大和德国服务业对技术检测服务业的中间需求程度较低。中国服务业对科学研究服务业的中间需求程度为17.4%，远低于G7国家美国51.8%的水平，但高于G7国家德国、法国和意大利、日本。中国服务业对其他专业服务业的中间需求仅为14.3%，远低于G7国家法国62%的水平，同时G7国家英国和德国服务业对其他专业服务业的中间需求比较低。

表4.6　2014年服务业对高技术服务业中间需求率的国际比较

单位：%

国家	电信服务业	计算机服务业	管理咨询服务业	技术检测服务业	科学研究服务业	广告服务业	其他专业服务业
美国	42.0	44.2	52.6	50.5	51.8	51.8	51.0
加拿大	47.5	41.6	60.4	16.5	50.2	82.7	50.5
英国	47.1	49.6	73.5	52.2	21.4	68.1	33.2
德国	47.8	44.7	60.9	17.7	4.5	34.2	36.8
法国	53.6	31.1	64.7	38.5	4.1	46.9	62.0
意大利	31.7	44.3	61.1	58.5	8.1	58.5	53.4
日本	41.4	39.0	—	—	10.4	63.9	61.5
印度	28.9	8.1	30.7	25.0	—	—	—
巴西	34.9	49.2	51.6	18.5	64.7	—	—
中国	43.8	11.1	53.9	—	17.4	—	14.3

　　注：服务业对高技术服务业的中间需求率的计算方法为，服务业所有细分行业对高技术服务业某一细分行业（例如电信服务业）中间需求率的加总。表中数据根据WIOD投入产出表计算而得。

　　从总体上看，中国服务业对高技术服务业，尤其是计算机服务业、科学研究服务业以及其他专业服务业的中间需求率都非常低。工业化国家在20世纪70年代后，逐渐进入服务经济时代，服务业在国民经济中已经占据主导地位。高技术服务业作为中间投入，已经成为服务业产品生产过程中的中间投入，服务经济发展的过程，也伴随着服务业对高技术服务业中间需求增长的过程。随着我国市场经济的不断完善和服务业专业化程度的不断提升，服务业对高技术服务业的中间需求也将不断提升。

第二节　基于产业关联的我国制造业与高技术服务业融合分析

　　由于中国投入产出表每五年由国家统计局公布一次，当前公布的最新版本为 2012 年中国投入产出表。因此，本部分主要选取 2002 年、2007 年和 2012 年三张 42 部门中国投入产出表，来分析高技术服务业与制造业的产业关联变化进而来分析其互动程度。由于装备制造业是制造业的母机和基础，装备制造业与高技术服务业的关联程度更高，因此，本部分以装备制造业作为制造业的典型代表。其中，制造业主要包括金属制品制造业、机械制造业、交通设备制造业、电气设备制造业、通信设备制造业和仪器仪表制造业。由于 2002 年和 2007 年中国投入产出表将通用设备制造业和专用设备制造业放在一起，统称为机械设备制造业。但是，2012 年中国投入产出表分别列出了通用设备制造业和专用设备制造业数据，为了便于将 2002 年、2007 年和 2012 年中国投入产出表进行对比，因此本部分将 2012 年这两部分仍合并为机械设备制造业。高技术服务业分别选取投入产出表中的信息服务业，商务服务业以及科技服务业。其中，本部分将 2002 年和 2007 年投入产出表中的科学研究事业以及综合计算服务业合并，以和 2012 年的科技服务业相对应。

一　我国高技术服务业增加值率的变化

从表 4.7 可以看出，2002 – 2012 年，中国装备制造业的增加值率基本保持在 16.5% – 28.6%，高技术服务业的增加值率远高于装备制造业，尤其是我国信息服务业的增加值率在 2007 年最高，达到了 60.0%。2002 – 2007 年，除了信息服务业外，我国高技术服务业与装备制造业的增加值率都在大幅下降。其中，电气设备制造业增加值率下降幅度最大，达到 29.4%。另外，我国高技术服务业增加值率的下降幅度低于装备制造业增加值率的下降幅度。2007 – 2012 年，我国装备制造业细分行业的增加值率变化不大，但高技术服务业中除了商务服务业外，信息服务业和科技服务业增加值率下降幅度较大，分别下降了 22% 和 28%。

表 4.7　2002 – 2012 年我国高技术服务业与装备制造业
增加值率的变化

单位：%

行业	2002 年	2007 年	2012 年	2002 – 2007 年变化	2007 – 2012 年变化
信息服务业	56.1	60.0	47.0	7.0	– 22.0
商务服务业	39.1	32.3	32.6	– 17.4	0.9
科技服务业	55.2	51.3	36.8	– 7.0	– 28.0
金属制品制造业	23.7	20.8	28.6	– 12.0	3.8
机械制造业	28.1	23.1	21.3	– 17.8	– 8.0
交通设备制造业	26.2	19.5	19.9	– 25.7	2.1
电气设备制造业	24.1	17.0	16.6	– 29.4	– 2.0
通信设备制造业	21.0	16.5	17.0	– 21.4	3.0
仪器仪表	25.7	21.2	22.6	– 17.7	6.7

注：增加值率的计算方法为某一行业的增加值占该行业总产出的比重。

从总体上看，我国高技术服务业增加值率下降较多，原因是虽然市场化进程中，高技术服务业逐渐与制造业分离，并成为独立的产业，但是，高技术服务业还需要大量基础设施投资，这些基础设施投资作为中间投入，降低了高技术服务业的增加值率。2007 年后，我国装备制造业增加值率变化不大，原因是 2008 年国际金融危机后，我国装备制造企业投入大量研发经费，科技创新不断涌现，提升了装备制造业企业的附加值，从而抵消了装备制造企业进口零部件带来的中间投入增加，最终结果是整体上装备制造业增加值率变化不大。

二　我国制造业高技术服务中间投入程度的变化

从表 4.8 可以看出，2002 年，我国金属制品制造业和电气机械及器材制造业的高技术服务业投入程度比较高，达到了 3.6%。同时，我国石油加工、炼焦及核燃料加工业和金属冶炼及压延加工业的高技术服务业投入程度最低，仅为 1.1%。2012 年，我国通信设备及其他电子设备制造业的高技术服务业投入程度最高，达到了 3.5%，我国纺织业的高技术服务业投入程度最低，仅为 0.6%。

表 4.8 2002－2012 年我国制造业的高技术服务投入程度变化

单位：%

行业	2002 年	2007 年	2012 年	2002－2007 年变化	2007－2012 年变化
食品制造及烟草加工业	2.4	1.9	1.6	-21.7	-13.0
纺织业	1.3	0.7	0.6	-48.5	-11.0
服装皮革羽绒及其制品业	4.0	2.3	1.5	-42.8	-33.0
木材加工及家具制造业	2.3	1.2	1.4	-45.7	16.3
造纸印刷及文教用品制造业	1.5	1.2	2.3	-17.7	87.9
石油加工、炼焦及核燃料加工业	1.1	1.1	0.7	-1.0	-40.0
化学工业	2.1	2.0	2.6	-7.6	31.0
非金属矿物制品业	2.2	1.0	1.8	-55.0	80.
金属冶炼及压延加工业	1.1	1.4	1.1	26.52	-18.0
金属制品制造业	3.6	0.9	1.9	-74.1	106.2
通用、专用设备制造业	2.5	1.6	3.1	-33.9	85.9
交通运输设备制造业	2.7	2.2	3.1	-19.3	38.5
电气机械及器材制造业	3.6	2.5	2.6	-29.1	1.8
通信设备及其他电子设备制造业	2.5	2.5	3.5	0.46	42.2
仪器仪表	2.3	2.1	3.1	-11.3	52.7
其他制造业	2.6	1.5	1.3	-41.8	-15.0

注：制造业的高技术服务投入程度的计算方法为，制造业某一行业总产出中，高技术服务所有细分行业作为中间投入所占比重的加总。

2002－2007 年，除了金属冶炼及压延加工业和通信设备及其他电子设备制造业外，其他制造业的高技术服务投入程度都在下降，其中，金属制品制造业的高技术服务投入程度下降最多，达到了 74.1%。同时，我国金属冶炼及压延加工业的高技术服务投入程度增长最多，达到了 26.5%。2007－2012 年，我国食品制造及烟草加工业，纺织业，服装皮革羽绒及其制品业，石油加工、炼焦及核燃料加工业，金属冶炼及压延加工业以及其他制造业的高技术服务投入在下降，其他制造业的高技术服务投入都在上升。其中，金属制品制造业的高技术服务投入增长幅度最大，达到了 106.2%；石油加工、炼焦及核燃料加工业的高技术服务投入程度下降最多，达到 40%。

从总体上看，2002－2012 年，我国制造业的高技术服务业投入程度变化较大。2007 年后，我国制造业的高技术服务业投入程度从大幅下降转变为大幅增长，尤其是装备制造业的高技术服务投入增长比较多，原因是 2008 年国际金融危机后，我国出台了若干加快服务业发展的政策措施，从而推动我国高技术服务业外化和专业化程度提升，并且装备制造企业也意识到高技术服务业投入对其竞争力提升的重要性，开始专注于自身的核心竞争力，逐渐剥离非核心业务，并从外部购买专业化的高技术服务业。

三 我国制造业服务投入程度的变化

从表 4.9 可以看出，2002 年，我国制造业的服务投入程度在 10.3%－14.8%，其中，服装皮革羽绒及其制品业的服务投入程度最高，为 14.8%，纺织业的服务投入程度最低，仅为 10.3%。2012 年，我国仪器仪表机械制造业的服务投入程度最高，为 13.4%；我国石油加工、炼焦及核燃料加工业的服务投入程度最低，为 5.2%。

表 4.9 2002－2012 年我国制造业服务投入程度的变化

单位：%

行业	2002 年	2007 年	2012 年	2002－2007 年变化	2007－2012 年变化
食品制造及烟草加工业	12.0	9.3	11.5	－22.8	23.4
纺织业	10.3	6.6	7.9	－36.3	19.8
服装皮革羽绒及其制品业	14.8	9.0	12.7	－39.1	41.6

续表

行业	2002 年	2007 年	2012 年	2002 - 2007 年变化	2007 - 2012 年变化
木材加工及家具制造业	14.7	9.2	9.7	- 37.6	5.1
造纸印刷及文教用品制造业	14.0	8.8	11.5	- 37.3	31.0
石油加工、炼焦及核燃料加工业	10.7	6.4	5.2	- 40.0	- 18.0
化学工业	12.0	9.2	11.2	- 23.4	21.7
非金属矿物制品业	18.1	11.3	11.7	- 37.5	3.4
金属冶炼及压延加工业	11.5	7.5	7.6	- 34.8	1.5
金属制品制造业	13.6	8.0	10.6	- 41.1	32.7
通用、专用设备制造业	13.0	9.6	12.5	- 26.1	30.2
交通运输设备制造业	10.9	9.5	13.2	- 12.7	38.4
电气、机械及器材制造业	13.9	9.7	11.3	- 29.7	15.5
通信设备及其他电子设备制造业	10.7	10.3	12.7	- 3.1	23.3
仪器仪表	12.2	9.2	13.4	- 24.8	45.9
其他制造业	14.1	8.7	12.5	- 38.3	44.4

注：制造业的服务投入程度计算方法为，制造业某一行业总产出中，服务业所有细分行业作为中间投入所占比重的加总。

2002 - 2007 年，我国制造业的服务投入程度全部下降，其中，金属制品制造业的服务投入程度下降最多，达到 41.1%；通信设备及其他电子设备制造业的服务投入程度下降最少，为 3.1%。2007 - 2012 年，除了石油加工、炼焦及核燃料加工业的服务业投入程度下降 18% 外，我国制造业的服务投入程度全都大幅度上升。其中，仪器仪表的服务投入程度提升幅度最大，达到 45.9%，而金属冶炼及压延加工业的服务投入程度提升幅度最低，仅为 1.5%。从总体上看，2002 - 2012 年，我国制造业的服务投入程度变化较大，2007 年，我国制造业的服务中间投入从大幅下降转变为大幅上升，意味着我国制造业的软化程度在不断提升。制造业是我国服务业的母体，制造业的服务投入增加意味着制造业生产过程中物质性投入在大幅下降，也意味着我国制造业高投入、高耗能、高污染的粗放式发展模式在逐渐扭转。

四 我国制造业对高技术服务业中间需求程度的变化

从表 4.10 可以看出，2002 年，我国制造业对高技术服务业中的商务服务业中间需求程度最高，达到了 38.4%。2002 - 2007 年，我国制造业对信息服务业和商务服务业的中间需求程度都在下降，都下降了 20% 左右。但是，制造业对科技服务业的需求程度大幅上升，增长了 329%。2007 - 2012 年，我国制造业对高技术服务业的中间需求程度都在大幅下降。其中，制造业对商务服务业的中间需求程度下降最少，为 12%；制造业对信息服务业的中间需求程度下降最大，达到了 69%。制造业对商务服务业的中间需求下降相对比较少，但是也达到了 12%。

表 4.10 2002 - 2012 年我国制造业对高技术服务业中间需求程度的变化

单位：%

行业	2002 年	2007 年	2012 年	2002 - 2007 年变化	2007 - 2012 年变化
信息服务业	22.4	17.6	5.5	- 21.0	- 69.0
商务服务业	38.4	30.6	27.0	- 20.0	- 12.0
科技服务业	9.2	39.5	25.9	328.6	- 34.0

注：制造业对高技术服务业的中间需求程度计算方法为，制造业所有细分行业对高技术服务业某一细分行业（例如信息服务业）中间需求的加总。

从总体上看，2002 - 2007 年，我国制造业除对科技服务业的中间需求在大幅增长外，制造业对其他高技术服务业的中间需求都在大幅下降。2007 - 2012 年，我国制造业对高技术服务业的中间需求全部大幅下降。长期以来，我国制造业实行"为出口而进口"的代工模式，在此背景下，我国制造企业仅从事制造业价值链的加工、组装等低附加值环节，高附加值环节基本都掌握在发达国家手里，从而导致我国制造业不需要那么多的高技术服务投入，造成我国制造业对高技术服务业的中间需求比较低。也即意味着，我国代工模式的制造业比重越高，其对高技术服务业的需求越低。

五　我国装备制造业对高技术服务业中间需求程度的变化

从表 4.11 可以看出，2002 年，我国装备制造业对高技术服务业中的商务服务业需求程度较高，达到了 15.2%，但对科技服务业的中间需求程度仅有 3.9%。2002 - 2007 年，我国装备制造业对信息服务业和商务服务业的中间需求在大幅下降，其中，装备制造业对信息服务业的中间需求程度下降了 45.8%，对商务服务业的中间需求程度下降了 17.9%。但是，在此期间，我国装备制造业对科技服务业的中间需求程度从 3.9% 提升到 22%，增长了 457.8%。2007 - 2012 年，我国装备制造业对高技术服务业的中间需求程度都在下降，其中，装备制造业对信息服务业的中间需求程度下降最多，达到了 48.9%。装备制造业对商务服务业的中间需求程度下降最少，但也达到了 8.6%。

表 4.11　2002 - 2012 年我国装备制造业对高技术服务业中间需求程度的变化

单位：%

行业	2002 年	2007 年	2012 年	2002 - 2007 年变化	2007 - 2012 年变化
信息服务业	11.3	6.1	3.1	- 45.8	- 48.9
商务服务业	15.2	12.5	11.4	- 17.9	- 8.6
科技服务业	3.9	22.0	15.7	457.8	- 28.6

注：装备制造业对高技术服务业中间需求程度的计算方法为，装备制造业所有细分行业对高技术服务业某一细分行业中间需求率的加总。

2007 - 2012 年，我国装备制造业对高技术服务业的中间需求全部大幅下降。虽然，装备制造业是技术密集型产业，需要大量的高技术服务业投入，但是中国装备制造业对高技术服务业的中间需求在大幅下降，这意味着中国装备制造业还没有摆脱"为出口而进口"的发展模式，从而导致中国装备制造业竞争力不强。

六　我国高技术服务业的装备制造业投入程度的变化

从表 4.12 可以看出，2002 年，我国信息服务业、商务服务业与科技服务业的装备制造业投入程度分别为 24.7%、28.7% 和 12.6%。2002 - 2007 年，我国信息服务业和商务服务业的装备制造业投入程度都大幅下降，下降幅度分别为 35.4% 和 24.4%。但是，我国科技服务业的装备制造业投入程度从 12.6% 提升到 17.0%，增加了 35.1%。2007 - 2012 年，我国信息服务业与科技服务业的装备制造业投入程度稍有提升，增长幅度分别为 0.02% 和 5.32%。但是，在此期间，我国商务服务业的装备制造业投入程度大幅下降，下降幅度为 24.9%。

表 4.12　2002 - 2012 年我国高技术服务业的装备
制造业投入程度变化

单位：%

行业	2002 年	2007 年	2012 年	2002 - 2007 年变化	2007 - 2012 年变化
信息服务业	24.7	16.0	16.0	- 35.4	0.02
商务服务业	28.7	21.7	16.3	- 24.4	- 24.9
科技服务业	12.6	17.0	17.9	35.1	5.32

注：高技术服务业的装备制造业投入程度计算方法为，高技术服务业某一细分行业总产出中，装备制造业所有细分行业作为中间投入所占比重的加总。

从总体上看，2002 - 2012 年，我国科技服务业的装备制造业投入在大幅增加，尤其在 2002 - 2007 年，其增长幅度最明显。长期以来，我国科技服务都内置于制造业尤其是装备制造业，装备制造企业内部一般有自己的研发部门，并且装备制造企业的研发能力已经成为其核心竞争力的重要组成部分。但是，随着我国市场化程度的提升，装备制造企业逐渐把研发服务外包，专业化的研发服务平台企业不断涌现。这些研发服务企业不仅为母公司提供研发服务，也为社会上其他企业提供研发服务，从而导致其专业化程度不断提升。但是，专业化的科技服务业也需要基础设施投资，即需要大量装备制造业投入，从而导致科技服务业的装备制造业投入程度不断提升。在此期间，我国商务服务业的装备制造业投入大幅下降，原因是我国商务服务业所需的基础设施投资并不高，并且其专业化程度不强，再加上我国商务服务业赖以生存的信用体系不健全，从而导致我国商务服务业的装备制造业投入在下降。

第三节　长三角制造业与高技术服务业区域分工与合作

长三角地区是我国高技术服务业和制造业最发达的地区之一，并且长三角地区高技术服务业与制造业的互动程度较高。由于中国和各地区投入产出表数据每五年公布一次，现有的投入产出数据为 2012 年国家统计局公布的版本。因此，本部分以长三角地区为例，利用 2012 年度上海、江苏和浙江的投入产出表，分析长三角地区制造业对高技术服务业的中间需求程度、制造业的高技术服务业中间投入程度、高技术服务业对制造业的中间需求程度以及高技术服务业的制造业中间投入程度等，并与全国数据进行对比分析。

一　长三角高技术服务业增加值率比较

从表 4.13 可以看出，上海信息服务业增加值率为 40.1%，低于全国 47% 的水平；江苏和浙江信息服务业增加值率高于全国水平。江苏商务服务业增加值率为 35.2%，高于全国 32.6% 的水平，但上海和浙江商务服务业增加值率低于全国水平。江苏科技服务业增加值率为 42.4%，高于全国 36.8% 的水平，但上海和浙江科技服务业增加值率低于全国水平。总体上看，上海高技术服务业的增加值率都低于全国水平，江苏高技术服务业增加值率都高于全国水平。

表4.13　2012年长三角高技术服务业与制造业增加值率比较

单位：%

行业	江苏	上海	浙江	全国
信息服务业	54.5	40.1	52.3	47.0
商务服务业	35.2	21.6	29.8	32.6
科技服务业	42.4	32.8	27.5	36.8
食品烟草业	30.8	48.4	25.6	23.5
纺织品业	20.3	22.3	19.1	18.9
纺织服装业	22.5	29.0	21.8	21.4
木材加工业	20.4	23.5	23.3	22.7
造纸印刷文教用品业	24.4	21.8	21.3	23.8
石油炼焦业	20.7	7.6	15.3	18.6
化学产品	24.4	19.3	18.5	19.2
非金属矿物制品业	23.3	28.1	22.2	25.3
金属冶炼业	17.9	13.3	15.0	18.0
金属制品制造业	22.0	24.9	23.1	19.8
通用设备制造业	22.8	19.8	22.1	21.2
专用设备制造业	26.2	23.9	29.3	21.5
交通设备制造业	16.5	19.7	22.6	19.9
电气设备制造业	20.8	17.5	19.4	16.6
通信设备制造业	21.3	11.7	22.7	17.0
仪器仪表	25.3	29.7	25.0	22.6

注：增加值率的计算方法为，某一行业增加值占该行业总产出的比重。

在制造业方面，长三角食品烟草业、纺织品业、纺织服装业、金属制品制造业、专用设备制造业、电气设备制造业、仪器仪表的增加值率都高于全国水平。上海造纸印刷文教用品业、石油炼焦业、金属冶炼业、通信设备制造业等增加值率低于全国水平。江苏木材加工业、非金属矿物制品业、交通设备制造业增加值率低于全国水平。另外，浙江装备制造业增加值率大部分高于全国水平。长三角地区是我国经济最发达的地区之一，但是，上海的高技术服务业以外资企业为主，高技术服务业的高附加值都被外资企业拿走，从而导致上海高技术服务业的增加值率比较低。上海的传统制造业逐渐转移到江苏和浙江等地区，并且江苏的制造企业主要以外资企业为主，因此增加值率比较低；但是，浙江装备制造业外资企业比较少，从而增加值率较高。

二　长三角制造业的高技术服务中间投入程度的比较

从表 4.14 可以看出，江苏食品烟草业、纺织品业、纺织服装业、木材加工业、造纸印刷文教用品业和其他制造业的高技术服务中间投入程度高于全国平均水平，但是，石油炼焦业、化学产品、非金属矿物制品业、金属冶炼业及全部装备制造业的高技术服务业投入都低于全国水平。上海石油炼焦业、通信设备制造业的高技术服务中间投入程度低于全国水平，但上海装备制造业及其他传统制造业的高技术服务中间投入程度全部高于全国水平。浙江食品烟草业、纺织品业、纺织服装业、木材加工业、金属制品制造业及其他制造产品的高技术服务中间投入程度都高于全国水平，但装备制造业及其他传统制造业的高技术服务中间投入程度都低于全国水平。

表 4.14　2012 年长三角制造业的高技术服务中间投入程度比较

单位：%

行业	江苏	上海	浙江	全国
食品烟草业	3.9	5.7	2.6	1.6
纺织品业	1.0	4.8	1.4	0.6
纺织服装业	9.8	8.4	2.5	1.5
木材加工业	2.9	2.8	2.3	1.4
造纸印刷文教用品业	3.2	2.9	1.6	2.3

续表

行业	江苏	上海	浙江	全国
石油炼焦业	0.4	0.5	0.4	0.7
化学产品	2.0	3.7	2.0	2.6
非金属矿物制品业	1.0	2.9	1.8	1.8
金属冶炼业	0.4	1.6	0.6	1.1
金属制品制造业	1.2	2.8	2.1	1.9
通用设备制造业	2.3	3.0	2.1	2.9
专用设备制造业	2.9	4.5	2.5	3.2
交通设备制造业	2.8	3.2	1.3	3.1
电气设备制造业	1.3	3.7	1.7	2.6
通信设备制造业	1.7	1.4	1.8	3.5
仪器仪表	2.7	4.8	2.4	3.1
其他制造产品	1.6	7.0	2.8	1.3

注：制造业的高技术服务中间投入程度的计算方法为，制造业某一行业总产出中，高技术服务所有细分行业作为中间投入所占比重的加总。

总体上看，长三角地区江苏和浙江装备制造业的高技术服务中间投入程度基本低于全国水平，但上海装备制造业的高技术服务中间投入程度基本高于全国水平。改革开放以来，江苏大量引进外商直接投资制造企业，这些外资企业大多实行"两头在外"的代工模式，从而导致制造业的高技术服务业投入比较低。浙江虽然外资企业比例没有江苏高，但浙江装备制造业的核心零部件也依赖于进口，自主创新能力也不足，从而其制造业的高技术服务业投入也低于全国水平。

三 长三角制造业的物质投入程度比较

从表 4.15 可以看出，江苏食品烟草业、纺织服装业、造纸印刷文教用品业、石油炼焦业、金属制品制造业等制造业的物质投入低于全国水平，通用和专用设备制造业、电气设备制造业的物质投入基本和全国水平接近，其他装备制造业与传统制造业的物质投入都高于全国水平。上海纺织服装业、石油炼焦业、非金属矿物制品业、金属冶炼业、金属制品制造业、专用设备制造业、电气设备制造业、仪器仪表等制造业的物质投入都低于全国水平，而上海纺织品业、木材加工业、化学产品、通信设备制造业的物质投入都高于全国水平。浙江纺织服装业、石油炼焦业、其他制造产品、金属制品制造业、非金属矿物制品业、专用设备制造业、通信设备制造业等的物质性投入都低于全国水平，浙江其他装备制造业与其他传统制造业的物质性投入基本都高于全国水平。

表 4.15 2012 年长三角制造业的物质投入程度比较

单位：%

行业	江苏	上海	浙江	全国
食品烟草业	18.8	27.6	33.8	27.5
纺织品业	54.4	60.3	58.9	53.1
纺织服装业	50.3	45.2	60.9	61.8
木材加工业	57.1	57.0	56.0	53.8
造纸印刷文教用品业	49.9	54.1	57.6	54.7
石油炼焦业	5.5	6.7	9.5	12.4
化学产品	57.3	58.7	62.0	57.2
非金属矿物制品业	46.9	35.4	38.2	43.5
金属冶炼业	58.3	40.6	61.8	46.7
金属制品制造业	59.9	56.8	61.5	62.1
通用设备制造业	63.5	65.3	66.4	64.1
专用设备制造业	62.6	56.8	58.9	63.3
交通设备制造业	73.3	65.3	67.7	65.7
电气设备制造业	70.7	66.8	71.1	70.4
通信设备制造业	73.7	78.7	67.1	69.1
仪器仪表	64.8	45.3	64.5	62.8
其他制造产品	72.3	45.2	45.0	56.1

注：制造业的物质投入程度计算方法为，制造业某一行业总产出中，制造业细分行业作为中间投入所占比重的加总。

从总体上看，上海装备制造业的物质投入低于全国水平，江苏和浙江装备制造业的物质投入高于全国水平。上海装备制造业的物质性投入比较低，意味着其逐渐摆脱了高投入、高耗能、高污染的发展模式。江苏和浙江装备制造业的物质投入比较高，意味着它们还没有摆脱粗放式发展模式。

四　长三角制造业的服务投入程度比较

从表4.16可以看出，2012年，江苏纺织服装业、木材加工业的服务业投入程度分别为23.4%和13.9%，高于全国12.7%和9.7%的水平，但其他装备制造业和传统制造业的服务业投入程度都低于全国水平。上海石油炼焦业、金属冶炼业、通信设备制造业、交通设备制造业的服务投入程度都低于全国水平，其他装备制造业和其他传统制造业的服务投入程度基本都高于全国水平。浙江食品烟草业、纺织品业、纺织服装业、木材加工业、石油炼焦业、非金属矿物制品业的服务投入程度都高于全国水平，但浙江其他装备制造业和其他传统制造业的服务投入程度都低于全国水平。

表 4.16　2012 年长三角制造业的服务投入程度比较

单位：%

行业	江苏	上海	浙江	全国
食品烟草业	7.2	13.8	13.1	11.5
纺织品业	6.9	11.1	12.5	7.9
纺织服装业	23.4	22.2	14.0	12.7
木材加工业	13.9	13.1	11.8	9.7
造纸印刷文教用品业	8.6	11.2	10.1	11.5
石油炼焦业	1.4	1.6	6.2	5.2
化学产品	7.0	12.6	10.1	11.2
非金属矿物制品业	7.2	13.4	16.1	11.7
金属冶炼业	2.9	5.5	6.3	7.6

续表

行业	江苏	上海	浙江	全国
金属制品制造业	10.3	11.5	9.1	10.6
通用设备制造业	7.9	10.9	8.7	12.2
专用设备制造业	7.5	14.7	9.1	12.8
交通设备制造业	8.2	12.4	7.2	13.2
电气设备制造业	6.9	13.1	7.8	11.3
通信设备制造业	3.8	8.1	8.6	12.7
仪器仪表	7.6	22.8	9.1	13.4
其他制造产品	5.2	19.6	11.3	12.5

注：制造业的服务投入程度计算方法为，制造业某一细分行业总产出中，服务业所有细分行业作为中间投入所占比重的加总。

总体来看，长三角地区上海装备制造业的服务业投入程度高于全国水平，江苏和浙江装备制造业的服务业投入程度大多数低于全国水平。装备制造业的服务业投入程度意味着装备制造业的软化程度，上海装备制造业的服务业投入程度比较高，意味着上海装备制造业的软化程度比较高。江苏和浙江装备制造业服务业投入程度比较低，意味着装备制造业的软化程度比较低。

五　长三角制造业对高技术服务业中间需求程度的比较

从表4.17可以看出，2012年，长三角地区江苏、上海和浙江制造业对信息服务业的中间需求率分别为14.7%、9.9%和29.3%，远高于全国5.5%的水平。但是，上海制造业对信息服务业的中间需求率远低于浙江29.3%的水平。江苏制造业对商务服务业的中间需求率为45.2%，远高于全国27%的水平，而上海制造业对商务服务业的中间需求率只有14.5%，相当于全国水平的一半多，而浙江制造业对商务服务业的中间需求率与全国水平相当。长三角地区江苏、上海和浙江制造业对科技服务业的中间需求率分别为13.3%、5.7%和

17.1%，都远低于全国25.9%的水平。其中，上海制造业对科技服务业的中间需求率最低，仅有5.7%。总体上看，上海制造业对高技术服务业的中间需求最小，江苏制造业对商务服务业的中间需求旺盛，而浙江制造业对信息服务业的中间需求旺盛。长三角地区开放程度比较高，信息比较发达，因此其对信息服务业的中间需求都高于全国水平。上海制造业对商务服务业与科技服务业的中间需求都比较低，原因在于上海制造业实施"两头在外"的代工模式，从而对本土高技术服务业中间需求不足。江苏制造业对商务服务业需求比较高，意味着江苏制造业的价值链分工比较细化，制造业的上下游企业比较多，中介服务相对比较发达。

表 4.17　2012 年长三角制造业对高技术服务业的中间需求率比较

单位：%

行业	江苏	上海	浙江	全国
信息服务业	14.7	9.9	29.3	5.5
商务服务业	45.2	14.5	27.1	27.0
科技服务业	13.3	5.7	17.1	25.9

注：制造业对高技术服务业的中间需求率计算方法为，制造业所有细分行业对高技术服务业某一细分行业中间需求量的加总。

六　长三角装备制造业对高技术服务业的中间需求程度比较

从表4.18可以看出，2012年，长三角地区上海和浙江装备制造业对信息服务的中间需求分别为6.2%和9.4%，远高于全国3.1%的水平，而江苏装备制造业对信息服务业的中间需求仅为2.6%，低于全国3.1%的水平。上海和浙江装备制造业对商务服务业的中间需求分别为6.7%和9.5%，远低于全国11.4%的水平。但是，江苏装备制造业对商务服务业的中间需求达到20.5%，远高于全国水平。

表 4.18 2012 年长三角装备制造业对高技术服务业的中间需求率比较

单位：%

行业	江苏	上海	浙江	全国
信息服务业	2.6	6.2	9.4	3.1
商务服务业	20.5	6.7	9.5	11.4
科技服务业	10.9	4.1	9.4	15.7

注：装备制造业对高技术服务业的中间需求率计算方法为，装备制造业所有细分行业对高技术服务业某一细分行业中间需求率的加总。

2012 年，江苏、上海和浙江装备制造业对科技服务业的中间需求分别为 10.9%、4.1% 和 9.4%，都远低于全国 15.7% 的水平。其中，上海装备制造业对科技服务业的中间需求最低，仅有 4.1%。虽然，装备制造业竞争力的提升，需要有高质量的高技术服务业的投入，但是，长三角地区外资制造业比重比较高，并且装备制造业的代工模式割裂了科技服务业与装备制造业的关联效应，因此，长三角装备制造业对科技服务业的中间需求都比较低。

七 长三角服务业对高技术服务业中间需求程度的比较

从表 4.19 可以看出，2012 年，江苏和浙江服务业对信息服务业的中间需求率分别为 24.9%、26.6%，都低于全国 31% 的水平。上海服务业对信息服务业的中间需求率为 49%，比全国高出 18 个百分点。江苏服务业对商务服务业的中间需求率为 42.4%，远低于全国 56.5% 的水平，浙江服务业对商务服务业的中间需求率与全国水平基本持平。但是，上海服务业对商务服务业的中间需求率为 73.8%，比全国水平高出 17.3 个百分点。江苏和上海服务业对科技服务业的中间需求程度分别为 7.7% 和 3.1%，远低于全国 17.1% 的水平。但是，浙江服务业对科技服务业的中间需求率达到了 20.5%，高于全国水平 3.4 个百分点。

表 4.19　2012 年长三角服务业对高技术服务业的中间需求率比较

单位：%

行业	江苏	上海	浙江	全国
信息服务业	24.9	49.0	26.6	31.0
商务服务业	42.4	73.8	54.2	56.5
科技服务业	7.7	3.1	20.5	17.1

注：服务业对高技术服务业的中间需求率计算方法为，服务业所有细分行业对高技术服务业某一细分行业中间需求率的加总。

长三角地区上海服务业比较发达，上海服务业对信息服务业和商务服务业的中间需求率都高于全国水平，意味着上海的信息开放程度比较高，营商环境相对比较好，给服务业发展带来了增长潜力。但是，江苏和浙江服务业对信息服务业的需求比较低，原因是江苏和浙江还处于制造业主导阶段，经济发展的重心还在制造业，服务业水平还比较低，对高技术服务业的中间需求相对比较低。

第四节　中部六省制造服务业与制造业融合程度比较

中部六省位于中国中部地区，承东启西，望北向南，地理位置优越。中部六省在国家的中部崛起战略中发挥着重要作用，中部崛起战略依赖于制造业的发展，制造业竞争力的提升有赖于制造服务业的高效投入。装备制造业是制造业的基础和"母机"，装备制造业的发展决定了一个国家和地区综合竞争力的提升。本部分将以装备制造业为例，考察制造服务业与制造业的融合问题。

本部分利用 2012 年中国中部六省河南、湖北、湖南、江西、安徽、山西和上海以及中国 42 部门投入产出表的数据进行分析，其中装备制造业包括金属制品制造业、通用设备制造业、专用设备制造业、交通运输设备制造业、电气机械器材制造业、通信设备制造业、仪器仪表设备制造业。制造服务业包括批发零售业、物流服务业、信息服务业、金融服务业、商务服务业和科技服务业。按照中国投入产出表的行业分类，制造服务业分别对应投入产出表中的批发零售业，交通运输、仓储和邮政业，信息传输、计算机服务和软件业，金融业，租赁及商务服务业，研究与试验发展业和综合技术服务业。

中间需求率指的是国民经济各产业 j 对某一产业 i 的中间需求之和，与整个国民经济各产业 j 对该产业 i 总需求（中间需求 + 最终需求）的比值。可以用以下计算公式表示：

$$D_i = \frac{\sum_{j=1}^{n} x_{ij}}{\sum_{j=1}^{n} x_{ij} + Y_i} \quad \text{其中 } i = 1,2,\cdots,n$$

其中 D_i 表示中间需求率，$\sum_{j=1}^{n} x_{ij}$ 表示投入产出表中国民经济各产业 j 对 i 行业的中间需求的和，Y_i 为国民经济各产业 j 对 i 行业的最终需求。中间需求率越大，说明该产业产品被国民经济各产业需求的越多。

中间投入率反映的是某一产业 j 在生产过程中所需要的国民经济各产业 i 中间投入的和，与该产业需要的总投入（中间总投入 + 增加值）的比值。可以用公式表示为：

$$T_i = \frac{\sum_{i=1}^{n} x_{ij}}{\sum_{i=1}^{n} x_{ij} + Z_j} \quad \text{其中 } j = 1,2,3,\cdots,n$$

其中 T_i 表示产业 j 的中间需求率，$\sum_{i=1}^{n} x_{ij}$ 表示投入产出表中 j 产业需要的国民经济各产业 i 投入的和，Z_j 表示 j 行业的增加值。中间投入率越大，说明该产业生产过程中使用的投入越多。

一　中部六省制造服务业增加值率比较分析

从表 4.20 可以看出，2012 年，河南批发零售业的增加值率不仅高于中部六省其他省份，也比全国水平高出 18.6 个百分点。中部六省中，江西批发零售业的增加值率最低，仅有 43.8%。河南物流服务业增加值率为 40.4%，在中部六省中仅排名第四，仅高于湖北和安徽，但稍高于全国水平的 37%。安徽物流服务业的增加值率最低，仅有 33.7%。河南信息服务业的增加值率为 61.2%，比全国水平高出 14.2 个百分点。中部六省中，河南信息服务业增加值率排名第四，仅高于湖北和安徽。安徽信息服务业增加值率最低，仅为 48.8%。河南金融服务业增加值率在中部六省排名倒数第二，仅为 51.5%，比全国水平低了 8.1 个百分点。中部六省中，湖北金融服务业增加值率最高，为 69.3%。河南商务服务业增加值率为 56.8%，在中部六省中排名第二，仅次于山西的 61.2%，比全国水平高 24.2 个百分点。河南科技服务业增加值率为 44.7%，在中部六省中仅高于湖北的 39%，也比全国水平高出 7.9 个百分点。湖北科技服务业增加值率最低，为 39.0%。

表 4.20　2012 年中部六省制造服务业增加值率比较分析

单位：%

地区	批发零售	物流服务	信息服务	金融服务	商务服务	科技服务
河南	87.7	40.4	61.2	51.5	56.8	44.7
湖北	73.2	36.2	56.3	69.3	45.3	39.0
湖南	70.9	52.5	66.2	52.5	52.9	54.2
江西	43.8	48.1	66.4	58.7	41.1	56.4
安徽	69.2	33.7	48.8	43.3	41.8	48.6
山西	74.1	46.9	62.3	57.6	61.2	50.6
全国	69.1	37.0	47.0	59.6	32.6	36.8

二　中部六省制造业的制造服务投入程度比较

从表 4.21 可以看出，2012 年，河南金属制品制造业的制造服务投入程度在中部六省中最高，达到了 13.9%，也比全国水平高出 4.6

个百分点。在中部六省中，江西金属制品制造业的制造服务投入程度最低，仅有 7%。通用设备制造业的制造服务投入程度，安徽最高，达到了 10.7%。河南与全国水平相当，为 10.6%。河南专用设备制造业的制造服务投入程度与湖南和安徽相当，稍高于中部其他省份，但低于全国 0.7 个百分点。河南交通设备制造业的制造服务投入程度，仅高于湖北、江西和山西，但低于全国水平 2.3 个百分点。河南电气设备制造业的制造服务投入程度为 8.2%，低于全国水平 1.9 个百分点，与安徽相当，稍高于湖北和江西，但中部六省都低于全国水平。河南通信设备制造业的制造服务投入为 8%，低于全国 3.9 个百分点，但高于除安徽外的中部六省其他省份。河南仪器仪表设备制造业的制造服务投入为 8.3%，与湖北相当，低于湖南和安徽，也低于全国水平。总体上看，中部六省装备制造业的制造服务投入程度都不高。

表 4.21　2012 年中部六省装备制造业的制造服务投入程度比较

单位：%

地区	金属制品	通用设备	专用设备	交通设备	电气设备	通信设备	仪器仪表
河南	13.9	10.6	10.6	9.7	8.2	8.0	8.3
湖北	10.1	8.4	7.9	5.8	5.4	6.6	8.6
湖南	9.6	10.0	10.5	10.1	10.1	6.8	12.0
江西	7.0	6.3	7.1	5.2	5.2	4.2	4.2
安徽	8.1	10.7	10.6	12.5	8.8	12.1	11.9
山西	7.5	6.0	3.5	5.8	5.3	3.9	5.3
全国	9.3	10.7	11.3	12.0	10.1	11.9	11.5

三　中部六省装备制造业对制造服务业的中间需求程度比较

从表 4.22 可以看出，2012 年，河南装备制造业对批发零售业的需求程度在中部六省中最高，达到了 42%，高于全国水平 27.6 个百分点。山西最低，装备制造业对批发零售业的需求程度仅有 0.9%。

河南装备制造业对物流服务业的中间需求程度低于全国 3.8 个百分点，仅次于中部六省中的湖南和安徽。在中部六省中，湖南装备制造业对物流服务业的中间需求程度最高，达到了 25.4%，高于全国水平 13.3 个百分点。河南装备制造业对信息服务业的中间需求程度，比全国水平低 0.6 个百分点。中部六省中，山西装备制造业对信息服务业的中间需求程度最低，仅为 1%。河南装备制造业对金融服务业的中间需求程度为 4.3%，比全国水平低 5.4 个百分点。中部六省中，安徽装备制造业对金融服务业的中间需求程度最高，为 9.7%。湖南装备制造业对金融服务业的中间需求程度最低，为 2.2%。河南装备制造业对商务服务业的中间需求程度为 7.5%，低于全国水平 3.9 个百分点。中部六省中，安徽装备制造业对商务服务业的中间需求程度最高，为 14.4%。河南装备制造业对科技服务业的中间需求程度为 3.8%，低于全国 11.9 个百分点。中部六省中，湖南装备制造业对科技服务业的中间需求程度最高，为 12%。

表 4.22　2012 年中部六省装备制造业对制造服务业的中间需求程度比较

单位：%

行业	河南	湖北	湖南	江西	安徽	山西	全国
批发零售	42.0	9.6	3.0	6.0	34.3	0.9	14.4
物流服务	8.3	5.9	25.4	5.7	10.0	0.9	12.1
信息服务	2.5	1.2	6.5	1.8	2.7	1.0	3.1
金融服务	4.3	8.7	2.2	3.7	9.7	3.4	9.7
商务服务	7.5	11.1	1.1	6.6	14.4	5.4	11.4
科技服务	3.8	2.6	12.0	8.0	5.2	0.9	15.7

四　中部六省制造服务业的装备制造业投入程度比较

从表 4.23 可以看出，2012 年，河南批发零售业的装备制造业投入程度仅有 0.3%，在中部六省中最低，也远低于全国 1.7% 的水平。

中部六省中，江西批发零售业的装备制造业投入程度最高，达到了
2.4%。河南物流服务业的装备制造业投入程度为2.2%，在中部六省
中排名第三，低于全国9.1%的水平。中部六省中，山西物流服务业
的装备制造业投入程度最低，仅有1%。河南信息服务业的装备制造
业投入程度为5.8%，低于全国10.2个百分点。在中部六省中，排倒
数第二，仅高于山西。河南金融服务业的装备制造业投入程度为
3.9%，在中部六省中排名第一，并且远高于全国0.5%的水平。河南
商务服务业的装备制造业投入程度仅为1.8%，在中部六省中排名倒
数第一，并且远低于全国16.3%的水平。中部六省中，商务服务业的
装备制造业投入程度最高的是安徽，为8.7%。河南科技服务业的装
备制造业投入程度为9.9%，在中部六省中，仅高于江西和山西，比
全国水平低了8个百分点。总体来看，中部六省制造服务业的装备制
造业投入比较低，说明了中部六省制造服务业的基础设施投资还很不
完善，制造服务业发展过程中需要大量固定资产投资。

表4.23　2012年中部六省制造服务业的装备制造业投入程度比较

单位：%

地区	批发零售	物流服务	信息服务	金融服务	商务服务	科技服务
河南	0.3	2.2	5.8	3.9	1.8	9.9
湖北	0.3	1.8	7.8	0.2	8.2	10.3
湖南	0.8	2.3	9.3	1.1	2.2	12.5
江西	2.4	4.3	16.2	2.3	2.9	6.3
安徽	0.4	1.4	12.6	0.8	8.7	17.6
山西	1.5	1.0	4.8	1.3	3.3	7.6
全国	1.7	9.1	16.0	0.5	16.3	17.9

五　中部六省制造服务业对装备制造业的中间需求程度比较

从表4.24可以看出，2012年，河南制造服务业对金属制品制造
业的中间需求程度为3.1%，比全国水平低了4个百分点。在中部六

省中排名第三，低于湖南和山西。中部六省中，江西制造服务业对金属制品制造业的中间需求程度最低，仅有 1.7%。河南制造服务业对通用设备制造业的中间需求程度为 1.9%，略低于全国水平。中部六省中，山西制造服务业对通用设备制造业的中间需求程度最高，为 6.8%。河南制造服务业对专用设备制造业中间需求程度为 0.7%，略低于全国水平。中部六省中，江西制造服务业对专用设备制造业的中间需求程度最高，为 2.2%。河南制造服务业对交通设备制造业的中间需求程度为 2.1%，比全国水平低了 7.9 个百分点。中部六省中，山西制造服务业对交通设备制造业的中间需求程度最高，为 4.1%。河南制造服务业对电气设备制造业的中间需求程度为 1.3%，比全国水平低 7.9 个百分点。中部六省中，湖北制造服务业对电气设备制造业中间需求程度最高，为 11.6%。河南制造服务业对通信设备制造业的中间需求程度为 2.7%，比全国水平低了 6.6 个百分点。中部六省中，河南制造服务业对通信设备制造业的中间需求程度排名倒数第一。河南制造服务业对仪器仪表制造业的中间需求程度为 0.8%，远低于全国 14.9% 的水平。在中部六省中，安徽制造服务业对仪器仪表设备制造业的中间需求程度最高，为 12%。

表 4.24　2012 年中部六省制造服务业对装备制造业的中间需求程度比较

单位：%

行业	河南	湖北	湖南	江西	安徽	山西	全国
金属制品	3.1	2.0	5.7	1.7	3.0	4.5	7.1
通用设备	1.9	1.1	1.9	1.3	0.8	6.8	2.1
专用设备	0.7	0.3	0.2	2.2	0.2	0.4	0.9
交通设备	2.1	0.7	2.2	2.7	1.1	4.1	10.0
电气设备	1.3	11.6	1.8	4.1	0.8	6.0	9.2
通信设备	2.7	9.3	6.1	10.2	11.8	10.4	9.3
仪器仪表设备	0.8	8.7	4.4	1.7	12.0	5.6	14.9

第五章 制造业与高技术服务业融合发展的典型模式及经验启示

主体间的互动一般是通过市场交易、熟人互济、行政强制等途径发生，更普遍意义上的本质是一种交换合作。产业融合和产业共生是产业互动的深层表现形式，融合不是法人主体间的合并归一，而是供与求在产业链及生产过程各环节的紧密对接，各自仍保留福利法人地位。考察先进国家和地区高技术服务业与制造业互动发展的典型个案做法，结合前面的理论探讨，从个别到普遍，归纳总结出几种模式，分析形成条件、内在动因、问题不足，可从中尝试探寻破解问题的新方法。

李美云将制造业和服务业之间的产业融合方式分为价值链纵向延伸、价值链横向拓展、价值链活动虚拟及价值网式融合四种类型，并对不同融合方式的实现机制展开了分析。[①] Todoir 提出了高技术服务业与制造业发生的互动联系可分为长期竞合式、短期合同式两种模式，并存在偶然性的售货式联系。[②]

本部分依据企业间互动融合的组织结构形式，可以将高技术服务业与制造业融合发展的典型模式划分为外延化模式（外部需求通过自身业务拓展内化为部门间的功能支持）、内部化模式（外部交易需求

---

① 李美云：《基于价值链重构的制造业和服务业间产业融合研究》，《广东工业大学学报》（社会科学版）2011 年第 5 期。

② Tordoirp，*The Professional Knowledge Economy The Managementand Integration of Professional Servicesin Business Organizations*，University of Amsterdam，1995。

通过兼并重组或内部新设专业化子公司协作配套)、网络化模式（产学研联盟或者产业联盟)、市场化模式（市场主体间外包合作）等四种模式。

第一节 制造业与高技术服务业融合发展的四种模式

一 外延化模式：通过价值链拓展将外部需求内化为部门间的功能支持

外延化（或者叫延链化，与内部化是两个不同向度的事物）模式是既有企业通过纵向或横向的产业链延伸，跨界进入相近产业类型，具体包括制造业服务化或者服务业制造化两种形式，这种模式不是经营内容的多元化，不改变企业原来的主业产品或服务形态。制造业服务化与制造业企业业务多元化不同，前者是围绕既定主营产品做的环节延伸，后者是业务范围及相应产品的多类型化，且产品之间可能没有产业关联关系。前者很大程度上不会引发组织结构的巨变，而后者很可能引发组织结构的巨变。制造业服务化究竟是产业链的拉长还是分裂专业化（链条的缩短)，要看企业外部舍弃的环节和收缩后的产业链情况。

1. 模式内涵

产业统计以按照产业类型划分的企业为最小单元，而不是业务性质。所以，内化于制造业企业部门的高技术服务的经济活动没有作为产业活动内容而纳入"高技术服务业"统计范围。但本书仍将其列为高技术服务与制造业融合发展的一种典型模式，因而产生下述模式。

从部门设立缘由的角度看，高技术服务与制造业融合发展的外延化模式是企业在对外关系不变情况下通过产业链延展实现两个产业领域的自我融合式的业务布局调整。它跨越个别再生产的过程链条，将公司业务集中于少数几个具有控制功能地位的产业环节。外延化模式具体有制造业服务化和服务业制造化两种形式：服务型企业扩展业务到生产制造环节，或者生产型企业扩展业务到服务环节并单设部门，在企业内部实现服务部门对生产部门提供功能支持或者生产部门对服务部门提供功能支持。具体而言就是，服务业向非服务产业（工业、农业等）的广泛渗透和扩散，或者说非服务产业向服务业的广泛延伸，而使传统上具有明确边界的服务业和非服务产业（工业、农业等）之间的边界模糊化（即所谓的"农业服务化"和"工业服务化"等现象），就是"服务业的跨产业融合"或"服务业的产业外融合"，而服务业内部行业之间的融合称为"服务业的产业内融合"[1]。

由于功能的复杂性日益提高，产品的存在形态也不再是以往单纯的实物或者单纯的服务形式，而是更多地成为二者并存、兼容配套的一体化产品组合形态，这种服务和产品捆绑配套出售的交易物或者可以叫作"产品服务包（Product service pack）"，体现在企业的生产过程中，就是软件生产和实物生产过程的紧密结合，即实物生产环节和服务生产环节在企业生产领域并行存在。外延化模式是在同一法人主体、同一决策指挥主体将生产业务重心从生产产品逐步向提供包含更多价值的服务环节转移，并在企业组织管理结构、人员安排和财务支出结构等方面得到体现。企业内高技术服务部门承担制造业的部分工作，从而使制造部门和服务部门都得到专业化运行并产生规模经济，节约了生产成本，提高了产业效率，逐渐地外部社会主体对该企业的生产性服务需求量也不断增加。如汽车销售商传统地只是向顾客出售汽车，而现在越来越多的汽车制造商不仅销售汽车，而且还为消费者提供购买汽车时的金融服务和保险服务、汽车使用过程中的维修以及汽车生命周期结束之后的回购服务等在内的系列服务。[2]

这种模式的典型情形是：制造业企业拥有与产品相关的专门知识

---

① 李美云：《论服务业的跨产业渗透与融合》，《外国经济与管理》2006 年第 10 期。

② 李美云：《论服务业的跨产业渗透与融合》，《外国经济与管理》2006 年第 10 期。

和技术，可以很方便也很专业地为顾客提供购买或使用产品所需的安装、维护等服务，因此，借助于有关产品的专业知识和技术，制造业企业就能轻松地进入服务业，从而与相关的服务企业形成了竞争关系。

一个法人公司内部战略规划部门、信息技术部门、投融资服务部门、营销策划部门等辅助部门和生产部门之间的配套服务关系严格地说是企业内部直线部门和职能部门的关系，不能算作产业间关系，但从产业环节之间的配套服务关系来看也可以泛指产业间关系。高技术服务业以信息技术、网络技术和数字技术为基础。服务业向顾客提供服务必须具备作为载体的设备设施或物质产品。物质载体（实物产品）不变，高技术服务企业所提供的承载丰富信息内涵的软件服务却不断更新升级具有重要经济意义：提供升级服务为企业持续获得利益提供了方式方法，并促进了与客户建立长期伙伴关系，在长期接触的过程中更清楚地了解客户对产品进一步创新的需求，从而减少市场不确定风险，培养客户或品牌忠诚度。同时，由于生产活动复杂性日益提高，客户往往需要设备制造商提供相应的培训、技术支持等相关服务。如 IT 设备制造业、大型医疗设备制造业等技术密集型制造业产品，不具备专业知识的消费者初次使用时往往自己难以操作或者不了解全部功能，或者产品需要定期维护，消费需求便不再只满足于购买产品及相伴的少量服务，而是希望获得能帮助他们解决问题的一体化解决方案。在实现的组织形式上，以信息技术为基础的共有技术平台使彼此原有的技术边界模糊化，从而改变了原产业边界内企业之间的竞争合作关系，服务业与制造业的产业融合主要表现为制造业的服务化，制造业企业将增值环节推向下游，从生产环节推向产品使用和维护等服务环节，呈现出产业链外延化特征。

2. 案例 1：Caterpillar 公司

Caterpillar 公司成立于 1925 年，总部位于美国伊利诺伊州，是世界上最大的工程机械和矿山设备生产厂家、燃气发动机和工业用燃气轮机生产厂家之一，也是世界上最大的柴油机厂家之一。20 世纪 80 年代末 90 年代初，Caterpillar 公司一直遭遇来自日本企业的竞争，全球市场份额及营业收入不断下滑，直至 90 年代中期，Caterpillar 公司组织变革，并开始布局全球业务链，使高技术服务业务成为重要一链，才挽回颓势，重新屹立在业界。2017 年 6 月 7 日，2017 年《财富》美国 500 强排行榜发布，Caterpillar 公司排名第 74 位。2018 年 7 月 19 日，2018 年《财富》世界 500 强排行榜发布，Caterpillar 公司位列第 238 位。2018 年 12 月，世界品牌实验室发布《2018 世界品牌 500 强》榜单，Caterpillar 公司排名第 365 位。

Caterpillar 公司所属的工程机械行业具有明显的周期性，向制造服务转型使 Caterpillar 公司有效地平滑了这种周期性，减少了制造业整体需求逐步放缓的负面影响。首先，Caterpillar 公司进行组织构架的调整，重新建立了 13 个利润中心和 4 个服务中心，将金融服务独立出来成立金融服务子公司，将物流服务拓展成为第三方服务提供商，通过这些调整，Caterpillar 公司开始布局全球业务链。然后是业务重心调整，重点发展其三个边际利润率较高的服务业务，即金融服务、物流和再制造部门。在正常年份，公司的服务性收入能达到公司营业利润的 50% 左右，当经济疲软的时候，如 2009 年更是占到了 90%，部分消除了产品的周期性影响。

在 Caterpillar 公司的制造服务化转型过程中，一些措施非常有特色。

一是"让代理商成为伙伴"。Caterpillar 公司将分销系统视为客户需求信息的反馈渠道，促使公司推出新产品和改进服务。Caterpillar 公司严格挑选代理商，与那些熟悉当地情况，接近客户并掌握需求状况，能够提供快捷服务的代理商建立了一种长期、稳定的关系，并将不对代理商进行压榨作为其最主要的原则。在此基础上，Caterpillar 公司的"一站式服务"也就水到渠成了。所谓的"一站式服务"就是，不管客户是哪种类型，有钱的还是没钱的，想买新设备的还是想卖二手设备的，想租赁的还是想分期付款的，想维修的还是想卖出现有设备的，客户都能在代理商的营业网点一次性解决问题。卓越高效的代理商网络，使 Caterpillar 公司能将因机器故障造成的损失降到最低，也使 Caterpillar 公司的承诺——"对于世界上任何地方的 Caterpillar 产品，都可以在 24 小时内获得所需的零件和售后服务"真实可信。

二是具有双重的风险管理机制的融资租赁服务。20 世纪 90 年代，国际机械工程厂商都认识到了融资租赁的重要性，因此融资租赁服务成为一种流行的制造服务化方式，Caterpillar 也不例外，它将自己的金融服务部门独立出来，成立了专门的金融服务公司。但 Caterpillar 的特色在于它的融资租赁服务不仅高效，而且风控得当。原则上，Caterpillar 接到资信材料后 24 小时内给予审批结果答复，但风控上它建立了两道屏障，第一道是为有效防止人情因素引起的风险，首先由代理商负责项目开发，租赁公司完成项目审批，然后由代理商负责筛选与资信材料送达，Caterpillar 融资公司负责项目审批。第二道风险屏障是权与钱管辖分离。Caterpillar 融资租赁公司只有审核权，其拨款与否需要 Caterpillar 金融服务公司再次审核才能确定，这样避免了审批者因自己可以动用资金而放松项目审批的标准。融资租赁业务快速成长，助推 Caterpillar 公司业绩增长，从 1991 年到 2009 年其金融服务收入增加了 8.2 倍，年均复合增长率达到 13%，而同期公司总收入增加了 2.2 倍，年均复合增长率为 7%。

三是覆盖全球的高效物流服务网络。早在 20 世纪 80 年代，Caterpillar 公司就建立了物流中心，开始时只为自身产品用户提供零部件供应服务，但到 90 年代，随着公司的全球业务链的展开，Caterpillar 公司开始着手建立全球统一的物流体系。目前，Caterpillar 公司旗下的物流服务公司，通过全球 25 个国家或地区的 105 家办事处和工厂，为汽车、工业、耐用消费品、技术、电子产品、制造业物流及其他细分市场内超过 65 家的领先企业，提供世界级的供应链整合解决方案和服务。现在位于全球任何地方的客户，都可以在 48 小时之内得到所需的零部件，为客户及时恢复作业提供了保障。

四是全面开展再制造服务。再制造是 Caterpillar 公司核心竞争力的重要组成部分，它在 Caterpillar 的业务流程中起到了一举多得、各方收益的作用，并完善了二手设备市场业务。对客户而言，有些客户将不再使用的设备返销给 Caterpillar 公司实现资本流动。有些用户的设备用再制造零部件进行维修，降低了机器维护费用，同时也增加了客户购买新机器的愿望。对 Caterpillar 公司而言，再制造产品成本不到新品的 50%，售价却可以达到 55%～65%，与新品相比较，利润率高、性能不相上下，但价格优惠，有助于打开价格敏感的市场。同时，Caterpillar 公司详尽的维修记录，与提供的金融服务和二手设备销售挂钩，一直可以跟踪到设备报废，这样一来 Caterpillar 就将客户纳入了自己的全生命周期服务体系。此外，为了激励代理商支持再制造业务，Caterpillar 将很多利润放在了售后服务环节，同时客户在购买设备时，销售价格里面都包含了一部分"押金"，客户只有在退回旧件时才能收回这部分押金，这样就解决了再制造的资金来源问题。

目前，Caterpillar 旗下拥有众多子品牌公司，以下就列出其盈利丰厚的服务公司：其一是 Cat 物流，为超过 65 家的领先企业提供综合的制造、运输和维修零件物流解决方案和服务。服务领域包括汽车、工业、耐用消费品、技术、电子行业和制造业物流等。其二是 Cat Reman，为再制造开发和运营、旧件管理和分销提供集成的解决方案。Cat Reman 是一家高科技低成本的全球性组织，主要从事翻修工作，对二手机械进行整修和恢复并进行技术革新，该公司通过差异化的技术回收物料，并采用环保的可持续性方案将部件恢复至类似全新设备的状态。作为世界上最大的再制造商之一，Cat Reman 在美国、英国、欧洲、亚洲和墨西哥均设有运营机构。其三是 Wealdstone，欧洲领先的再制造商之一，为汽车制造行业的原始设备制造商以及军队生产发动机和主要部件。同时也提供一系列相关的工程、制造和维修服务。其四是 FCC Equipment Financing，提供融资、租赁和营运资金贷款，包括循环信用额度，也针对大型公路车队提供公路卡车与拖车的融资与租赁。其五是 Xpart，为现有的 MG Rover 汽车用户提供全球采购、供应与物流支持服务，同时也为各种品牌的汽车提供独立的维修服务。其六是 Eurenov，为原始设备制造商客户提供汽车和工业发动机、变速箱、燃油喷射系统和部件的再制造服务。其七是 Turbomach——燃气轮机发电机组的采购、组装、分销和支持方面的市场领导者，可提供高达 50MW 的完整动力工程，包括提供全承包供应服务和项目融资方面的协调。其八是 Progress Rail，是北美铁路行业最大的外包维护及维修供应商之一，适用于机车和轨道车、铁轨、铁轨焊接、轨道工程部件、铁路维护设备以及道口信号灯设备。

案例 2：百丽公司

百丽国际控股有限公司 1991 年创立于深圳，最初主要从事香港品牌订单代工及鞋类产品制造，其后主打生产销售百丽（Belle）、思加图（Staccato）、真美诗（Joy&Peace）、天美意（Teenmix）和他她（TATA）等品牌时尚真皮女鞋。于 2007 年 5 月 23 日在香港联交所成功上市，目前，百丽集团公司在册员工 8 万余人，目前直营销售系统覆盖 200 多个城市，在中国内地拥有 9169 间自营零售店，是中国内地最大的女装鞋零售商，同时也是耐克及阿迪达斯两大运动品牌和欧洲著名休闲鞋品牌 GOEX 在内地最大的零售代理商。

百丽集团致力于对优质终端的控制，通过三个方式在短时间内很快建立了鞋业渠道王国：一是在百货店和购物中心内广泛地搭建多品牌、大面积直营店面；二是于 2008 年 8 月自建电子商城淘秀网，开启电子商务时代；三是授权红孩子、易斯来福等多家公司作为其加盟商。由此，百丽集团价值链重心实现了从制造向销售延伸，实现了制造环节与销售服务环节的重心转移，将原属于渠道服务商的价值活动纳入自身的价值活动体系，以控制利润丰厚的营销渠道实现自身服务化发展，从而获得了新的价值增长点，避免了公司利润的分流，并凭借更接近市场需求提升了公司迅速应对市场趋势变化的能力①。

案例 3：南通中集集团

南通中集集团是世界集装箱制造龙头——中国国际海运集装箱集团股份有限公司旗下的骨干企业，成立于 1994 年。南通中集目前形成了集装箱、化工能源装备及物流两大核心业务板块。从生产制造向为客户提供研发、设计、制造、安装工程、维修服务以及关键零部件等全生命周期、一站式增值服务转变，通过服务化提升了企业核心竞争力。

一是坚持总集成总承包与个性化定制相结合。南通中集罐箱公司在推行个性化定制的基础上，由生产设备向运储供一体化和 LNG、CNG 分布式能源等系统集成服务、总承包转型，为客户提供运输车辆、储存设备以及安装调试、检测维护等全过程服务。目前罐箱公司已经为 AP、LINDE、国能能源、重庆燃气等数十家国内外客户提供能源及装备的系统集成服务。

二是实行以全生命周期为主的一体化解决方案。南通中集注重整合集装箱制造和物流服务优势，着力向集装箱运输的产业链、价值链高端攀升，为不同行业的客户提供"装备 + 服务"的一体化物流解决方案。面向沿海主要港口城市的码头堆场，开展集装箱堆存—维修到旧箱交易—旧箱改造—旧箱回收处理的全生命周期服务。

三是积极开展融资租赁服务。南通中集针对特种设备、物流运输等领域衍生出来的金融服务需求，充分借助中集集团旗下融资租赁公司的资源，积极创新金融产品和工具，为客户提供具有竞争优势的金

---

① 李美云：《广东制造业和服务业融合发展的路径研究——以百丽公司为例》，《岭南学刊》2011 年第 5 期，第 84 页。

融解决方案。目前，南通中集主要围绕罐箱、罐箱运输车辆、LNG 气站等方面，以经营性租赁、售后回租、杠租赁等方式发展融资租赁，年平均融资租赁规模超 2000 万元。

南通中集通过推广定制化生产，制定整体解决方案，推动系统化集成，开展在线检测、远程诊断、在线维护等增值服务，不断向提供系统总集成、总承包服务转变。推动企业逐步从"生产型制造"向"服务型制造"转型，而服务和制造的相互融合、相互依赖也越来越成为这一转型的重要特征。

案例 4：沈鼓集团

始建于 1934 年的沈鼓集团是中国重大技术装备行业的支柱型、战略型领军企业，现有员工 7000 人。担负着为石油、化工、空分、电力、冶金、环保、国防等关系国计民生的重大工程项目提供国产装备的任务，是我国参与装备制造业国际市场竞争的王牌，其生存与发展关系到国家经济安全，被党和国家领导人誉为"国家砝码"。2019年 9 月，沈鼓第 100 台长输管线压缩机和第 150 台 125 吨大推力往复式压缩机出厂并移交客户，这两种重大装备的生产达到百台套，标志着沈鼓压缩机技术的深度成熟并得到市场广泛认可。更值得一提的是，近年来，沈鼓集团通过运用云平台整合了原有设备维护职能，为产品提供网络全覆盖、集中指挥、就近调配的及时响应服务，将服务与制造深度融合作为产业转型升级的突破口，培育形成了企业新的利润增长点，逐步实现"服务化转型"。

沈鼓的大多数产品是根据装置实际情况量身定制的，属于单台小批、以销定产的设备。这意味着沈鼓每台设备都有一套完整的技术资料，设计、制造、安装调试、运行投产、后期检修、改造等，这些数据是沈鼓客服赖以生存的根本。而定制化生产的设备在客户交付的过程中，经常会根据实际情况进行微调，设备参数的变化如果无法及时在系统更新，便会导致后续的维护及三包处理产生不必要的成本浪费。

如何让数据说话？同时让这些数据成为服务用户的工具？这是沈鼓服务化转型过程中面临的最大挑战。另外，沈鼓集团在企业信息化领域有着多年的积累，实施部署了包括 ERP、OA 自动化、服务呼叫中心、CRM 等在内的多个系统，尽管应用的是业界最领先的软件，但相互之间没有数据交换，大多以孤岛形式存在。这使得沈鼓集团在操作上、管理上、数据利用度上的效率很低，人工操作量极大，并且客服无法充分获取产品设计、制造、采购等方面的数据，现场出现问题不能够及时调取数据进行分析解决，极大地影响了服务及时性和用户的满意度。同时，传统系统缺少移动端应用，无法保障现场数据的及时录入，导致统计分析数据严重滞后，不能为一线人员提供工作的便利。由于缺少相关数据，沈鼓的客服人员不能第一时间了解设备状况及客户需求，也失去了一些商机。一个很实际的情况是：当呼叫中心录入三包联系单时，还需在 OA 上再进行补录一遍。为了破解"服务化"转型的难题，沈鼓集团通过与销售易的合作，利用服务平台，逐步实现了从被动响应向主动服务转变、从传统制造业务向产品全生命周期服务管理转型。

第一，构建了项目管理平台。在业务流程上实现服务项目的全过程、精细化管理。以服务项目为主线，进行人、财、设备、信息的计划、控制、分析。通过梳理当前的项目管理流程，总结最佳的业务经验，将最佳流程固化到系统中，实现了服务项目的精细化管控，快速培训和复制优秀的服务员工。领导足不出户，便可掌控每个服务人员。

第二，建立了客户服务资产平台。主动获取客户潜在的需求，将客户产品以资产形式进行管理。引入资产管理理念，将交付给客户的产品作为客户资产来替客户管理，基于智能化设备，建立以客户资产为中心的全生命周期管理。

第三，打造了物联网（IoT）网络平台。通过 IoT 技术，实现与客户设备的全面连接，提高设备价值贡献。对问题的发生有一定的预见能力，通过专业分析资产状态变化，形成预测介入区。当资产进入预测性介入区时主动予以关注，推送可靠性服务，提醒客户进行检修与备件更换，帮助客户降低设备故障的可能，把问题扼杀在萌芽阶段，让客户对售后的服务更加满意，也对产品更有信心。

第四，形成了知识储备及员工提能平台。服务云平台可以分享产品安装调试技巧、现场问题处理方案，所有员工都可以参与编制问题处理案例，上传的案例经过审批后成为成功案例发布在知识库中供所有同事查询、学习。

第五，建立了社交型客户服务平台，平台为客户提供了 6 种沟通手段，除了传统的电话、邮件，还新开发了客户 App、客户门户、微信公众号、项目群组四种新型社交手段，总结客户想了解的信息，使客户可以通过意见交流实现自助和互助。

第六，搭建了营销、服务一体化的客户关系管理平台。打通服务与营销的信息壁垒，搭建一个统一的信息化平台，围绕同一个项目，用标准的工单、固化的流程，形成销售中心—项目部—客服中心—市场部的闭环管理，最终达到可以"一部手机走天下"的系统效果，开展全方位的客户关系管理，形成全生命周期的客户关系管理系统。

一定程度上来说，服务云平台是沈鼓集团向"服务型制造"转型的标志性产物，平台上线运行是实现沈鼓营销服务一体化、向高端装备服务转型的重要里程碑。正是通过平台运用，沈鼓集团使服务成为制造业的延伸部分，甚至发展成为服务型制造或制造型服务，推动企业由原本的制造经济开始演变为全方位的服务经济，从以生产制造为价值核心，转变为以用户服务为价值核心。同时，沈鼓集团的转型实践也说明，企业要走服务型制造发展方向，就要围绕服务与制造融合发展核心问题，重点直面核心技术突破、服务模式创新两大难点，形成与用户协同发展模式，提升核心竞争力及综合实力，形成新的竞争优势。

二　内部化模式：通过兼并重组成立专业化子公司替代外部需求

内部化模式是集团在一定条件下，通过对外兼并服务提供商或者自身内部重组新设相应的专业化服务子公司，将企业外部市场需求内化为由业务拓展形成的子公司或者事业部，并使其与生产制造子公司协作配合提供功能支持。

1. 高技术服务业与制造业融合发展的内部化模式的概念

内部化优势（Internalization advantage），是国际生产折中理论的基本内容之一。内部化理论又称市场内部化理论，是西方跨国公司研究者为了建立跨国公司理论时提出和形成的理论观点。内部化是指大型企业集团在内部建立市场的过程，企业沿着产业价值链进行纵向或者横向的延伸或者整合，在企业内部交易成本低于社会交易成本时，将部分市场交易转变为企业内部交易，以企业的内部市场代替外部市场，原属于两个分离经济体的交易费用大量减少，从而可以降低交易成本提高经济效益，解决由于市场不完整而带来的不能保证供需交换正常进行的问题。[①]

高技术服务业与制造业融合发展的内部化模式是在产业融合的背景下，制造型企业集团将部分常态化大规模的服务需求通过既有公司法人分拆新设专业化服务子公司，或者以对外兼并的形式收购其他专业化服务公司，将之变成集团下属子公司，并通过资本纽带和内部价格协议要求制造业子公司与服务业子公司建立长期稳定的服务对接关系，以实现集团公司利益的最大化。高技术服务业与制造业融合发展的内部化模式主要采取纵向一体化方式实现。

---

① 李美云：《服务业的产业融合与发展》，经济科学出版社，2007，第77页。

2. 范围经济是高技术服务业与制造业融合发展的内部化模式的利益来源

范围经济是研究企业生产或经营范围与经济效益关系的基本概念，也是企业采取多样化经营战略的理论依据。内部化模式的利益来源于范围经济（Scope economy），即由厂商的关联性业务范围而非规模带来的经济，是当同时生产两种产品的费用低于分别生产两种产品所需成本的总和时，所存在的状况。只要把两种或更多的产品合并在一起生产比分开来生产的成本要低，就会存在范围经济。

具有较强的科研能力、能够不断向市场提供具有差异性产品的制造企业，其原来基本价值链上的研发设计活动只为企业内部服务，企业由此拥有一定的成本优势，并依靠这种特定优势在主导产品市场实现丰厚利润。现在企业还可以通过出售专业技术、转让专利或授权有偿使用使内部研发设计活动发展成为同时为外部服务的价值增值点，甚至成为企业的最主要价值来源点，完成了向研发设计服务业延伸，实现了原有价值链的断裂、分解和重构，形成了企业新的市场空间和利润增长点。[①]

3. 案例1：美国通用电气公司（GE）

通用电气公司，即美国通用电气公司（General Electric Company，简称GE，创立于1892年，又称奇异公司），是世界上最大的提供技术和服务业务的跨国公司。自从托马斯·爱迪生创建了通用电气公司以来，GE在公司多元化发展当中逐步成长为出色的跨国公司。目前，公司业务遍及世界上100多个国家，拥有员工315000人。2016年10月，通用电气公司在2016年全球100大最有价值品牌中排第十名。美国通用电气公司2017年6月1日宣布，在天津空港经济区启用其首个美国以外、服务于多个业务部门的智能制造技术中心。在2017年

---

① 李美云：《基于价值链重构的制造业和服务业间产业融合研究》，《广东工业大学学报》（社会科学版）2011年第5期。

6 月 7 日发布的 2017 年《财富》美国 500 强排行榜中，排名第 13 位。2017 年 6 月，《2017 年 BrandZ 最具价值全球品牌 100 强》公布，通用电气公司排名第 19 位。2018 年 12 月 18 日，世界品牌实验室编制的《2018 世界品牌 500 强》揭晓，通用电气公司排名第 14 位。

通用电气公司 20 世纪 80 年代在全球 24 个国家共拥有 113 家制造厂，其产值中传统制造产值的比重高达 85%，服务产值仅占 12%。而目前，通用电气的"技术 + 管理 + 服务"所创造的产值占公司总产值的比重已经达到 70%。

这个转变的根源在于韦尔奇实施的新服务战略，即大力发展通用电气的资本服务公司，为通用电气的工业部门提供了成长动力。通用电气的产品包罗万象，从电冰箱、照明灯，到飞机引擎等都在其生产范围内。而资本服务公司的经营范围很广，从信用卡服务、计算机程序设计，到卫星发射，样样俱全。曾经有人估算，如果让资本服务公司从通用电气独立出来，它将以 327 亿美元的营业额名列《财富》500 强排行榜的第 20 位。

资本服务公司目前拥有全球最大的设备出租公司，拥有 900 架飞机（这比任何一家航空公司都要多）、188000 辆列车（数量超过任何一家铁路公司）、759000 辆小汽车、12000 辆卡车和 11 颗卫星，它还拥有美国第三大保险公司。

目前，资本服务公司的经营范围还在不断扩大，已经开始涉足于计算机服务业和人寿保险行业。这些数据可能不是最新的，但这些数据已经充分说明了通用电气服务业的强大规模。

资本服务公司作为通用电气的子公司，通过提供大批有价值的客户来回报通用电气。资本服务公司为通用电气旗下其他子公司的客户（如航空公司、电力公司和自动化设备公司）提供大量贷款，以帮助这些子公司，为其与客户签订大宗合同铺平道路。一个具有代表性的例子是：1993 年，洲际航空公司濒临破产，资本服务公司为其提供贷款，使洲际航空公司恢复生机，重返蓝天。随之而来的便是雪花般的订单飞向通用电气的子公司飞机引擎公司，因为洲际航空公司开始不断地购买通用电气的飞机引擎。分析家说："这种养鸡取蛋的做法，使资本服务公司成为杰克·韦尔奇打败竞争对手最有力的一张王牌。"

案例2：中国中钢集团公司

中国中钢集团公司（下称"中钢集团"）是一家为钢铁企业提供全流程服务的企业。中钢集团最初是由原属于冶金部的几个贸易和生产企业合并设立而成的。

在2004年之前，中钢集团所属的二级公司多达76家，每家都有自己的专业化分工，分别为钢铁生产企业提供点对点服务。二级公司之间存在着业务交叉、相互竞争的现象。

2003年12月，中钢集团发现看似各不相关的孤立的公司之间有着很强的相关的内在逻辑联系——有为钢铁生产企业提供原料的，有提供设备制造服务的，有提供研究设计服务的，有提供进出口渠道的，也有提供销售服务的，这些公司各自专业特征很明显，且都跟钢铁生产有关，但又都不是钢铁生产本身。

于是中钢集团就尝试把这些业务串起来，使自身成为一个"紧紧围绕钢铁生产，但不是钢铁生产本身，而钢铁生产企业又离不开的企业"。

整个钢铁产业链条包括资源开发、物流运输、原料供应、焦化烧结、炼铁、炼钢、连铸轧钢、产品销售、服务社会9个环节。在2005年实施并购重组战略之前，中钢集团在资源开发、物流运输、原料供应、产品销售、服务社会这5个环节已经初步具备服务能力，但在焦化烧结、炼铁、炼钢、连铸轧钢这4个环节尚不具备服务能力，就是说尚不能提供全链条的专业化服务。

经过2005年后的并购重组，中钢集团投资控股了西安冶金机械有限公司、洛阳耐火材料集团有限公司，重组了衡阳有色冶金机械总厂、吉林炭素股份有限公司、邢台机械轧辊集团有限公司、吉林新冶设备有限公司、吉林铁合金股份有限公司后逐渐具备了在焦化烧结、炼铁、炼钢、连铸轧钢这 4 个环节的服务能力，成为一个能够为钢铁生产企业提供全过程的综合配套、系统集成服务的全供应链生产性服务企业。

案例 3：江苏双良集团有限公司

江苏双良集团有限公司（简称"双良集团"）成立于 1982 年，经过 30 余年的专注与创新，实现了从单纯的制造商，到节能环保系统集成商、投资运营商和能源服务商的华丽转型。

1982 年双良集团创始人缪双大开始创业，1985 年成立江阴溴化锂制冷机厂，即双良集团的前身，同年生产出中国第一台具有自主知识产权的溴化锂制冷机，并从上海走向全国，在 20 世纪 90 年代占据了国内相当的市场份额，2003 年，双良在 A 股上市。有了资本的助力，双良跨入了"二次创业"，迅速从单一的溴化锂制冷机制造形成了以节能环保装备制造产业为核心，集清洁能源集中供热产业、水环境治理产业、碳基生物有机肥产业、化工新材料产业于一体的综合性企业集团，产品远销德、日、俄、美等 100 多个国家和地区，成为近 300 家世界 500 强企业的合作伙伴。作为一个老牌的民营企业，双良集团一直专注于装备制造业，以卖产品为主要模式，但是"卖产品所产生的只是一次性交易价值"，只有从卖"产品"向卖"服务"转变，为客户提供全生命周期的服务，才能与客户建立长期合作关系。为此，双良集团迈入"三次创业"的"智造"时代，重点满足客户需求的四个痛点。

一是"离散"的客户。双良集团的不同设备，包括中央空调系统、锅炉等重型装备，呈点状分散在世界的不同城市、不同楼宇，这给双良集团运维服务带来很大挑战。虽然双良集团在全球拥有 100 多个分公司和办事处，但运维服务人员扩张速度远落后于市场扩张速度，也无法快速响应和满足客户的需求。

二是"离线"的数据。存储设备运行数据，在过去都被沉淀了下来，形成了信息孤岛，不能用来作为设备运行状况的"体检"信息。

三是"被动"的响应。过去，双良集团依靠专业的服务工程帅定期进行现场巡检、诊断设备运行情况，但这样做人工成本高。此外，很多客户平时不维护，直到开不了机才报修，影响了维修的及时性，无法提升客户体验。

四是"低效"的运营。和其他企业一样，双良集团也是依靠专家来处理疑难杂症。但专家常常不在现场，一旦在用能高峰出现问题，专家的时间都浪费在路上，工作效率不高。

为此，2017 年，双良集团与雪浪数制开始合作。借助于雪浪数制的工业互联网技术，双良集团所有运行参数都做到在线实时监控，并通过大数据分析提前预测故障隐患，防止了系统停运事故的发生。

从效率的角度来看，雪浪数制技术还解决了传统系统的"盲、聋、哑"问题。网络、传感器和标识系统的结合使设备具备了"言语"的智慧，客户只需微信扫描设备二维码，就可以了解设备的所有信息，比如设备的维护保养记录、设备健康状况、建议下次保养的内容，节省了管理成本和精力投入。此外，双良集团还通过大数据分析，引导服务工程师提供预测式服务，使现场针对性服务与远程云服务相结合，线上线下无缝对接。

正是基于雪浪数制在大数据及算法分析上的强大实力，整合同济大学与双良集团在节能行业上的优势，2018 年底，双良集团与雪浪数制共同打造双良集团能效智慧云平台——"混沌能效云平台"，合资成立了无锡混沌能源技术有限公司。双良集团持股的江阴双良智慧能源管理有限公司在合资公司中占股 70%，雪浪数制占股 20%，杭州云栖创投占股 10%。

混沌能效云平台通过"远程监控、云端备份、远程专家诊断、预知式提醒和大数据分析"五大智能化功能升级，与传统能效管理相比，预计能使设备寿命延长 5～10 年，预测性维护准确性从 50% 提高到 90%，服务响应速度提高 1～2 倍，能效优化、综合节能 20%～50%，降低运维成本 20%～40%。混沌能效云平台实现了智能管理的预测性运维和健康度评估，也实现了建筑负荷预测和节能诊断优化等效智能运维的提升。

通过工业互联技术这个转型升级的切入点，双良集团为节能市场提供的不仅仅是设备的异常预警与故障识别，而且实现了从降低运维成本、提高能效比，到提升用户体验的整体优化。以宜兴市政府合同能源管理项目为例，经测算，双良集团的能效云平台接入后，实现了每年减少二氧化碳排放 2340 吨，综合能耗下降 21%，设备寿命增加 5 年到 10 年，能源成本降低 23%，管理成本降低 16% 的效果。

混沌能效云平台的出现，通过"制造"与"智慧"的融合渗透，推动了制造业领域的技术进步、效率提升和组织变革。它帮助双良集团进行公共建筑的能源管理以及楼宇的能效优化，使双良集团为自己的产品和服务赋能。双良集团正式采用这种"工业＋互联网"模式，让制造业不再是传统意义上"制造之后进行销售"，而是"服务再制造（构建以生产为中心的价值链）"，实现了企业从制造商向服务型企业转型①。

案例 4：青岛特锐德电气股份有限公司

青岛特锐德电气股份有限公司（简称"特锐德"）是世界上最大的箱式电力设备系统集成制造商，创业板第一股，是国内箱式电力设备制造业的领军企业。现有子公司 100 余家、资产 128 亿元、专利专有技术 1000 余项、1000 余名技术研发人员，主要从事电力装备制造、汽车充电生态网、新能源微网三大领域。转型之前，特锐德公司持续

---

① 何子维：《双良做对了什么？制造业龙头的"服务商"晋级战》，http://blog.sina.com.cn/u/1645578093。

保持在电力、铁路、煤炭等行业的领先地位，取得了令人瞩目的成绩。但特锐德清醒地意识到国内制造业的形势依然严峻，产业亟待转型升级。如何在中国从制造业大国向制造业强国转变的关键时期中迅速找到突破口，并保持企业可持续发展，是摆在特锐德面前一道不得不解决的、关系企业生死存亡的难题。经过慎重抉择，特锐德决定要向"服务化"转型，不仅要卖产品，还要卖服务，斥资 6 亿元成立了"青岛特锐德汽车充电有限公司"，致力于打造电网、物联网、互联网"新三网"融合的智能充电服务平台，开始了转型之路。

青岛特锐德汽车充电有限公司，主要从事汽车充电系统及设备研发、设计、安装，并且提供汽车充电服务，电动汽车采购、销售、维修服务，汽车配件销售及电动汽车租赁服务。公司研发推出了"电动汽车群智能充电系统"，首创"汽车群充电"概念，以快慢充结合的方式同时为十辆以上的电动汽车充电。同时，充电终端具有无桩、无电、无插头、抗碾压、抗进水、占地小的特点，解决了充电安全和建设占地问题；充电控制和调度"群管群控"，避免了离散充电桩无序充电对电网产生的冲击，而且通过倒序递推、低谷充电的智能调度，达到削峰填谷、经济充电的目的；率先采用基于移动互联网技术的智能手机应用（App）的人机交互方式，实现充电站（桩）无人值守，简化运维管理，降低运营成本，而且提升用户使用体验，改善充电便利性，解决充电难问题；云管理平台在满足日常充电设施管理、监控、运营需求的同时，更是打通车、桩壁垒，延伸车联网边界至充电设施，实现"车充互感"、智能充电，并利用大数据技术为电动汽车销售、租赁、维修、保险等提供数据支持及增值服务。

现阶段，充电设施的建设需要投入大量的资金，而政府、企业、消费者往往陷入政府没钱建设、企业急于盈利、消费者不愿买单的死循环中，用户规模增长缓慢，新能源汽车的推广遭遇瓶颈。面对这种情况，基于对新能源汽车产业的深入研究和未来市场规模发展的预判，特锐德引入互联网思维，互联网思维的最大特点就是免费。特锐德首创设备免费、建设免费、运营免费、管理免费的"电动汽车充电服务商业运营模式"，一方面解决了政府的难题，另一方面迅速吸引消费者关注、了解、接受并使用新能源汽车，从而加快新能源汽车的推广速度，推动新能源汽车产业的规模化进程。

当然，免费是战略布局、抢占市场、掌握流量入口的手段。国家能源局曾制定《电动汽车充电基础设施建设规划》，同时明确表示"充换电设施经营企业在向用户收取电费之外，还可收取一定的充换电服务费"，各地也已经纷纷出台关于充电服务费的收费标准。按照电动汽车每年平均行驶 10000 公里，每公里平均耗电 0.2 度测算，未来充电服务费市场将是一个超千亿元的市场。随着国家电力体制改革的不断深入及储能技术的成熟，未来收取充电服务费将成为特锐德的一项重要收入来源。

与此同时，为了加速向服务化转型，特锐德还投资成立了青岛特锐德汽车销售有限公司和青岛特锐德新能源汽车租赁有限公司。青岛特锐德汽车销售有限公司涵盖新能源汽车销售、保险代理、配件供应、售后维修保养、汽车俱乐部、汽车美容装潢等各领域，满足汽车客户全程的消费需求。青岛特锐德新能源汽车租赁有限公司的业务以纯电动汽车为主，包括乘用车、商用车、物流车等，面向企事业、政府、私人等领域开展纯电动汽车的长期、短期及分时租赁等业务。以此，实现了"车充并举"。未来上百万的电动车主每天都要通过特锐德的平台来寻找充电设施、支付充电费用，一方面会带来巨大的现金流和资金沉淀，另一方面使特锐德拥有最优质、最活跃、最有黏性的用户，掌握了这两个关键因素，特锐德将成为一股不可忽视的互联网金融新生力量。基于对电动车主驾驶习惯、消费习惯、支付能力、活动区域等信息的大数据分析，可以实现定向投放广告、引导消费需求，并与第三方合作提供更完善和有针对性的增值服务，这将为特锐德带来巨大的经济收益和社会影响力。

案例5：中国一拖集团有限公司洛阳拖拉机研究所有限公司

中国机械工业集团有限公司所属的中国一拖集团有限公司主要从事农业机械、动力机械和坦克等特专车辆生产销售，属于其扩展性业务板块的洛阳拖拉机研究所有限公司、中国一拖集团有限公司计量检测中心、中国一拖集团财务有限责任公司、一拖（洛阳）开创装备科技有限公司都可视作集团公司内部专业化服务子公司。其中，洛阳拖拉机研究所有限公司（以下简称"洛拖所"）前身为原机械工业部洛阳拖拉机研究所，经国家授权主要承担国家拖拉机质量监督检验中心职能。鉴于其地理位置靠近中国一拖、业务高度相关，特别是随着本行业发展形势需要（功能需求增多且互动频繁），中国一拖集团公司1994年将其并入麾下，1995年和中国一拖集团公司拖拉机、汽车研究所合并，组建为企业技术中心并作为独立研发机构，将原来需要从外部交易获得的服务内化为自身部门进行业务的横向拓展。在1999年国家科研院所改制浪潮中注册为具有独立法人资格的公司制科技企业，2003年完成内部结构调整。洛拖所是中国农机学会拖拉机学会、中国农机工业协会拖拉机工业分会、全国拖拉机标准化技术委员会、国家拖拉机质量监督检验中心和机械工业CAD咨询服务中心拖拉机行业分中心挂靠管理的依托单位，是国际经济合作与发展组织（OECD）中国官方拖拉机试验站和ISO/TC23（国际标准化组织）的国内归口单位。拥有国家授权的"国家拖拉机质量监督检验中心"、"国家科技成果检测鉴定检测机构"、"车辆排放污染检测机构"和"国家道路运输车辆燃油消耗量检测机构"等行业标准鉴定管理资质。

从管理幅度上看，目前中国一拖集团有限公司下辖24个经营主体（不含特专车辆板块）：主体公司是第一拖拉机股份有限公司，包括农业机械板块的大拖装配厂、中小轮拖装配厂、中收机械装备有限公司，动力机械板块的一拖（洛阳）柴油机有限公司、一拖（洛阳）

燃油喷射有限公司，零部件板块的一拖（洛阳）汇德工装有限公司、一拖（洛阳）福莱格车身有限公司、第一拖拉机股份有限公司锻造厂、一拖（洛阳）铸造有限公司第一拖拉机股份有限公司齿轮厂，扩展性业务板块的一拖（洛阳）烟草机械有限公司、洛阳拖拉机研究所有限公司、工艺材料研究所、中国一拖集团有限公司计量检测中心、一拖国际经济贸易有限公司、中非重工投资有限公司、中国一拖集团有限公司配件中心、中国一拖集团财务有限责任公司、一拖（洛阳）开创装备科技有限公司、一拖（洛阳）物流有限公司、一拖（洛阳）润滑油有限公司、东方红（洛阳）现代生活服务中心、东方红（洛阳）文化传播中心等。[①]

从管理层级上看，中国机械工业集团有限公司－中国一拖集团有限公司－第一拖拉机股份有限公司－洛阳拖拉机研究所有限公司－洛阳西苑车辆与动力检验所有限公司（洛阳拖汽工程车辆科技有限公司两个全资子公司之一）等，为五级管理体制。组织框架中如图1所示。

洛拖所业务范围。洛拖所拥有国际水准的研发试验基地、各类试验室（场）15个，各类仪器设备800多台（套），测试试验设施、仪器、设备国内领先，是国家转制科研机构和国家首批认定的国家级企业技术中心，周边汇聚多家科研院所及高校。拥有拖拉机动力系统国家重点实验室和河南省拖拉机关键技术重点实验室。

集团内部协作。目前，洛拖所所涉业务在地域分布上，除承担国家授权的科技管理职能外，对集团外部市场主体的研发合作业务几乎没有开展，研发任务仍囿于中国一拖集团有限公司内部。作为中国一拖集团有限公司的核心研发机构，研发实力和规模在国内同行业中名列前茅，主要从事农业装备机械、动力机械及其零部件产品的开发设计、试制试验以及CAE技术、电控技术、电器仪表、测

---

① 中国一拖集团有限公司网站，http://www.yituo.com.cn/gyyt/ssqy/。

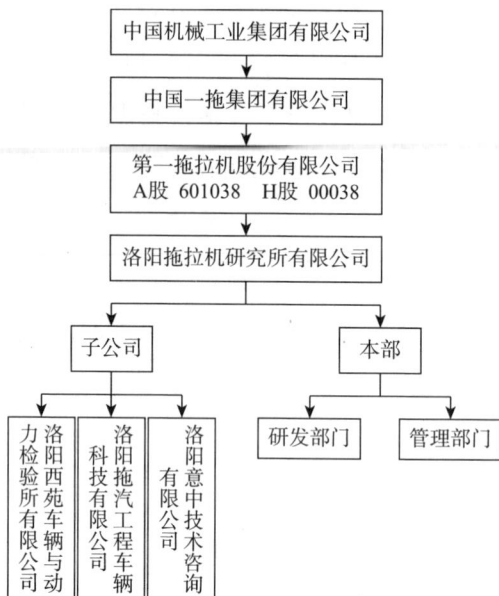

图 5-1　洛阳拖拉机研究所有限公司组织框架

试设备等开发研究，承担并组织国家拖拉机产品技术标准制、修订工作。洛拖所在履带拖拉机、大中功率轮式拖拉机、非道路柴油机及其电控系统等产品研发以及相关测试设备研制等技术领域始终保持国内领先水平。集团内部业务往来前几年仍为集团拨款形式，现改为内部价格交易。

三　网络化模式：产学研联盟

1. 网络化模式的内涵

网络型组织结构是伴随着现代信息技术手段的发展并与之相适应而出现的一种组织结构，它在产业领域就体现为产业联盟或者更宽泛的政产学研银联盟、政产学研战略合作联盟或政产学研用联盟等形式。作为当前非常流行的一种新型组织形态，它使网络中心组织（相对而言是网络关系的整合者或者牵头者）以很小的产业环节和规模结构，主要通过合同关系与其他组织进行制造、分销、营销或其他关键业务的经营活动合作，组织的大部分业务职能从组织外"购买"获取，使网络的每一方参与主体都具有了高度的灵活性，并能使其集中精力做自己最擅长的环节。网络关系的整合者或者牵头者对于新技术和其他竞争对手的低成本竞争具有更大的适应能力和应变能力。

网络化组织联盟最普遍的形式是产学研联盟形式，这种形式的主要构成部分产、学、研三方主体分属不同行业，每一方都有一个日常业务联系的"朋友圈"，在三者跨界融合构成的网络联盟中，产生基于网络外部性的社会资本，每一方都可以调动自己"朋友圈"的资源，为另一方提供服务支持。产学研联盟通过长期稳定的业务合作，结成紧密的利益共同体关系，是共生互促的产业生态群落，能够适应更大市场范围内的竞争需要。

产业联盟（Industry alliance）是指出于确保合作各方的市场优势，寻求新的规模、标准、机能或定位，应对共同的竞争者或将业务推向新领域等目的，企业间结成互相协作和资源分享的一种合作模式。联盟成员可以限于某一行业内的企业，亦可以是同一产业链各个组成部分的纵向跨行业企业的组合。联盟成员间一般没有资本关联，各企业的地位平等，各自独立运作。一些存在长期合作关系的单位也倾向于通过建立联盟的形式把合作关系固定下来。例如，西南航空产教联盟是一个以西南地区为服务范围的跨部门的非法人产学研联合体，是非营利性社会团体，搭建了教育与实业的对接协作机制，能更有效地服务航空产业发展。

目前，国内不少高新区通过发起设立、运作机制、职能定位和治理结构等多方面的创新，搭建了众多产学研联盟的空间组织载体。强化产业组织创新，着力发展产学研联合体、产业联盟、技术联盟、行业协会等新型产业组织，是国家高新区在加强创新创业环境建设方面的新举措，旨在不断塑造和完善既有创新动力又有创新活力的产业组织形态，使之成为产业创新发展的先导力量。①

2. 案例1：许继集团牵头建立的产业技术联盟

2010年初至2011年底，为顺应产业发展需要，在河南省发展改革委员会、河南省科学技术厅的积极推动下，河南先后成立了以许继集团有限公司为主的5个产业联盟（河南省科学技术厅组织成立的河南省光伏及储能产业技术创新战略联盟、河南省风电产业技术创新战略联盟、河南省轨道交通产业技术创新战略联盟，河南省发展和改革委员会组织成立的河南省智能电网产业创新联盟、河南省电动汽车产业联盟），这些产业联盟汇集了相应行业骨干企业和省内外相关高校、科研院所，成员单位之间关联度高、互补性强，有利于集中优势创新资源开展全面合作，对于整合区域内行业相关优势资源、发挥产业链集群竞争优势、突破产业技术瓶颈制约、完善技术创新体系、形成产业技术标准有着十分重要的意义。其中，为提升全省电动汽车产业的自主创新能力和整体竞争力，2010年1月24日，在河南省人民政府、河南省电动汽车产业领导小组的大力支持下，有48家企事业单位签约加入的河南省电动汽车产业联盟在郑州正式成立，联盟成员将围绕行业关键核心技术难题开展合力攻关，通过有效整合政府、整车企业、配套企业、高等院校和科研院所等多方面资源，探索产学研相结合的技术创新机制，搭建公共技术服务平台，促进电动汽车科技成果的转化，推动联盟企业间的资源共享以及技术、资金和产品方面的合作等，对于增强河南省电动汽车产业的自主创新能力和核心竞争力具有重要意义。

案例2：北京长风信息技术产业联盟

北京长风信息技术产业联盟（简称"长风联盟"）于2005年在国家以及地方政府的支持下，由一群致力于开发具有自主知识产权产

---

① 科技部：《走中国特色高新技术产业化道路》，《中国高新技术产业导报》2007年3月12日。

品的软件与信息服务企业、科研院所以及第三方机构联合发起成立。2011 年 11 月，于北京市民政局取得社团法人资格，属首批注册法人实体的产业联盟。长风联盟秉持"标准是纽带，联合是力量"的宗旨，通过组织创新与机制创新，汇聚产业资源，构筑"产学研用"协同创新的产业创新链，引导产业集群创新，提升产业整体竞争力。

长风联盟是科技部首批产业技术创新联盟试点，并被国家科技部等六部委联合认定为首批 A 级产业技术创新联盟。与此同时，长风联盟被北京市民政局评为"北京市 5A 级社会组织"，被北京市经济和信息化委员会认定为"北京市中小企业公共服务平台"，被中关村管委会认定为"中关村 A 级产业技术联盟"、"首批示范型社会组织"和"中关村示范区标准试点单位"。长风联盟作为国家标准化管理委员会首批团体标准试点单位之一，连续多年入选北京市科委支持联盟名单。

长风联盟致力于探究产业前沿技术，市场需求对接、产业链资源聚集，搭建 IT 全产业链创新资源平台。长风联盟汇集全国最优秀的产业资源，充分发挥产学研用的创新服务链机制作用，围绕标准研制与推广、项目咨询、国际化、人才、培训、区域合作与对接、新技术新产品推广等多方面开展服务。

截至目前，长风联盟会员数量达 231 家，会员企业涵盖核心基础软硬件、应用软件、人工智能、大数据、云计算、物联网、智慧城市、互联网及创新创业机构等，吸纳了京东、东华软件、软通动力、用友、博彦科技、华宇软件等国内 2/3 的基础软件和应用软件产品龙头企业，覆盖软件与信息服务产业链各个环节。会员类别从传统软件领域向互联网领域延伸。长风联盟是目前国内成立时间最长、最有影响力的 ICT 产业联盟。

案例 3：枣庄北航机床创新研究院有限公司

枣庄北航机床创新研究院有限公司是由枣庄市人民政府和北京航

空航天大学共同建立的产学研一体化科技创新公司。公司于 2016 年 11 月注册成立，由枣庄与滕州市政府提供实验场地和研究场地，面积共 12000 平方米，同时由两市政府提供实验设备研制和采购经费 5000 多万元。公司核心业务是制造用于加工航空发动机叶片的多功能创新阵列机床及系列产品。公司以北京航空航天大学为依托，传承了其复杂曲面先进加工技术实验室 15 年的研究成果和技术实力，瞄准国家"航空发动机"产业（万亿级）、"机器人"产业（万亿级）与"高档数控机床"产业（万亿级）所需的核心装备，研发具有独立自主产权的、具有国际领先水平的高性能装备与部件，在高端数控机床、航空航天装备制造等方面处于全国领先水平。与此同时，研究院在推动相关科学技术产业化的同时，发展和提高当地精密机械机床、高端装备制造的技术，带动枣庄市中小机床行业产品性能提升，促进我国多轴联动机床等高端装备制造产业的快速转型升级，也为枣庄地区培养了大批高技术人才。

公司拥有精密内圆磨床 1 台、外圆磨床 1 台、平面磨床 1 台（日本产），精密加工中心 3 台（日本产），五轴联动叶片磨床 2 台（秦川与北航联合研制），车床 2 台，三坐标测量机 1 台，在制百轴矩形阵列机床 1 台、圆周阵列机床 1 台，不同类型的系列化 4 - 32 主轴阵列磨削抛光机床、8 - 10 轴抛光机床共 16 台，在研内外齿轮轴承滚道复合磨床 1 台，非接触光学测量系统 1 套，这些设备可以用于开展叶片、齿轮、转台、导轨、丝杠、床身等的设计装配调试和切削磨削加工工艺研究，以及用于专用机床精密转台和减速器研制和实验研究，内齿轮加工技术实验，以及整机的优化实验。

该公司依托北京航空航天大学科研优势，在复杂曲面先进加工技术实验室对叶片磨削抛光工艺技术、五轴联动叶片数控磨削抛光机床设计制造技术、矩形阵列机床设计制造技术、精密传动技术等多方面开展了深入的研究工作，申请相关发明专利 50 余项，攻克了复杂曲面自动化抛光与叶片加工残余应力变形等重大技术难题，实现了叶片复杂曲面、进排气边和叶根过渡曲面等难加工部位的精密磨削与抛光，在多个重要发动机型号研制中发挥了重要作用。公司在五轴联动数控磨床、阵列磨削抛光装备、航发叶片加工工艺等方面处于全国领先水平。特别是研发的"三轴三十二阵列立式磨削机床"，可同时磨削抛光飞机发动机的 32 个叶片，加工精度更高、稳定性更强、质量效率更优，多项技术处于国际领先水平。

目前公司有各类研究实验工作人员近 40 人，北京航空航天大学复杂曲面先进加工技术实验室 40 人，共计 80 人左右的研究团队。该公司致力于开展航空发动机叶片和其他中小零件精密高效加工圆周阵列机床和矩形阵列机床研制，并开展精密机床设计制造关键技术研究，制定机床设计制造的技术规范，为中小机床工业和机械加工行业的发展提供技术支撑。公司研发团队在国家重大专项支持下，与陕西秦川机床厂合作完成了两种规格型号的五轴联动叶片磨床样机，精度全国领先。公司团队开发的四主轴同步叶片磨床已经用于发动机叶片的磨削加工中，得到了航发叶片制造领域的认可。中国航发南方（331 厂）与公司研发团队共建了"复杂曲面先进制造技术联合实验室"，并与本团队构建了未来 10 年的合作框架。

四 市场化模式：市场主体间外包合作

1. 模式内涵

一个市场主体将原来自己完成的部分业务外包给其他市场主体去完成的活动，本质上是一种市场主体间的合作交易行为。分工的扩展将原本内置于企业内部的职能部门和业务转移出去，企业在自身进行专业化生产的同时，也转向使用外部更加专业化的企业所提供的服务。这也是高技术服务业和制造业融合发展的最主要和最常见的形式。从高技术服务业和制造业各自的角度看，包括两种形式：从制造业企业的角度看，制造企业将传统上由企业内部在产前、产中或产后所进行的一些生产、经营及管理服务活动外包给专业服务商，是谓服务外包；从高技术服务业企业的角度看，其将部分承载服务的物质载体的生产活动交给合作的制造业企业去完成，是谓制造外包。这些都是在开展外包活动，委托方和受托方都集中于自身优势领域，实现了专业化。

2. 案例 1：TNT 快递公司与惠普公司

TNT 快递公司是世界顶级的快递与物流公司，公司总部设在荷兰的阿姆斯特丹，其母公司 TPG 在纽约等证券交易市场上市。TNT 在世界 60 多个国家雇有超过 143000 名的员工，为超过 200 个国家及地区的客户提供邮运、快递和物流服务。

1999 年开始，TNT 成为惠普的第三方物流（3PL）管理商，负责管理零部件仓库和来自世界各地供应商货品的进口运输。随着惠普开始减少直接开支，允许低成本服务商接管原来由惠普自己的员工管理的一些事务，TNT 的势力逐步增长。

现在 TNT 做的所有工作，过去都是惠普自己做的；与使用惠普自己的员工相比，TNT 的开支要节省 40%，而且，TNT 更多使用临时工和兼职人员，这样可以根据订单的多少自如伸缩。

惠普在罗斯韦尔的物流合同是由具有 25 年物流经验的大卫·埃尔韦负责的。从 1994 年到 1999 年，埃尔韦代表 4 家 3PL 公司来管理惠普的物流业务，除了 TNT 物流公司外，另外 3 家分别是 Roadway 物流公司、Caliber 物流公司和联邦快递物流公司。

这 3 家公司后来由于种种原因没能继续获得惠普的物流合同，其中最主要的一个原因是没有培育出与惠普公司合作的业务伙伴关系。尽管在外包合同中，减少成本、提高效率是最终目标，但另一方面，人际关系也是非常重要的。

TNT 管理着惠普的 11 座仓库，每年的营业额约 2600 万美元。罗斯韦尔的仓库营业额在其中占大部分。位于罗斯韦尔的工厂占地 80 万平方英尺。由于仓库和生产线是在同一处，所以这种经营又称为"同址"运营。

目前在其他许多公司，零部件还需要在仓库和工厂间运来运去，既耗时又费钱。而在罗斯韦尔，配送零件通常只需一辆叉车跑一趟来回。接到要求提取某一零部件的提货单后，一名 TNT 员工就会在排满了 8000 种库存产品的巨大货架上找到所要的零部件，然后更改库存记录，最后把零件送到组装线上。

案例 2：河南嵩山智库

管理咨询又被称为企业管理咨询或管理顾问，是帮助企业和企业家，通过解决管理和经营问题，鉴别和抓住新机会，强化学习和实施变革，以实现企业目标的一种独立的、专业性咨询服务。目前，世界 500 强的企业中有 50% 左右的公司拥有自己长期合作的国际著名咨询公司。美国的 AT&T 公司有 1000 多家咨询公司为其提供全方位、多层面咨询服务，其每年投入的咨询费用高达 3 亿多美元。咨询产业是德国经济中发展最快、最稳定的现代产业部门，其年增长率远高于德国国民经济的年增长率，成为德国社会经济体系的有机组成部分。[①] 管理咨询的业务范围逐步向人们日常各个方面扩展，包括医疗保健、文化娱乐、教育、求职等事关个体和社会经济组织的一切需要咨询的服务。管理咨询公司的服务对象也从企业扩展到个人甚至政府。某些制造业企业在发展的瓶颈期或者迷茫期，会选择求助于管理咨询公司为其提供解决方案。

智库又称智囊团或思想库，是专门从事开发性研究的决策支持和咨询机构，是治理体系和治理能力现代化的重要支撑，是思想创新的源泉和软实力的重要标志。习近平总书记提出，要加强中国特色新型

[①]　深圳市华天谋企业管理顾问有限公司：《企业管理咨询行业的历史和发展前景》，http://www.chinatpm.com/tpm/llqy_496_2466.html。

智库建设，建立健全决策咨询制度。

嵩山智库是在河南省民政厅注册成立的首家民间智库，自 2016 年 8 月成立以来，紧紧抓住制约河南省发展的突出短板和薄弱环节，着眼打造牵引河南提质升位的高端平台，坚持课题研究与优质资源引进相结合，精准对接党委政府决策需要。嵩山智库在谋划引进高端人才和高水平科研机构、促进信用社会建设和普惠金融事业发展、农业面源污染防治、智慧旅游基础设施建设等方面勇于开拓创新。

一是明确提出人工智能的产业应用是郑州国家中心城市发展的重要抓手。嵩山智库通过对多条路径进行综合分析认为，人工智能产业的快速发展是继互联网产业经济发展之后的世界科技发展主题。中原地区与中原城市群产业发展核心方向是打造全国先进制造业中心，郑州作为新晋国家中心城市，人工智能的产业应用是郑州成为产业中心城市的重要抓手，郑州应重点在电子信息产业、机器人、新能源汽车、轨道交通装备等领域形成先进制造业产业集群，培育比较优势。而人工智能产业要发展，核心是人才的聚集，人才高地的打造是实现郑州产业升级的重要支撑。

二是引进投资机构统筹推进"嵩山教育科创新城"建设。嵩山智库引进中国信达资产管理公司和中信建设等投资建设机构并搭建项目投资和产业导入平台，着力打造一个优质资源聚集、新型产业培育、交流共享平台，新型特色、文旅开放的中部人工智能人才和产业高地，为郑州市乃至河南产业结构调整和转型升级提供人才、技术等保障方面的强力支撑。

三是 2017 年 10 月，嵩山智库联合郑州国家自主创新示范区办公室、河南省科技厅和郑州市人民政府开展诺贝尔奖活动月，嵩山智库与合作伙伴一起共同设立嵩山智库诺奖工作站，邀请了 6 位诺贝尔奖获得者来郑州进行科研指导和学术交流活动，反响强烈。第一个诺奖工作站在郑州大学揭牌成立，将有力促进郑州大学双一流大学建设，有力促进河南在医学健康产业和新材料产业方面取得长足进展。

四是支持和促进县域经济和普惠金融发展。嵩山智库积极支持县域经济发展，结合普惠金融研究课题，引进蚂蚁金服"千县万亿"项目落地河南，2017 年 3 月率先在兰考县落地实施，其他市县如固始县、南阳内乡县等正在陆续开展实施。该项目通过信用社会建设推进普惠金融更加便捷地服务群众、推动县域经济较快发展。

第二节　四种典型模式的经验启示

外延化模式是法人主体在业务拓展过程中，业务结构重心有明显的主次之分并且转化过程仍没有结束而处于有意识进行的状态之中时所采取的一种组织形式。内部化模式是法人主体在内部重组优化或对外兼并过程结束，业务结构处于相对稳定状态时而采取的一种组织形式。在内部化模式下，高技术服务业与制造业之间的互动活动（交互的方式、范围、价格）受同一法人主体干预，以内部合作价格的形式进行交易实现集体利益的最大化。网络化模式是市场主体地位彼此独立，毫无隶属关系，但基于降低交易成本需要而结成长期稳定的合作伙伴关系。市场化模式则是由于法人主体对特定外部异质化产业配套支持需要规模不大且互动不够频繁，只需通过零星的、间断的、随机的市场交易即可满足需要。

综观高技术服务企业与制造企业的互动融合的几种模式，需要把握以下几点。

一　充分尊重企业自主意愿

分化与融合是自然界和人类经济社会发展进程中普遍存在的现象。技术创新是产业分化和互动融合的基本诱因。我国高技术服务企业与制造企业的互动融合（合作）模式选择和构建要充分尊重企业市场主体地位，激发企业内生动力，由各自企业根据成本－收益比较关系分析确定，而不能一味地笼统认为服务内置于制造企业就不好，不能必须要二者分离发展。

产业互动由企业自主决定，政府不能急功近利、急于求成、大包大揽甚至搞"拉郎配"，政府的积极推动必须遵循市场规律，一定要找准关键点发力点，该政府操作的事情，比如着力营造良好的市场环境，政府要全力以赴，而且还一定要弄好；该交给市场的，还是要交给市场来办，要互不越界，避免过度管制。

二 市场主体间的互动要以公平的利益交换为动力基础

市场交易原则是各种市场主体在交易活动中应当遵循的基本规则和秩序，主要包括自愿、平等、公平、诚实信用，它们从不同的方面，规范着市场上买卖双方的交易方式和交易行为。发生在平等主体之间的商品交换过程，需要遵循商品价值等量交换的原则，这是商品价值维持其本质属性的必要保证。

在上述外延化、内部化、网络化、市场化四种产业互动融合的模式中，抢占价值链高端的制造业内部重组并向服务环节延伸或者服务业内部重组并向制造环节延伸，产学研联盟的建立，独立市场主体间交易的达成，这都是经济主体基于成本－收益分析确定的单方行为或者多方主体的自愿合作行为。即使是集团公司内部不同子公司之间的调剂性交易也要坚持市场主体机构法定地位的独立性、利益核算的相对独立性，要注意市场化折算考核，以便为作出利益牺牲的一方提供补偿，激发其积极性，维持这种互动关系的可持续存在。

三 市场主体经济活动要注意培养稳定的合作关系

寻找可靠的合作伙伴结成稳定的合作关系，这对于降低企业交易成本很重要，无论是法人主体内部还是法人主体之间，建立稳定的合作关系对于高质高效互动发展都至关重要。而与客户建立长期稳定的合作关系需要企业树立诚信意识、需要政府法治环境保障、需要企业注重提高客户的忠诚度。

产业互动需要优先保持供需双方人员间的适度沟通。企业内部高技术服务环节运营者要具备与外部专业化高技术服务商的沟通能力，在与外部的互动中，最好也吸纳本企业直线部门或被服务的制造企业人员参与。不少制造企业虽然把研发、设计、生产、营销、财务会计、信息技术支持等环节外包给了更加专业化市场化的服务提供商，但是，内部依然保留了少量力量从事日常辅助性服务。所以，制造企业为了更好地获得外部高技术服务，需要内部各环节配备个别"懂行"的内行人，或者把对高技术服务商服务过程的监督和服务成果的评定工作交给独立第三方公司，以保质保量和低成本地获得高效服务，免得在与外部市场化高技术服务商的交易中，很多时候因为内部人员素质不高而缺乏识别能力、谈判能力，造成了成本的不必要增加。

四　恰当拿捏运用政府和市场力量

强调市场在资源配置中发挥决定性作用不是一味地就要等市场自我演化，也不是一提发挥政府积极作用就是强制包办，关键是要结合实情，准确拿捏分寸、交替并用，更有效地发挥政府作用。每一个企业都是在产业生态系统内存活发展，没有适当的系统支撑，自身独木难行。从微观侧面看，先行进入某一地区的个别企业面对的是配套体系缺乏、市场消费需求不明朗问题，需要承担探索趟路成本；从宏观来看，先进入某一地区的企业所要付出的成本是特定地区某一产业的兴起所需要的基本条件塑造成本，包括影响政府认知倾向和政策支持，消费者偏好摸索和消费欲望培育，配套产业体系构建等。而后进入者不用付出上述成本和风险，就可以免费搭车享受到先行者产生的外部正效应。这就要求政府在薄弱产业发展的初期尤其是企业主体不多，创新积极性不高的初始发展阶段积极介入，提供基础支撑，这种服务既是对少数个体的偏爱，也是为未来整个产业的发展做好基础性工作。

例如，河南省光山县农村电子商务的发展就是鲜活一例。中西部地区农村发展电子商务（尤其是推动农产品上网进城）存在人才支撑不足、产业基础较弱、基础设施配套支撑不足、乡村物流体系滞后等共性瓶颈制约。光山县政府主导型农村电商发展模式是发挥政府的公共力量，由县政府扮演了对外（电商平台、物流公司等）洽谈上的统一代表、产业共性薄弱环节基础服务直接提供者、市场主体孵化者等多重角色，服务内容涉及全产业链各个环节，服务对象是普遍的，服务方式多是无偿提供，克服了产业初期市场失灵问题。截至 2017 年底，全县开设各类网店 2 万余家、从业人员超 3 万人，同时催生了网货生产企业 200 多家、供货商 500 多家、速递物流企业 50 余家，网销额 40 余亿元。[①] 光山县荣列"全国电商扶贫示范县""全国网络扶贫十佳县"。可以说，没有光山县政府主导开启进程，光山县农村电子商务就不会出现或至少迟滞很久才会出现。

第三节　我国制造业与高技术服务业融合发展面临的突出问题

十八大以来，我国经济发展进入增长速度换挡期、结构调整阵痛期、前期政策消化期和新的政策探索期"四期叠加"时期。[②] 国际国内、经济社会政治科技、不同群体等各种矛盾冲突凸显并叠加出现，

① 《2018 年光山县人民政府工作报告》，http：//tuopingongjian. guangshan. gov. cn/yaowen/xian-nei/2018-01-26/53386. html。

② 李扬、李平、李雪松等：《经济蓝皮书：2016 年中国经济形势分析与预测》，社会科学文献出版社，2015。

体现在经济领域，高技术服务业与制造业升级步履维艰，二者融合发展还存在不少市场性和非市场性的制度性羁绊。

一　国有企业"假分离"问题突出

不少大型国有企业集团为了应对国家改革形势要求和政府国资监管部门的行政命令，将下属业务剥离成立法人子公司，一些军工企业将非核心业务剥离出去，实现形式上分离出来。而这些所谓的法人公司在资金来源上由集团公司注资，业务上仍然只服务于母公司（没有外部市场业务），对集团下属其他业务板块的服务活动也没有所谓的内部价格，而是行政命令性质的"调拨"。还有一些制造型企业集团，注册成立一些独立法人资格的、属于高技术服务业性质的研发机构，实际上主要是为了套取国家补贴资金。

按照 1999 年国家科技体制改革的部署，10 个国家局 242 个科研院所脱离母体，其中 131 家进入企业，42 家变为科技企业，当年 7 月 1 日起按照新的管理体制运行。[1] 在这种形势下，不少原隶属于国家部委的研究院所如洛阳拖拉机研究所、哈尔滨电工仪表研究所等，转为高新技术企业。其中，洛阳拖拉机研究所被中国一拖集团有限公司兼并成为后者的核心研发机构，此后又经过转型，现在注册为洛阳拖拉机研究所有限公司，拥有拖拉机动力系统国家重点实验室和河南省拖拉机关键技术重点实验室，并经国家部委批准，拥有国家授权的下列机构或组织："国家拖拉机质量监督检验中心"、"国家科技成果检测鉴定检测机构"、"车辆排放污染检测机构"与"国家道路运输车辆燃油消耗量检测机构"，拥有国际经济合作与发展组织（OECD）中国官方拖拉机试验站行业综合服务资质。挂靠并由其管理的机构或组织有：全国拖拉机标准化技术委员会、中国农机学会拖拉机学会、

---

① 吕东：《支持工业界科研院所的新改革》，《人民日报》1999 年 8 月 28 日第 2 版。

中国农机工业协会拖拉机工业分会等。[①] 作为国家授权单位和对主管挂靠的组织，其承担一些基本职能。

军工企业是急需与高技术服务业互动融合发展的制造业领域，且二者的融合效果十分可观。但是目前国资委在根据军工企业所处行业特点和功能定位进行年度业绩分类考核时，过于专注对企业利润总额和经济增加值的考核，而对企业核心竞争力培育情况关注不够，这导致军工集团基于自身利益而不愿将配套任务安排给集团外其他单位，特别是民口单位。[②] 这种对军工集团的考核机制安排带来军工集团"大而全"的规模扩张型发展冲动，产业分离动力不足。所以，破解大型国有企业集团内部服务业与制造业"假分离"问题，既需要斩断"假分离"的利益诱因，也需要克服大而全的传统意识，培育分工专业化生产和协作配合的意识。

二 互动的交易成本仍然较高

我国目前知识密集型制造业从外部获取高技术服务的交易成本偏高且服务质量相对低，影响了整个制造业效率的提高，这主要是因为：一方面，我国高技术服务业产业规模小，产业层次偏低。大多数高技术服务企业以中小型企业或机构为主体，在技术、管理和组织等方面发展都不完善，没有形成规模效益，所提供的服务质量不能与高新技术制造业的需求结构相匹配。许多高技术服务生产机构与企业是各级政府、大专院校的附属机构，缺乏充分的横向合作动力。服务业人才职业化机制不畅，从业人员素质参差不齐、经营方式落后，导致服务成本高，竞争力不强。

另一方面，高技术服务市场化程度偏低。市场体系不够发达，市

---

① 洛阳拖拉机研究所有限公司简介，http://www.ytjszx.com.cn/gsjj.asp。
② 张于喆：《新时期推进军工行业加强军民融合发展的对策建议》，《宏观经济研究》2017年第9期，第60页。

场发育不成熟，搜寻对接成本高，设租寻租的腐败行为不仅体现在党政机关内部，市场交易领域的腐败行为也随处可见。这增加了外部合作的成本。

此外，市场信用问题还比较突出。由于高技术服务业属于知识密集型产业，在交易过程中交易双方存在信息不对称问题和背德行为，服务商资质能力不匹配，导致合同违约事件不断发生。从法院受理的经济案件来看，技术开发合同、技术转让合同、技术咨询合同与技术服务合同等方面的知识产权纠纷在增多。例如，江苏区域创新能力连续九年位居全国第一，是我国创新活力最强、创新成果最多、创新氛围最浓的省份之一。2017 年，江苏各级人民法院共审理各类知识产权纠纷案件 14726 件，其中知识产权民事案件 14249 件，刑事案件 449 件，行政案件 28 件。2017 年，辽宁省法院受理的知识产权案件比上年增长 27.14%，全省法院受理技术合同纠纷案件数量比上年增加 65.79%，新类型案件和疑难复杂案件增多，侵权形态呈多样化、隐蔽化、动态化，审理难度增加。[①]

三　互动融合的市场需求动力不足

高技术服务业发展受到需求的制约，高技术服务业对高技术具有显著的依附性，对高技术制造业价值链具有从属性，因此要扩大服务业供给，在知识密集型制造企业融入更多的高技术服务，促进高技术服务业的价值增值。

外部不能及时满足知识密集型制造业的发展需求，迫使很多产业链条相对完整的大型企业不得不依靠缺少专业化知识的内部员工来提供大多数技术服务；而很多只能从事产业链条中很短一段环节的中小公司则必须面对市场合作，忍受各种风险和高昂的交易成本。从整个

---

① 武新邦、詹旋江、潘静：《发挥审判职能护航创新发展——各地法院依法保护知识产权综述》，《人民法院报》2018 年 4 月 27 日第 3 版。

经济发展体系来看，本应作为中间投入的高技术服务多由企业自身完成，分离不充分使本可以通过社会劳动分工的细化和专业化生产节省成本的机会没有被恰当地利用。[1]

---

[1] 徐琪：《知识密集型制造业与高技术服务业互动发展研究》，《商业研究》2007 年第 6 期。

第六章 促进我国制造业与高技术服务业融合发展的总体框架

促进我国高技术服务业与制造业融合发展，要紧紧遵循党的十九大精神和习近平新时代中国特色社会主义思想，以供给侧结构性改革为主线，按照十八届五中全会确定的创新、协调、绿色、开放、共享的新发展理念，着力完善支撑制造业转型的政策法规体系、创业创新平台，实现各类高技术服务业和制造业深度融合发展，形成精细、柔性、智能、绿色的新型制造体系，不断提升中国制造全球竞争优势。

第一节 目标方向

只有以高技术服务业为牵引，完善互动平台和融合机制，推动高技术服务业与制造业融合发展，突破关键技术领域和应用瓶颈，着力构建龙头企业为骨干支撑、大中小企业融通发展的现代化经济体系，方能实现建成制造强国和现代服务业强国、实现我国经济发展方式根本性转变的目标。

一 具体目标

宏大的战略及其目标总是由一个个阶段性的具体的目标构成的。就我国高技术服务业与制造业融合发展、高质量发展而言，其具体目标有如下几个。

一是信息技术产业支撑服务能力进一步夯实。信息技术及信息服务业是推动制造业和高技术服务业互动以至融合发展的关键因素。这一产业融合的基础力量体现为其对企业研发、生产、经营、管理等环节的不断渗透,制造企业生产设备智能化发展取得新进展,综合集成水平持续提高,数字化研发设计工具普及率、关键工序数控化率、"全国两化融合发展指数"等指标取得显著突破。制造企业在精益管理、风险管控、供应链协同、市场快速响应等方面的竞争优势不断扩大。

二是科技创新和体制改革促进产业边界模糊、深度融合,制造业服务化和服务业制造化取得重大进展。以提高内部运营效率和外部市场竞争力为目标,制造业企业主营业务鲜明、主辅结构适当,产业层次和市场竞争力显著提高。高技术服务业获得长足发展,类型齐全,规模可观,结构合理,推动制造业发展的作用突出。

三是产业结构进一步得到优化提升。全社会研发经费投入占国内生产总值的比重和企业研发经费投入占全社会研发经费投入的比重实现质的飞跃,全社会创新活跃,生产效益显著提升。

四是地区间、城市间产业分工合理。各城市遵循比较优势和市场价格机制配置资源,中介服务体系健全,市场搜寻成本明显降低。

二　发展步骤

结合我国工业制造业发展规划及十九大确定的,在基本实现现代化的基础上,把我国建成富强、民主、文明、和谐、美丽的社会主义现代化强国分两个阶段的时间步骤安排,我国实现高技术服务业与制造业融合发展、高质量发展的时间阶段可以确定如下。

到2025年,高技术服务业产业竞争力显著增强,包括高技术服务业在内的生产性服务业占国民生产总值的比重达到30%以上,与制造业的产业间交易规模实现翻番式增长。高技术服务业与制造业良性融合发展的局面基本形成，我国规模以上工业企业研发投入强度（企业研发经费与主营业务收入之比）达到 3.0% 左右，科技进步贡献率达到 65% 以上，先进制造业若干领域的每个产业都形成 10 家左右掌握关键核心技术、具有国际竞争力的龙头企业。

到 2035 年，与我国基本实现社会主义现代化相适应，高技术服务业若干领域具有明显的国际竞争力，包括高技术服务业在内的生产性服务业占国民生产总值的比重接近 40%；规模以上工业企业研发投入强度（企业研发经费与主营业务收入之比）达到 3% 以上，科技进步贡献率达到 75% 以上，高技术服务业与制造业实现融合发展，先进制造业若干领域引领世界潮流。

第二节　战略路径：开放带动 + 创新驱动 + 集群促动

在当前我国高技术服务业发展滞后（规模偏小、结构不优、层次偏低）和制造业垂直一体化特征明显（分离出服务业的意愿不强、层次偏低造成对高技术服务业需求不高，虽然块头大但科技创新能力不足，产业利润率不高等）的情况下，推动我国高技术服务业和先进制造业融合的主要思路是培育高技术服务业主体和敦促制造业提高产业层次，并积极搭建产业互动平台。总括起来看，战略路径就是：开放带动 + 创新驱动 + 集群促动。

1. 从经济体起飞过程看产业互动关系

经济的发展从中观看就是各类产业的发展。在开放的环境里，后发区域的"起飞"往往经历以下过程。

第一步是基于自身在更大区域发展中的比较优势（往往是资源禀赋、空间区位优势和人口规模造就的消费市场规模及劳动力规模等相对客观的条件），借助各种开放平台迅速将外来高端生产要素向辐射区域的城市集聚，逐渐形成特色产业及其配套产业体系。

第二步通过创新提升产业层次或者通过产业转换实现转型发展。依赖资源禀赋或者外在客观条件的产业发展到一定程度时往往会出现瓶颈，这时就要整合嵌入当地生产环节的创新要素，提升当地创新能力和发展水平。重点是通过使辐射范围内生产价值链中某些环节融合区域外高端生产要素，形成更高层次的产业和产品，使优质资源要素集聚在地域范围内产业价值链的高端环节，进而扩散到区域外部，从而带动本地乃至更大区域范围内经济的提质增效升级。

第三步，以经济实力的积累和商务环境的改善带动政务、人文环境的整体改善，最终实现由不平衡发展向全面均衡发展的过渡。

无论是微观的世界强企还是宏观的发达经济体的开放都是全方位的，面向区域内外对象、涉及方方面面内容，但特定经济体的开放往往是个逐步推进的过程。对不同发展水平的经济体而言，其实施开放、创新的逻辑次序不同：欠发达经济体最初往往依靠对外开放积累起步发展的"第一桶金"，在此基础上再推动地区创新能力的提升；发达经济体因其自身创新能力强大及由此带来的雄厚的综合竞争力而更加积极主动地对外开放，以低价获取国外的资源原材料，高价地向国外市场销售产品，并通过不等价贸易、技术封锁和控制国际规则制定权将既有分工格局固定化，由此形成稳定的经济秩序。从世界经济发展的经验来看，抱着一样的发展目的，先进国家和地区凭借技术优势往往选择"以技术打开市场"的路子，后进国家和地区为了获得技术进步往往采取"以开放市场换技术"的办法。

2. 开放带动、创新驱动、集群促动的内涵

开放和创新是驱动后发区域发展的"两轮"，是一个经济体发展的"两翼"，开放为后发区域开展创新提供了资源条件，营造了创新竞争环境，为后发区域把握世界发展大势和学习借鉴先进典型提供了环境条件。创新为开放提供了便利化手段，为经济体在开放竞争中存活发展锤炼了"钢筋铁骨"。而集群是加快创新的条件。开放和创新

是一种协同关系：融合到一个经济体而言，开放和创新都是发展的路径，其中，创新更是根本路径；二者的本源动力和逻辑起点都是改革，改革促动开放、改革促动创新、开放促动创新；目的都是实现自身更好地发展；关键支撑要素都是高层次人才；主要载体都是高层次产业。

经济增长的源泉不仅表现为单位资源产出效率的提高，还表现为要素投入结构与产出结构之间的转变。而生产要素的投入组合改变是创新的一个领域，是熊彼特创新理论中的五种情况（采用一种新的产品、采用一种新的生产方法、开辟一个新的市场、掠取或控制原材料或半制成品的一种新的供应来源、实现任何一种工业的新的组织）之一。后来有人把熊彼特创新理论的五种情形依次归纳为产品创新、技术创新、市场创新、资源配置创新、组织创新，其中的"组织创新"可以看成是初期的狭义上的制度创新。

第三节　推进方法

推动高技术服务业发展并推动其与制造业的互动融合，要立足各地产业生态状况，遵循市场经济规律和产业演进规律。

一　突出重点、以点带面

国家间、地区间产业竞争的着眼点是围绕产业链价值链的高端环节。区域产业体系甄选发展要在立足本地比较优势的基础上，突出关键环节的基础支撑作用，发挥核心节点牵一发而动全身的关键牵引作用。2015 年 5 月发布的《中国制造 2025》围绕实现制造强国的战略目标明确的新一代信息技术产业、高档数控机床和机器人、航空航天装备、海洋工程装备及高技术船舶、先进轨道交通装备、节能与新能源汽车、电力装备、农机装备、新材料、生物医药及高性能医疗器械等十个重点发展领域和 2015 年 7 月国务院印发的《关于积极推进"互联网＋"行动的指导意见》明确提出了包括创业创新、协同制造、便捷交通以及人工智能在内的 11 项重点行动，为各地发展高技术服务业、开展制造业的产业甄选并推动其互动融合指明了方向。

大力发展高技术服务业和先进制造业，不能拔苗助长、搞"大跃进"，也不能消极等待市场自身的缓慢演化，而是要在打造产业链关键环节和补齐短板等方面积极介入，以较少人力财力支撑、以小博大地发挥基础服务、产业引领作用。从美欧日等西方发达国家和地区面向未来的制造业回归浪潮的产业选择中，参考确定我国产业发展的重点。综合来看，装备制造业、电子信息、航空航天、生物医药、通信服务业、政务创新等将成为发展的重点，而与之紧密关联的高技术服务业则将相应地为其提供重要配套支持。无论先进国家还是后进国家，发展高端领域都不可能全局整体推进，而必须通过选择突破口实施重大项目带动战略，加大政策扶持力度，抓好一批具有重大示范效应和产业拉动作用的重大文化产业项目，形成带动效应。

二　分类实施、有序推进

高技术服务业与制造业融合发展的方式主要包括在不分离的情况下的制造服务化和服务制造化以及在分离的情况下的外包（市场交易手段）。前两种是在不分离的情况下实现自身的产业重心转移。例如，服务业的产业外融合主要是采取产业渗透（功能互补）或者产业延伸（功能附加）的方式。

由于高技术服务业与制造业内部细分产业类型较多，每种产业的发展除了具有大类产业的共性特征之外，还有自身的技术特点所决定的个性特征，与其他产业的跨界融合方式也不一致。这就要求促进高技术服务业与制造业的融合发展依据不同企业的规模性质、发展阶段分类推进。

分类实施就要详细区别民族资本和外资、国企（尤其是国防科技工业）和民营企业、大型企业和中小企业、东部和中西部四个层面的因素。

在民族资本和外资层面，诸如大型工矿、铁路、航运、邮电、银行、对外贸易以及土地、森林、河流、矿藏等涉及国家安全的行业、支柱产业和高新技术产业中的重要骨干企业，提供重要公共产品的行业、重大基础设施和重要矿产资源行业等关键产业，国家为了经济安全需要，绝大多数零部件等中间产品生产环节都需要保证分工向本土民族企业转移，让这些产业在国人手中进行专业化生产。

在国企和民营层面，主要是依据国有资本的性质目的和政府调控手段进行布局，在更广泛的领域，需要使得市场手段作用于民营企业。尤其是近几年，我国国防科技工业发展很快，积累了一大批关键核心技术，为推动地方经济转型发展提供了重要技术来源和产业支撑。军队、军工单位和民口企业自身也变革需求强烈。而我国军民融合还存在不少政策壁垒和体制障碍，军民自成体系、自我封闭、独立并行，产品标准不统一，军工产供销自成体系，垄断经营，计划经济体制明显，长期形成的合同关系，导致很多具有民用潜力的国防科技成果难以有效转化，一些高新民用技术又难以应用于军事领域，亟待整合、统筹布局。

在大型企业和中小企业层面，要突出产业特性以兼并重组或者分割垄断的手段进行调控。每个重要产业形成几个引领行业发展的骨干企业，同时形成一大批配套中小企业，既保持产业竞争活力又确保规模经济的存在。

在东部和中西部制造业和高技术服务业发展方面，由于发展基础、开放条件等不同，东部地区可以继续运用出口导向型发展战略，而中西部由于以往的三线建设，布局了大量以军工企业和国家科研院所为载体的高端生产资源，可以在新的历史条件下将外资引向内陆地区，推进以进口零部件、关键装备实现自主投资和创新条件下的进口促进型产业发展模式，形成沿海服务与内陆制造的协同发展局面。①

三 政府引导、市场主导

后发区域加快实现赶超发展的主导力量是政府，政府通过人为预见可使地区发展少走弯路，减少自然演化的时间迟缓影响和资源浪费。而市场是经正反两个方面证明过的确保经济效率的重要经济手段，对于在产权确认基础上高效组织生产、交易具有决定性影响，特别是在分工高度细化的今天，市场在组织现代生产体系中发挥着基础性作用。

在推动我国高技术服务业与制造业融合发展方面，之所以强调要自觉遵循新技术在不同环节、行业、领域的扩散规律和应用模式及产业生命周期，在突出企业主体地位和市场规律的同时，注重发挥政府的积极主动作用，是因为：一方面，我国还存在着数量众多、规模庞大的国有企业，这些大型企业集团往往层级在四级以上，且高技术服务环节内化于制造业，由于既定体制机制下的人为因素而迟迟得不到有效分离。国家作为国有资本所有者的代表，需要发挥决断作用，以市场机制和必要的行政手段推动二者的分离。另一方面，高技术服务业已经成为国家产业价值链竞争的制高点，如果政府不加以干预，引导其发展壮大，我们就会落入产业链低端价值环节而被路径锁定。

所以，这就需要处理好市场的自组织和政府政策引导的他组织之间的关系，把市场在资源配置中的决定性作用和更加有效地发挥政府作用有机结合起来，有效发挥市场内在驱动机制和政府的积极干预这"两只手"的共同作用，要突出政府特别是中央政府对重大基础研究和促进分离融合的政策体系的组织作用，注重采取公私合营等形式进

---

① 周大鹏：《服务化——制造业的创新之路》，上海社会科学院出版社，2016，第5页。

一步调动民间资本的积极性。

四　内外联动、协同发展

高技术服务业是专业性地提供知识型中间产品的经济组织，在向制造业企业提供服务的互动中，以客户需要为导向不断学习新技术、吸收新知识从而生产或创造出新的知识体系和新的资源，并在进一步的服务中转移扩散知识从而提升制造业知识技术含量和专业化程度并促进其实现各领域的创新突破。高技术服务业对制造业创新的影响存在行业间和地区间差异。[①]

推动我国高技术服务业与制造业内外联动发展，就是既要推进高技术服务业与制造业各自依照自身产业发展规律提升产业层次、高质量发展，又要处理好本地和外地、国内和国际两个层次的关系，坚持走独立自主科技研发和开放合作创新相结合的发展道路，加强国际产业的合作，以开放倒逼改革，推动服务型政府建设，加快推动关键产业核心技术实现突破，在关系国计民生和产业安全的基础性、战略性、全局性领域，着力掌握关键核心技术，形成自主发展能力。

五　创新驱动、人才为本

高技术服务业是智力密集型产业，人才是高技术服务业发展的最基本最主要的因素，与高技术服务业结合最紧密的高新技术制造业也是如此。高端制造业价值增值部分更多地来自嵌入生产过程的生产性服务内含的人力资本和知识资本，而不是来自物质要素的加工过程，机器设备生产的物质性投入将趋于下降，而掌握着价值链高端环节的控制权的生产性服务投入比重将趋于上升。只有人才存在，才能驱动高技术机器设备运转，才能确定公司发展战略路径，才能做出工艺流

---

① 吕民乐、金妍：《知识密集型服务业对中国制造业创新的影响——基于高技术制造业的实证分析》，《工业技术经济》2016 年第 4 期，第 17 页。

程、生产技术等方面的创新突破，才能实现管理优化。

高技术服务业与高新技术制造业能成为引领区域经济发展的引擎，关键就在于其创新产生的辐射带动，在于其局部超额利润率的存在对资源流动的吸引力及由此带来的对创新活动的要素支撑。所以，推进高技术服务业与制造业各自发展及相互之间的互动融合，都必须有人才基础，以此着眼创新才能取得突破。

第四节　重点任务

围绕促进高技术服务业与制造业的升级发展和跨界融合，着眼培育国家实体经济发展的内生动力和竞争能力这一根本，推动我国高技术服务业与制造业融合发展，需要紧紧抓住以下载体，抓好抓实以下重点工作任务。

一　推动高技术服务从传统大型制造企业内分离

在特定产业的不同发展时期成立的制造企业，由于所面对的市场环境不同，高技术服务与制造业互动的关系也不同：在产业发展的早期成立的制造企业，由于配套零部件生产没有实现标准化，必须主要由企业自己生产，这时的高技术服务与制造业的互动关系更多体现为内部一体，在后续发展过程中必然存在着高技术服务的垂直分离问题。而在产业发展的成熟期成立的制造企业，由于市场分工比较完备，则会专注于自身优势环节而采取与高技术服务企业进行市场合作的形式发生互动。

所以，在推动我国高技术服务业与制造业融合发展这一工作上，要注意区分不同产业发展阶段的企业，有针对性地通过政策措施推动制造业企业聚焦核心竞争优势，主动分离出服务环节，继而开展各种类型的互动合作。

二　既有两类产业主体培育：改造提升和高端引进

发达国家的制造业凭借其技术、管理、销售渠道或品牌优势等向高技术服务业延伸和拓展，从以直接从事生产制造为主转向以资本、技术和销售为主，主要通过控制全球资本的流动、控制高新技术和销售网络等，通过"贴标代工制造"（OEM）将影响扩展到制造业和产品制造环节，实现了对全球经济命脉的控制，形成所谓的"一流企业卖标准，二流企业卖品牌，三流企业卖产品"的国家产业分工格局。

目前，就我国高技术服务业与制造业各自的整体发展水平而言，高技术服务业大多业务层次不高、规模偏小，而制造业规模较大却处于产业链条前端环节，精深加工深度不够，研发能力不足。推动我国高技术服务业与制造业互动发展，既要解决好二者的互动融合问题，也要解决好二者各自的改造提升问题。高技术服务业和制造业两类市场主体是具有协同增长效应的，尤其是层次相匹配的高技术服务业和制造业，二者的关联效应更强。只有促进低端制造业和低端高技术服务业提质增效，在更高层次互动才能实现融合。

既有两类产业主体的培育，一靠改造提升，二靠高端引进。改造提升方面，要以培育产业内生动力和竞争能力为根本，提高全社会研发经费投入占国内生产总值的比重和企业研发经费投入占全社会研发经费投入的比重。具体体现在：充分发挥信息技术的渗透能力，突出推动信息化和工业化深度融合，加快转变发展方式，推动制造业与信息产业在发展理念、技术产业、生产体系、业务模式等方面的全面渗透，提升大型企业工业互联网创新和应用水平。加快工业互联网在工业现场的应用，强化复杂生产过程中的设备联网与数据采集能力，实现企业各层级数据资源的端到端集成。依托工业互联网平台开展数据集成应用，形成基于数据分析与反馈的工艺优化、流程优化、设备维护与事故风险预警能力，构建设计、生产与供应链资源有效组织的协同制造体系，开展用户个性需求与产品设计、生产制造精准对接的规模化定制。引导中小企业开放专业知识、设计创意、制造能力，依托工业互联网平台开展供需对接、集成供应链、产业电商、众包众筹等创新型应用，提升社会制造资源配置效率。[①]

高端引进方面，要瞄准产业链空档招商引资，以配套产业集群支撑龙头企业，也要着眼人才是创新的第一要素，注重引进高端人才。在国家产业发展战略层面，要改变出口导向型战略下我国作为世界代工加工车间的制造业生产模式（部分地阻碍了国内生产性服务业的发育及其与制造业的关联融合）[②][③]，坚定不移地实施创新驱动战略，培育提高自主创新能力，以本土制造业的自主创新和发展壮大，为国内高技术服务业提供市场空间，摆脱和打破在国际产业分工体系中处于价值链低端环节的路径依赖。

三 着眼构建产业互动融合的载体和渠道

党的十六大提出了"工业化促进信息化，信息化带动工业化"的新型工业化道路，十七大更是强调了"信息化与工业化融合"的经济发展战略。十八届三中全会将城镇化战略概括为十六个字，即"以工促农、以城代乡、工农互惠、城乡一体"，提出新型工农城乡关系。然而，在国家战略区域协同、产业互动的路径选择和政策举措导向上一直缺乏抓手，使得"互动"停留在理念层面。产业互动和区域协同在政府通过非市场的手段将财政资源投向局部地区个别产业之外，更多的是依靠市场的手段，由各类型市场主体通过基于价格机制的产业关联带动资源、要素的流动重组。构建产业互动融合的载体和渠道就

---

① 《国务院关于深化"互联网＋先进制造业"发展工业互联网的指导意见》。

② 刘明宇、芮明杰、姚凯：《生产性服务价值链嵌入与制造业升级的协同演进关系研究》，《中国工业经济》2010 年第 8 期。

③ 李赤日、李论：《我国服务业的比重至少被低估了 5–7 个百分点》，《中国经济导报》2011 年 10 月 6 日。

是要通过简政放权着重发挥市场机制的作用，形成产业交互的各层次、各领域的通道和载体平台。因此，要抓好产业互动融合的各类平台、载体、渠道建设，真正通过强化产业关联来促进高技术服务业与制造业互动融合。

四　创设优异制度环境降低交易成本

如前所述，很多大型制造业企业即使面临相对于市场交易手段所产生的成本更高的成本也愿意维持高技术服务环节内置于自身企业内部，而不愿意分离出去的一个很重要的原因是搜寻适宜的合作伙伴很难，且违约风险较大。

这就要求政府一方面要推动市场中介机构和市场体系的完善，另一方面要支持行业组织发挥自我服务、自我管理的自律作用。此外，政府还要着力加大自身改革力度，简政放权、放管结合、优化服务，为产业发展提供优质的营商环境。

第七章　促进我国制造业与高技术服务业融合发展的对策建议

推动产业间的互动就是本着专业化集约化的效率原则促进各产业发展壮大，并构建起产业关联的载体平台，提高融合和协同化发展水平。促进高技术服务业与制造业的互动融合发展，要以供给侧结构性改革为主线，立足外延化模式（外部需求通过自身业务拓展内化为部门间的功能支持）、内部化模式（外部需求通过对外兼并或内部重组新设专业化协作配套子公司）、网络化模式（产学研联盟或者产业联盟）、市场化模式（市场主体间外包合作）等几种模式，把着眼点放在二者关联渠道的维护和巩固上。

第一节　培育产业主体：加快区域产业结构调整步伐

产业结构优化升级是转变经济发展方式的主攻方向，要把经济发展的着力点放在实体经济上，把加快建设实体经济、科技创新、现代金融、人力资源协同发展的产业体系，推动经济发展质量变革、效率变革、动力变革，提高全要素生产率，提高供给体系质量和效益，作为建设现代化经济体系的长期任务。目前，我国不少低端制造业不仅生产效益低下，而且对生产性服务业的需求也不高。要通过改造提升已有产业、承接外部产业转移、培育发展新兴产业等方式，培育壮大优势产业和战略新兴产业。具体地说，就是综合运用延伸链条、技术改造、兼并重组、淘汰落后等手段对传统支柱产业进行脱胎换骨式提升，瞄准本地产业链薄弱环节有选择地承接外部产业转移，重点把高技术服务业和先进制造业培育成现代产业体系的重要支柱。

一　调整产业进入门槛倒逼劣质产业加速转型升级

产业进出门槛是影响产业存量规模和动态流向的重要因素。要通过产业门槛标准提高，有保有压促进产业存量调整，提高"两业"以外产业对"两业"的层次适应性和服务需求规模。一是运用资源价格机制。差别性的水电气和能源资源价格是影响产业运营成本的强制性因素，也是推动产业资源转移的重要推手，可以通过有区别的水电气和能源资源价格设计，逼迫劣质产业退出，以资本带动各种资源转型再带动高质产业发展。二是运用区别性财税机制。中央和省级财政要建立高技术服务业和先进制造业发展引导基金，支持相应产业发展，并在动态调整产业目录的同时，设立落后产能化解基金，促使低质产业退出转型。通过两端发力，提高地方政府和企业进行结构调整的积极性。三是运用环保倒逼机制。2016 年 11 月，针对工业和信息化建设领域可能产生的大气污染、水污染、土壤污染、噪音（低频）污染、恶臭等日益增多的社会问题，造成社会矛盾并扰乱了社会公共秩序，工业和信息化部发布了《关于做好工业和信息化领域"邻避"问题防范和化解工作的通知》（工信部规函〔2016〕447 号）。该通知从防控社会不良效应的角度对工业污染问题严加管理，特别是逐步加强了环保督查。修订后的新《环保法》2015 年 1 月 1 日开始实施，虽然，此后环保部"约谈"对象多为地方政府一把手，但效力仍然不足。2016 年 7 月，第一批负责中央环境保护督察工作的 8 个中央环境保护督察组对内蒙古、黑龙江、江苏、江西、河南等地区分别陆续开展环境保护督察进驻工作，并实行党政同责。至此，中央环境保护督查序幕正式拉开。从这几年的实施情况看，中央环境保护督查新政的出台在很大程度上解决了环保部约谈平级省级政府无力而"走过场"的问题，提高了地方党政领导推动工作落实的积极性。这些都成为诱发政府部门打压劣质污染产业，着力进行结构调整的有力推手，进而为高技术服务业和先进制造业互动发展创造了外部市场环境。

二 以优惠政策培育高技术服务业和先进制造业

高技术服务作为中间品投入制造业生产是高技术服务业与制造业融合发展的最基本形式。根据斯密"市场规模限制劳动分工"的理论，在某一产业发展的初期阶段，由于产业规模较小、零部件还没实现标准化因此还不能够由外部企业大规模生产，制造型企业往往需要采用垂直一体化的经营模式。随着产业逐步成熟，市场规模扩大，零部件实现标准化生产且能够外包给专业制造商完成，分工就自发产生，衍生出细分产业并逐步成长。所以，先进制造业的发展兴盛会反过来增加对高技术服务业的市场需求，为高技术服务业发展提供空间。制造业产业层次越高对生产性服务业的市场需求越强烈。所以，要大力发展包括航空航天、生物医药、新能源产业、网络和信息产业及环保产业等在内的对技术需求较高的先进制造业。

一是以"中国制造2025"为抓手，以智能制造抢占未来全球产业链竞争的制高点。无线、宽带、移动、泛在网络和低成本传感器、云计算把生产资料、智能化的机器设备、物流配送和消费者的定制需求等连接起来，形成物联网或者叫工业互联网，比互联网更大维度地解决了人和物、物和物、物和人之间的信息交互和共享问题。[1] 2013年4月，德国发布的《保障德国制造业的未来——关于实施工业4.0战略的建议》提出，物联网和制造业服务化标示着第四次工业革命的到来。我国要在国家制造强国建设领导小组领导下，以"中国制造

---

① 朱克力：《供给侧改革引领"十三五"》，中信出版社，2016，第301页。

2025"国家级示范区创建工作为抓手，立足本地优势，推动移动互联网、云计算、大数据等与传统制造业相结合，运用无纸化设计、数字化模型、数控生产线改造提升装备制造业，以数控装备系统和工业机器人支撑传统制造业制造过程实现自动化和智能化，着力实现智能制造、绿色制造个别领域的突破，最终实现国家整体的跨越进步。要加快通过推广网络和云科技，将庞大的机器群连接起来，以物联网、服务网、数据网取代传统封闭的制造系统，让机器之间自相控制、自行优化、智能生产，从而大大减少从事重复劳动和经验工作的人力数量，使生产质量和效率提高到一个新的阶段。[①] 要加大高技术服务业的固定资产和基础设施投资，尤其是要逐步解决科技服务业中实验器材严重依赖进口的局面。

二是大力发展企业生产操作系统和管理信息系统。将现代科技全面渗透进入传统产业和生产力诸要素，鼓励企业在生产管理、经营管理、市场营销等各个环节上推进信息化，提高对产业链中的研发、设计、制造、销售等其他环节的信息敏感度和整合能力，运用大数据产业、云计算技术，提高统筹管理的精确度，彻底改变传统产业的运营模式。

三是支持高技术服务业发展。从制造业发展的历史过程所呈现出的规律性特征来看，制造业生产所需技能难度及配套生产资料科技含量日益提高，企业利润的主要来源不再是加工制造环节，而是产品设计、研发、市场开发等高技术服务环节，这都需要密集知识服务来实现，也要求高技术服务业自身的发展及为其提供物质基础的先进制造业的发展。信息化支撑的人工智能发展，为构建网络经济强国提供了支撑。科学技术研发服务业直接服务于制造业生产过程，根据制造业发展需求提供技术成果知识、技术创新指导和知识储备，推动了新技

[①]　马化腾、张晓峰、杜军：《互联网＋国家战略行动路线图》，中信出版集团，2005，第424页。

术的市场化应用，对制造业产业创新有着显著的积极影响。商务服务业通过与消费者的互动接触，了解市场需求的即时变化，为制造业企业调整产品结构和制造业与生产性服务业提高适应性、关联度提供信息支持。电子商务是"新型工业化、信息化、城镇化、农业现代化同步发展的关键性因素"[①]，是把农业产业化和信息化有机结合起来的纽带。由于网络的通达性，网商天然地面对的是全国市场的货源和消费者，这种交换范围的扩大，意味着更优质的合作伙伴，更优质的资源供给，更广阔的市场消费群体，及由此衍生出来的配套服务合作伙伴商。

四是完善政策支撑体系。当我国市场化程度不高和市场的力量不足以促使包括高技术服务业在内的生产性服务从制造业分离出来而独立发展的时候，需要政府采取补贴、资助、税收奖励等政策措施促使社会资源流向高端产业领域，弥补生产性服务业分离和独立发展的成本，以变相地降低居高不下的交易成本对分离行为的抑制，促进科技创新和技术成果转化及产业化。[②] 要推进结构性减税减费。在一定期限内允许一般纳税人转为小规模纳税人（小规模纳税人的年销售额标准，从以往的 50 万元到 80 万元，上调到了 500 万元），让小微企业减轻负担，产生更大活力。对装备制造等先进制造业、研发等现代服务业中符合条件的企业在一定时期内未抵扣完的进项税额予以一次性退还。目前我国制造业分离出来的生产性服务业采取营业税征税方式，造成税基过大、应纳税额较大问题，建议也采用增值税征税方式，以提高制造业分离出生产性服务业的积极性。落实研发机构购买进口科技开发用品或科教用品的税收优惠政策，对市场主体间的技术交易活动提供税收优惠，做好科技型企业研发费用加计扣

[①] 《国务院关于大力发展电子商务加快培育经济新动力的意见》，http://www.gov.cn/zhengce/content/2015-05/07/content_9707.htm。

[②] 楚明钦：《垂直分离与产业融合：生产性服务业与装备制造业互动研究》，中国社会科学出版社，2015，第 38 页。

除项目工作。培育高技术服务业要放宽产业进入门槛，设立科技型
中小企业创业投资引导基金，支持技术咨询、知识产权分析预警和
交易、投融资、人才培训等专业化服务企业瞄准市场细分领域，加
强品牌建设，提高社会认知度，进一步扩大市场空间，促进中小企
业提高市场占有率，发展壮大。要完善科技创新财政支持政策。加
大面向结果的科技经费后补助机制实施力度。建立科技创业投资引
导基金和产业发展引导资金，对新产品应用推广和市场开拓给予政
策支持。要实行阶段保护性产业规制政策。对于继续发展的劣势产
业，为避免后进者与先行者之间简单复制、同质竞争带来的负面影
响，通过预测确定市场容量规模，由代表各方利益的行业协会组织
规定行业最低企业数目和首位度等方式指导后来者以股份形式自由
选择投资进入既有企业或无强制地投资协会组织名下实体经营企业
等，使先行者对后来者乃至当地产业发展过程形成控制性影响。同
时，审慎实施奖励，限定单个企业最高资助额度，避免政府过度支
持纵容企业创新惰性。

三　促进生产性服务从制造业垂直分离

长期以来，我国生产性服务很大程度上垂直化于"大而全、小而
全"的制造业企业内部，自给自足的发展模式是违背分工和专业化发
展理念的，也使生产性服务市场化程度较低，没有形成独立强大的业
态。没有专业化分工就没有规模经济的实现和效率的提升。要找准我
国高新技术服务从制造型企业分离困难的根源，分类精准施策，推动
以制造业为核心业务的企业将高技术服务环节从制造业部门充分分
离，实现高技术服务独立化运营，使制造业部门和高技术服务部门都
能集中于优势生产环节进行专业化分工。

一是优化国有资本布局结构。就连腾讯这样的民营股份公司2013
年起也压缩业务范围至最为核心的通信社交平台、内容游戏等业务

上，其他业务则都交给了合作伙伴。[①] 这点值得国有企业的关注学习。要进一步优化国有资本重点投向和领域，推动国有资本向关系国家安全、国民经济命脉和国计民生的重要行业和关键领域、重点基础设施集中，突出向前瞻性战略性产业集中，向具有核心竞争力的优势企业集中[②]，逐渐分离出不盈利的附属性业务及实现"三供一业"等后勤服务的社会化。推动高技术服务业从国民经济各部门充分分离，培育更多的市场交易主体，实现价值链的相机分离和整合，这是提高我国全要素生产率的主要途径。

二是引导大中型企业集团聚焦主营业务。2008 年至 2017 年，我国不少地方政府相继出台了促进工业企业主辅分离、发展生产性服务业的政策措施。通过"三去一降一补"，压缩部分行业的严重过剩产能，淘汰部分落后产能，推动国有企业"三供一业"等生活性服务业分离移交，推动生产性服务业与制造型国有企业相分离，降低生产运营成本，使制造企业轻装上阵，不仅可以提高制造业发展的质量和效益，而且可以为高技术服务业提供市场空间。

三是优化国有企业组织结构，降低交易成本。国有企业很大程度上垄断了本产业的大量资本，挤占了其他企业利用资源的空间，市场化程度较低造成有效的竞争机制缺乏，内部体制腐朽僵化，不利于激励相关人员进行技术创新，严重阻碍制造业的创新。[③] 要推动大而全的国有企业进行分拆，减少企业层级，优化大型国有企业分公司子公司的地域空间分布结构，克服官僚体制带来的管理协调成本高昂、运行效能低下的弊端。针对国资委对国防科技工业考核的制度弊端造成的不愿分离问题，要以国有资本运营效益考核创新倒逼生产性服务分

---

① 马化腾、张晓峰、杜军：《互联网＋国家战略行动路线图》，中信出版集团，2005，第 424 页。

② 中共中央办公厅、国务院办公厅：《关于创新政府配置资源方式的指导意见》，http：//www.gov.cn/zhengce/2017-01/11/content_5159007.htm。

③ 吕民乐、金妍：《知识密集型服务业对中国制造业创新的影响——基于高技术制造业的实证分析》，《工业技术经济》2016 年第 4 期，第 28 页。

离，使国有企业经营者将更多领域更多人员的控制愿望转向本着市场规律促进国有资本保值增值的营利欲望转移，自觉分离出市场效益不高的产业环节，下大力气发展市场前景好、产业利润率高的产业环节。

四　积极引进国外高技术服务业和先进制造业

不少研究表明，研发与出口显性比较优势的系数都显著为正，说明研发投入的增加和对外开放程度的加深有助于高技术制造业的发展。[①] 我们要坚持开放创新思维，树立"招大引强"招商思路，形成创新导向的外国直接投资和进口结构。以优惠政策推动国外高技术服务业和先进制造业向我国转移，从我国东部地区向中西部地区转移，发挥国外高技术服务业对我国高技术服务业发展的雁阵示范效应、人才培育作用、规则制定引领作用。

一是招商引资引进国外高技术服务业，为本土高技术服务企业和国内高技术服务市场的发育提供示范。我国高新技术服务企业有两个来源：从传统制造企业中分离出来的实体、从市场需求中自发成立的新实体。外商直接投资带来大量的先进技术和管理经验，其高效的专业化经营模式对中国生产性服务业与制造业的垂直分离具有显著正相关影响。[②] 由于国内没有制造业部门认可的服务承包商，它们更多地转向离岸外包。在下一阶段，要在特定领域（空白或极度薄弱领域）重点引进国外服务承包商，同时，在我国初具市场规模的服务领域还要突出引进高端服务供应商，以重点发挥其示范带动效应和牵引领航作用。更多更积极地承担制造企业外包的高技术服务业务，推进更多的制造环节外包，从而实现国内服务商培育和国外服务商引进的协同发展。

二是积极引进资本技术密集型制造业。社会化大生产分工进一步

---

① 任皓、周绍杰、胡鞍钢：《知识密集型服务业与高技术制造业协同增长效应研究》，《中国软科学》2017 年第 8 期，第 40 页。
② 楚明钦：《垂直分离与产业融合：生产性服务业与装备制造业互动研究》，中国社会科学出版社，2015，第 37 页。

细化形成的每一个新的行业能够拥有足够的市场需求容量，才能确保行业内的每个企业的存活空间。采用"两头在外"经营模式的外商投资企业从国外进口成套机器设备（不需要进一步加工成最终品，而是作为资本存量）可以产生一定的技术溢出效益，却使国内企业很少能从中获得技术溢出效应[1]，这就对本土制造业带来市场和技术挤压，抑制本土技术进步，并将产业锁定到价值链低端环节。所以，要尽量降低对国外成套资本品的依赖，逐步降低高投入进口成套机器设备对本土高技术服务业的市场挤压，以形成国内高技术服务业发展的市场需求。

三是提高本土零部件制造商自主创业能力。在必要的资本品和关键零部件进口减免税的基础上，加速引进资本品的折旧率。相比国外对高技术含量的成套机械设备的知识产权保护能力，进口技术含量比较高的关键零部件往往配套有出口国的技术指导，便于国内企业进行研究、剖析并在模仿吸收的基础上适当进行工艺改进和创新，并与国内其他零部件一起加工成技术含量也比较高的成品，所以，关键零部件的进口是一个国家技术进步的催化剂。[2] 在我国高技术服务业与制造业的融合发展中，要以有效的政策引导提高零部件的本土采购率，逐步降低对国外零部件的进口依赖，由此扩大非关键领域产品或服务的自给规模范围。

第二节 破除跨界壁垒：打造产业融合混业
经营的经济形态

高技术服务业和制造业之间是不对称的依赖关系，前者对后者的

---

① 楚明钦：《垂直分离与产业融合：生产性服务业与装备制造业互动研究》，中国社会科学出版社，2015，第96页。
② 楚明钦：《垂直分离与产业融合：生产性服务业与装备制造业互动研究》，中国社会科学出版社，2015，第99、102页。

依赖度要远远高于后者对前者的依赖度。所以，实现更大地域范围内高技术服务业和制造业之间的融合，需要数量庞大的高技术服务企业作为市场主体与数量庞大的制造类企业发生服务关系。这就要求促进生产性服务从一体化制造企业垂直分离成独立的市场主体。从企业主营业务转换的角度看，作为一个处于附属地位但高利润而且有前景的企业业务板块，高技术服务知识密集、利润高且规模报酬递增，所有者会基于利润考虑而进行独立化核算，使之成为一个新的利润增长点，这就使得生产性服务业从制造业企业分离和独立化专业化，甚至最终会导致企业主对制造环节的"遗弃"，出现企业业务结构调整，推动业务重心发生转换。

高技术服务业和制造业的互动融合本身就是跨所有制跨地区的，这就要破除制度壁垒，推动高质资本跨所有制、跨行业、跨地区、跨国界流动，形成国际国内一体、不分行业和所有制、不分地界的产业自由发展格局。

一　放松产业跨界融合的政府管制

美国经济学家斯蒂格勒开创的管制经济学，于 20 世纪 70 年代以来日益受到关注。行政管制又称为政府管制、政府规制（governmental regulation），属于政府的微观经济管理职能，是政府为维护和达到特定公共利益需要，依据法律授权，通过制定规章、设定许可、监督检查、行政处罚和行政裁决等行政处理行为，对社会经济主体的经济活动所施加的各种限制和约束活动的总称，目的是弥补市场失灵，确保微观经济的有序运行。政府管制分为经济管制（对价格、市场进入和退出条件、特殊行业服务标准的控制）和社会管制（针对外部不经济和内部不经济，为保护公共资源环境以及劳工和消费者的健康和安全，所采取的对交易主体进行准入、设定标准和收费以及信息披露等方面的管制）两类，它与旨在保证经济稳定与增长的宏观经济调控一起构成政府干预经济的两种主要方式。通过普通法和宏观调控干预经济的活动基本上可以归为政府的宏观行为，反托拉斯、国有化和管制属于政府的微观行为。

随着科学技术的发展，一方面，许多原来需要政府管制的事物逐渐发生了变化而不再需要政府过度干预，政府的有效干预也变得越来越难；另一方面，政府管制行为普遍出现了如制度僵化、寻租腐败、行政管制成本过高、阻碍技术创新和产业纵向发展等低效率现象，即所谓的"政府管制失灵"的问题，人们对以保护公共利益为目的的管制措施的有效性提出质疑，要求破除"政府管制"的呼声日益增强。放松产业跨界融合的行政管制，要求破除对进入特定产业门类的所有制、国内国外资本、跨地区经营等方面的禁止性规定或者限制性规定（投资占比、产量门槛、技术标准等）。在"两业"互动及融合发展过程中，政府管制是一道强制性障碍。但是科技的发展、业态的创新让管制变得力不从心、让产业融合日益渗透到各个经济领域。

一是大力发展信息技术。信息技术改变了服务的储存、生产和消费难以同时进行的特征，使大量的服务物化，可以像制造业一样批量生产，从而形成规模经济优势。[①] 信息化是制造业升级的基础支撑，对经济发展具有先导作用，并成为诱发以物联网的广泛运用为标识的第四次工业革命浪潮的主要驱动因素。产业互动主要依托信息技术和现代管理技术。要打破信息技术行业的垄断地位，促进信息技术与其他各行业的产业融合。要以国家新型工业化产业示范基地为抓手，注重运用工业企业技术改造升级重点项目管理和补贴推进工业结构优化升级。广泛运用信息技术实现产品设计、生产过程、市场需求感知、管理决策等方面的信息化，可以将市场信息迅速传达给企业，使企业的采购、设计、生产、销售等部门充分沟通，减少中间环节、缩短工

---

① 田小平：《高技术服务业与制造业关联关系研究——基于组织生态学的视角》，《技术经济与管理研究》2015 年 12 期，第 18 页。

期、降低库存，大量节约成本。[1] 要发挥信息通信技术服务所具有的聚集、整合、优化要素资源的优势，为制造业企业运行提供便利的管理手段。

二是破除民营资本进入壁垒、在垄断行业引入竞争机制。行业垄断带来外部竞争压力不足，催生大企业将生产性服务内置于制造业企业集团的意愿。这就要求对国企运用所有权优势直接打破垄断，破除制约民间投资的各种障碍，推动民间资本和外资参与。推动落实《关于发挥民间投资作用推进实施制造强国战略的指导意见》和高技术服务业投资发展政策，形成促进民间投资增长和有利于民营企业转型升级的体制机制和政策环境，推行混合所有制经营，提高经济市场化程度，促进体内分离。

三是放松外资进入壁垒。推进企业跨地区跨所有制兼并重组和经营。同时，通过国际投资贸易的双边谈判，激发外源动力，以深化开放带动产业融合。要推动对外资开放与对内（民）资开放相结合，放宽金融和高技术服务业准入，逐步放宽甚至取消个别服务行业的对外资股份占比的限制，提高服务业对外开放水平。推动一般经营性领域的国有资本以转让股权和经营权等形式退出市场，鼓励民营企业以出资新建、参与改制、托管、公办民营等多种形式实现组织创新和资本联合，让企业成为创新主体。

二　推动制造业服务化

移动互联网、大数据、云计算、物联网、人工智能等信息技术的逐步成熟和产业利用程度的逐步提高，促使制造企业向价值链的两端延伸形成服务型制造，使制造业企业从投入和产出两个方面不断增加服务要素在生产经营活动中的比重，从而实现向消费者提供"制造 +

---

① 范保国、张大岭：《走向工业强省之路：河南走新型工业化道路的探索》，中国经济出版社，2003，第 8 页。

服务"一体化解决方案、重构价值链和商业模式的全新生产经营方式，进而在产业层面表现为制造业与服务业融合发展的新型产业形态。这种新型产业形态既是基于制造的服务，又是面向服务的制造，本质是制造业或制造环节与服务业或服务环节之间融合发展的新业态、新模式。[①] 制造企业服务化转型的路径主要有基于产品效能提升的增值服务、基于产品交易便捷的增值服务、基于产品整合的增值服务和从基于产品的服务到基于需求的服务四个典型的模式和途径。[②] 推动我国制造型企业的服务化，在企业内部业务重心转移方面实现制造业和高技术服务业的互动发展，需要做到以下几个方面。

一是运用现代科技尤其是信息技术改造提升传统产业。制造业是对原材料进行加工或再加工以及对零部件进行装备的工业的总称，是技术进步的载体和技术创新的平台，对整个国家产业体系结构优化升级具有重要作用。[③] 2017 年，我国三次产业增加值占国内生产总值的比重为 7.9∶40.5∶51.6。全年规模以上工业中，农副食品加工业、纺织业、化学原料和化学制品制造业、非金属矿物制品业、黑色金属冶炼和压延加工业、通用设备制造业、专用设备制造业、汽车制造业、电气机械和器材制造业均仍呈现增长态势，六大高耗能行业增加值占规模以上工业增加值的比重仍高达 29.7%。[④] 这说明，我国产业结构仍呈现出资源和劳动依赖度较高的特征，亟待推进信息化和工业化深度融合，提高产业技术层次和加工层次，加快新旧发展动能和生产体系转换，推进技术创新、管理创新、组织创新和商业模式创新，提高供给体系的质量效率层次，实现我国制造业转型升级、国际竞争新优势重塑。

---

① 黄群慧：《中国制造如何向服务化转型》，《经济日报》2017 年 6 月 16 日。
② 安筱鹏：《制造业服务化的路线图》，《中国信息界》2010 年第 5 期，第 18～21 页。
③ 徐兴恩：《未来 20 年河南产业发展研究》，河南人民出版社，2003，第 180、193 页。
④ 中华人民共和国国家统计局：《中华人民共和国 2017 年国民经济和社会发展统计公报》，http：//www.stats.gov.cn/tjsj/zxfb/201802/t20180228_1585631.html。

二是树立融合发展战略思路。实物产品很容易被竞争对手模仿，而蕴藏在实物产品中同时出售给顾客的服务具有很强的保密性，不容易被模仿，成为企业实施产品差异化战略和提高竞争力很好的选择。为此，制造型企业的服务化发展，要推动装备制造、白色家电、电子信息消费品以及衣饰家具等行业越来越多的企业从生产加工向材料供应、研发设计、品牌建设、管理服务、营销推广等环节延伸，帮助制造企业摆脱对资源、能源等要素的投入，减轻对环境的污染，同时能够更好地满足用户需求、增加附加价值、提高综合竞争力，从提供产品向提供全生命周期管理服务转变、从提供设备向提供系统解决方案转变。

三是加强信息化网络服务平台建设。顺应人工智能时代需要，加快研究工业互联网的网络架构体系，在国家层面聚集力量加快制定形成我国面向工业互联网平台的协同制造技术标准以及产业链上下游间的服务规范，从而推进信息技术与制造技术在研发设计、生产过程、企业管理、产品流通和采销渠道等各个环节上的融合应用。[①]

三　推动服务业制造化

包括高技术服务在内的生产性服务的依附性决定了它自身的发展（企业规模的扩张、服务内容和服务质量的提升、企业品牌的塑造和市场占有率的提高等）需要紧密结合制造业的发展，并从服务制造业客户的过程中检验知识创新的效果、了解制造业的运作模式、掌握市场规则等，并在这个过程中交互学习实现知识流动。

尽管制造型企业的服务化是从生产产品这一端进入产品－服务市场，而服务型企业的制造化是从提供服务这一端进入产品－服务市场，但推动制造业服务化和服务业制造化的途径则很大程度上是将服

---

① 周强、董建国、袁军宝：《我国制造业服务化成新趋势》，《经济参考报》2018 年 1 月 9 日。

务嵌入终端产品（如电脑、电话、电视机、PDA、遥感探头等设备），使生产过程和生活消费过程的智能化信息化程度提高。由于服务业的渗透性很强，在高技术服务业与制造业的互动融合过程中高技术服务业往往占据着灵动的角色地位。

一是推动高技术服务业向具有业务关联性的制造业方向延伸产业链条。服务的提供往往需要载体承载。服务型制造是制造业延伸和提升价值链，提高全要素生产率、产品附加值和市场占有率的重要源泉。依托信息技术和现代管理理念发展起来的，为信息化生产和信息化生活提供技术性、知识性等服务的高端服务业，具有高智力化、高资本化、高效率化、高附加值等特点。要以"服务业＋"思维实现服务业与其他业态的融合发展，促进行业结构优化，创造新的发展生态。

二是推动高技术服务业与相关制造业兼并重组，构建功能配套的部门间功能支持或者子公司间功能支持关系。高技术服务业往往通过信息关联、资本纽带、品牌优势等"串联"起众多的制造业行业，成为跨领域的企业集团。要围绕制造业服务需求，建立创新设计、物流服务、质量检验检测认证、市场营销、供应链管理等公共服务平台，整合优质工业服务能力资源形成服务体系，建立制造企业、生产性服务企业、科研服务机构、金融机构和地方政府良性互动的产业生态系统。

三是优化高技术服务业企业结构。企业结构对高技术服务业的发展具有重要影响。以浙江省为案例的研究表明，浙江省制造业的产业层次相对较高，但由于多是中小制造型企业，与金融、物流等生产性服务业互动相对较多，与科学研究、技术服务、商务服务、信息服务等知识技术型生产性服务业互动相对不足。所以，要把培育龙头高技术服务企业作为带动和促进高技术服务业及其与先进制造业互动融合发展的最有力抓手，推动优势高技术服务企业跨行业兼并重组和跨产业融合发展，通过交叉持股、兼并重组提高产业规模，形成若干跨地区经营、品牌知名度高的高技术服务企业。发挥龙头企业对散弱中小高技术服务企业的示范引领作用，帮助中小高技术服务企业发展壮大，打造一批有发展潜力、有活力动力的本土企业，推动大型企业集团跨行业兼并重组或在中小企业之间建立联盟关系，提高产业集中度形成"雁阵式"的产业发展格局，为高技术服务业的可持续发展奠定坚实基础。

第三节　构建互动平台：完善产业融合的组织体系

高技术服务业主要通过三种影响途径影响高技术制造业的产出效率：一是作为生产制造过程的中间投入品而降低制造业生产的服务成本，作为贸易中间投入而提升技术密集型制造业产品出口；二是高技术服务业本身作为创新部门和创新的重要来源，其将创新成果投入高技术制造业之中提高制造业生产效率；三是作为知识产品生产部门的教育科技具有公共产品的外部性，基于生产的知识传输和为经济技术带来影响的知识传输，通过创新扩散引起广泛使用创新与技术的高技术制造业效率的提高。[1] 在高技术服务业与制造业的融合发展过程中，要完善产业融合的组织体系，构建产业互动的载体平台。

一　健全市场中介服务体系

中介服务机构是指介于政府和市场主体之间、市场主体和市场主体之间，通过为各类市场主体提供对接、评价、代理、检验、仲裁等活动，收取费用并承担相应责任的经济组织。中介服务体系是在更宽广的产业链层面上为各种类型各层次市场主体提供信息咨询、培训、经纪、法律等各类中介服务活动的各类中介服务机构的概称。可以更

---

[1]　任皓、周绍杰、胡鞍钢：《知识密集型服务业与高技术制造业协同增长效应研究》，《中国软科学》2017年第8期，第36页。

宽泛地讲，市场中介服务体系部分地包括高技术服务业在内，但又与高技术服务业之间存在集合差。

就社会再生产过程的产业价值链环节而言，在高技术服务业和制造业的互动融合中，高技术服务投入属于中间性投入，需要制造业企业通过市场搜寻获得，市场中介服务体系的存在对于提高高技术服务业的搜寻效率意义重大。各种产权交易服务平台、专利与科技服务交易平台、高层次人才供需对接平台、各种融资服务平台、承包市场或租赁市场等是高技术服务业和制造业各自独立发展和二者发生关联互动的中间媒介。

目前，我国市场中介服务体系除了官方的生产力促进中心、高新技术创业服务中心、产权交易市场、技术转移中心、科技创业中心、人力资源服务中心等之外，一般市场化的企业组织规模较小、服务能力较弱，企业结构不合理，东中西地区间发展严重不平衡，服务市场发展不规范，亟待政策引导，以使市场主体向恰当的市场细分领域兼并重组，实现专业化、规模化和规范化方向发展。

二 发展服务外包和代工生产

随着科技的深入发展，分工行为逐渐实现从产业间分工到产业内分工再到产品内分工的变化。与之相适应的是，产品的制造过程不再集中于单个企业内部而是转由专业化团队来承接，将众多非核心的业务环节通过外包形式分散到全球更广泛的地区，最后在某一个地方集中进行组装，实现降低整体成本、提高效率、增强企业核心竞争力等目的。以互联网的普及及应用为载体的信息技术的迅速发展，特别是知识产权保护和经济合同法律保护意识的增强，让服务外包蓬勃发展。服务外包包括商业流程外包（BPO，包括业务改造外包、业务流程和业务流程服务外包、应用管理和应用服务等商业应用程序外包）、信息技术外包（ITO，IT、软件开发设计、技术研发、基础技术平台整合和管理整合）和知识流程外包（KPO）等三种主要外包模式。

制造型企业经营环节一般相对过长，导致资源分散，服务外包又可称作服务外置，是指企业将生产或经营过程中的设计、研发、销售或人事等工作的某一个或几个环节委托给社会化的专业服务商提供。[①] 2006 年以来，我国各级政府陆续出台了一系列的推动服务外包行业发展的政策措施，并在全国选择 21 个城市作为服务外包示范城市。政策带动使不少企业纷纷把自己有限的资源集中于公司的核心能力而把其余业务交给外部专业公司。外包企业在规模、人员、资质认证、业务结构等各方面逐步成熟和完善。服务外包在我国已经成为企业获取专业技术和人才、减少成本开支和增加市场竞争优势的主要手段之一。[②]

目前，我国服务外包行业定位多处于产业价值链的低端环节，项目类型主要集中在软件开发及测试、数据录入等领域，而且企业的专业技术能力不高，导致企业鲜有涉及从提出设计到制定整体解决方案、研究开发、技术测试等的高端业务领域，多数企业的业务空间及利润空间不大，急需通过自主创新能力的提升塑造专业技术能力和核心竞争力。当前，要注重借助"一带一路"倡议和国际产能合作，推动我国过剩的工程总包、方案设计等服务业务向国外转移发展的同时，逐步实现外引内育相结合，加速提高我国服务外包行业的层次。

三　依托行业协会或领军企业搭建产业联盟

行业协会、学会已经成为我国不少产业和社会组织发展中自发成立的共同体组织，它们参与制定区域产业规划和行业标准，组织会议交流和推介活动，加强行业自律和对外交流，在服务会员发展方面发挥了重要作用。行业协会历史上曾经并很可能还会形成对抗政府监管

---

① 刘曙华：《生产性服务业集聚与区域空间重构》，经济科学出版社，2012，第 67 页。
② 陈菲：《服务外包与服务业发展》，经济科学出版社，2009。

的一股力量，但行业协会也是政府管理企业的中介组织和有力抓手。并且，从产业发展的实践看，依托行业内少数龙头企业发挥先行探路作用和外部效应，引领带动中小企业发展，是不少国家和地区推动产业发展的典型路子。相应地，行业协会在促进高技术服务业和先进制造业融合发展方面，也有很多地方可以发挥作用、施展拳脚。

一是推动行业协会和中介服务机构独立发展。按照《行业协会商会与行政机关脱钩总体方案》的安排，理顺政府部门与行业协会之间的关系，发挥好行业协会在制定行业标准、行业发展规划和开展市场秩序自律监管等方面的政府之外的重要力量补充的作用。

二是推动行业协会民主科学健康发展。行业主管部门应推动所管行业协会制定《行业协会章程》，会长单位、副会长单位不再由个别领军企业担任并长期占有，推行会长单位、副会长单位由全体理事单位选举产生制和任期制，并且任期内协会其他成员（在行业主管部门支持下）对会长单位要有制约机制。领军企业牵头搭建的产业联盟，要在设施空间布局和管理机构人员的选择使用上，突出为会员服务的公共性，而非政策、资源为牵头企业所独享，杜绝个别领军企业长期担任会长单位垄断产品质量监督检验和行业产品标准制定权力而不思革新，打压业内其他单位。将行业内个别领军企业从事出版行业性技术期刊、组建专业学会和行业网站建设的职能分离出来，交由行业协会承担，政府行业主管部门要给予支持。

三是推动行业协会承担组织行业共性技术研发职能。如各级科协、社科联通过设置招标课题的形式很好地推动了行业整体的科技发展。在促进高技术服务业和先进制造业融合发展方面，我们应该反思检讨国家、省、市级的企业技术中心（工程技术研究中心、重点实验室、关键技术重点实验室）设在个别企业对推动企业科技创新和社会公益的实际价值意义，反思国家授权原国家科研机构转制成的行业内个别领军企业或其内部成分（因为企业不具有公益性，而具有自利性甚至内在垄断需求，同时任何企业都具有生命周期，而行业协会是相对长久存在的）承担行业特定领域科技管理职能的有效性和促进产业整体发展的价值意义，如依托行业内个别领军企业作为行业协会会长单位或者协会秘书处承担国家行业产品质量监督检验中心、国家科技成果检测鉴定检测机构、国家行业技术委员会、生产力促进中心、国家标准化技术委员会职能，国家标准化管理委员会授权个别领军企业作为国内技术归口单位，承担并组织产品技术标准制、修订。

四是推动行业协会承担大型仪器设备融资租赁服务管理职能。推动由政府下属事业单位、行业领军企业、行业协会承建公共科技服务平台，这有助于降低制造业的专有化资产成本，引导社会资本参与科技企业孵化器建设、运营和管理。依托行业协会建立本产业联盟或跨产业联盟。

四　以科技金融为纽带促进高技术服务业和先进制造业融合

科技金融属于产业金融的范畴。科技金融是促进科技开发、成果转化和高新技术产业发展的一系列金融工具、金融制度、金融政策与金融服务的系统性、创新性安排，是由向科学与技术创新活动提供融资资源的政府、企业、市场、社会中介机构等各种主体及其在科技创新融资过程中的行为活动共同组成的一个体系，是国家科技创新体系和金融体系的重要组成部分。[①] 经济的发展依靠科技推动，而高科技企业通常面临高风险，融资需求也比较大，科技产业的发展需要金融的强力助推，科技金融是科技产业寻求融资的过程中达到与金融产业融合的发展状态。

一是要防止金融资源远离高技术实体经济。随着我国住房制度改革的实施，21世纪初开始以房地产为主的一系列产业从其他实体经

---

① 赵昌文等：《科技金融》，科学出版社，2009。

济抽走大量资金，导致制造业发展面临融资难融资贵的问题，而房地产由于杠杆率极高，自身也蕴含着巨大的风险。为顺应国家提出的打好防范化解重大金融风险攻坚战的要求，各级地方政府要通过投融资政策引导，阻断制造业企业尤其是国有制造业企业获得金融贷款后向房地产领域转移使用，避免货币过多地流向房地产领域而使经济体系"脱实就虚"。

二是拓宽科技型企业融资渠道，构建科技金融体系。推动非上市科技型中小企业通过股份转让等形式与科研机构联合重组，进行股权融资。搭建科技金融服务平台，支持商业银行等金融机构设立科技金融事业部或科技支行，促进科技和金融结合，扶持发展科技投资公司、担保公司，疏解科技创新创业的融资难题。绵阳市为推动军民融合发展，于 2016 年 10 月获批成立中国首家军民融合保险支公司。2017 年 3 月，四川绵阳市商业银行科技支行正式更名为军民融合科技支行，成为全国首家军民融合科技支行，试点开展了应收账款融资服务。这样因地制宜的科技金融融合支撑产业发展的模式值得关注和借鉴推广。

三是要建立创新型企业财税金融支持体系。生产性服务业企业往往注册资本、人员规模、办公场所、固定设备较制造类企业少，可抵押给金融机构的抵押品过少，这就造成大多数的高技术服务业企业融资困难。高技术服务业企业很多是中小型企业，且多属于轻资产企业，融资担保问题突出，建立服务创新导向的实体经济发展的财税金融支持体系需要推动银行以生产性服务业已完成或在研项目的应收账款为抵押，进行再融资；政府可成立科技贷款风险补偿基金，为科技型企业融资进行贴息、风险补偿；支持投资银行进行科技项目融资，促进高技术服务业提高筹措资金能力和资本运作能力；推动金融创新。鼓励和支持各省区市适时组建地方性金融控股集团，以资金流为纽带通过资本运作将各个孤立的金融力量整合起来，实现资金资产资源等要素的共享和优化配置，以资产管理公司集中收购地方性金融机构不良资产进行市场化运作盘活，降低金融企业运营风险和处置不良资产；发展证券公司、期货公司、保险公司、基金公司、信托公司、投资公司和面向中小企业的财务公司、金融租赁公司等非银行金融机构。[①]

第四节　做强核心支撑：完善区域创新体系

科技创新是两业高质发展的共同源泉。从企业需求来看，国内集中在高校和科研院所的科技成果产业化转化率不高，而"为出口而进口"的贸易模式也助长了中国制造业优先选择进口国外生产设备并满足其市场消费需求，这就致使我国沦为外国的代工企业，价值含量较高的高技术服务业内生发展动力不足、能力不强。为此，必须加快构建以企业为主体、以市场为导向、产学研结合的创新体系，提高科技创新与产业的融合水平。

坚定不移地实施创新驱动战略，要遵循科技创新的演进规律，推进应用型技术研发机构市场化企业化改革，培育创新主体，突出抓好创新引领型企业、人才、平台、机构"四个引领"；完善政产学研一体化的科技创新体系，着力形成以自主知识产权为导向的政策体系和以人为本的创新创业环境，以创新形成的不竭动力为高技术服务业与制造业融合发展提供支撑。

一　明确区域创新的战略路径

对于国家提高在全球的战略竞争能力而言，必须发挥举国体制集中力量办大事的优势，由国家出面组织专业力量集中攻坚克难，在若

---

① 王彦武等：《河南服务业发展研究》，河南人民出版社，2007，第275、276页。

干科技前沿领域形成一系列高端成果，抢占国际竞争的制高点。而对于国内不同发展水平的东中西地区而言，必须在国家科技创新体制框架之下，根据自身创新基础能力，结合本地产业水平，选择领先型创新或者紧跟型创新或者模仿型创新。

一是分类推进创新。通用性技术研发要瞄准产业共性问题，聚焦战略性新兴产业和优势传统产业等重点领域，依托国家公共基础研发平台，发挥大企业大项目的创新骨干作用。依托大型企业集团特别是"国字号"企业和科研院所、本地产业集群领军企业和产业链关键环节的重点企业，依据技术创新链梯次实施重大科技专项和自主创新专项，围绕重大共性需求和重点行业需要，有效整合高校、科研院所、企业工程技术研究中心、重点实验室、专家人才队伍等创新资源，开展工业互联网产学研协同创新。通过联合技术攻关推动原始创新和技术集成创新，突破一批核心关键技术，形成一批具有国内领先水平、拥有自主知识产权的创新成果和技术储备。企业创新以个体实用技术应用创新为主。

二是培育创新主体。推动设立科技贷款风险补偿准备金，启动科技贷款利息补贴、科技贷款担保费补助，设立成果转化引导基金和创新创业发展基金，增强科技创新能力和产业化水平。以"中国制造2025"试点城市、国家促进科技与金融结合试点城市建设为引领，制定促进科技与金融结合的相关政策和措施，大力推进科技与金融结合工作。与银行合作成立科技特色支行，引导合作银行开展科技信贷产品和服务创新；开展"科技贷"和专利质押融资贷款业务，为科技型中小企业提供贷款，缓解科技型中小企业融资难、融资贵问题，降低企业研发成本。实施创新龙头企业培育工程，吸引高端研发机构进驻，激活本地创新资源，培育壮大一批特色新型产业集群，培育孵化产业上下游小微企业，提升产业整体竞争力。

为推动众创空间的健康发展，营造有利于大众创业、万众创新的良好环境，根据《国务院办公厅关于发展众创空间推进大众创新创业的指导意见》（国办发〔2015〕9 号）精神和《科技部关于印发〈发展众创空间工作指引〉的通知》（国科发火〔2015〕297 号）的具体要求，科技部确定了两批众创空间。我们要搭建孵化平台，以工商登记制度改革和放开制造业投资准入为契机，推动全民尤其是大学毕业生自主创业创新，并为小微高科技企业成长提供便捷完善服务。

三是建设创新载体平台。组织企业成立各级各类研发中心，建设"中国制造 2025"国家级示范区、国家科技成果转移转化示范区、国家可持续发展实验区、国家高新技术产业开发区创新型特色园区，依托科技园区和科技项目扶持培育创新主体，着力吸引国家实验室、国家工程技术研究中心、国家级制造业创新中心等国家级或区域级管理机构落户，推动自创区探索创新联合建设跨国、跨地区研发实验室项目，促进产学研等各类创新主体相互开放，建立大型仪器设备共享服务单位和企业使用补贴制度，分享大型科学仪器设施及公共科技资源。后发地区要积极与发达地区研发主体联络，结合本地产业基础联合设立研发生产中心等研究中心和技术转移中心，加快国家知识产权局地区性审协中心、国家技术转移地区性中心、国家质检中心地区性综合检测基地等国家管理体制内的地区性分支机构建设。

二　深化科技管理体制改革

从科研产出来看，我国 80% 的科研人员集中在高校和科研院所，研发投入也主要集中在高校和科研院所，中小企业研发投入极少或根本没有。与此同时，大量国家科研经费被垄断机构分配、低效或无效使用，研发成果流于形式，实质性创新和应用价值不大，并且基础研究成果的产业化率不高。推动科技管理体制机制改革创新，构建从科技创新计划选题、创新产出到创新成果产业化、创新扩散的完整创新链条，建立面向科学研究、技术开发和创新活动的分类管理机制和全过程管理机制，提高科技投入产出效率和创新产出率，以创新促促进高技术服务业与制造业融合发展和产业结构升级。

一是提高科研项目管理水平。科学确定国家重点科技专项规划，国家层面，要突出基础性研究和产业关键共性技术、关键产品研试，筛选确定国家星火计划、火炬计划项目、行业标准制定的支持项目；地区层面，要按照国家主体功能区规划做好创新型省份试点建设，建立各类科技资源目录、年度科技攻关项目计划目录、科技人才储备库，及时进行动态更新和完善，每年梳理出本地科技进展动态和产业技术瓶颈台账，并将其作为制定科技计划的依据。推动国家地方科技创新联动，加快国家重点工程技术研究和吸引社会投资指南申报立项，每2－3年动态调整一次。将影响全局发展的主导产业技术难题，划分成若干个子课题，两级政府注意上下呼应、前后衔接，错位支持、集中用力。破除体制弊端对科研经费的垄断性分配，健全专家立项评审决策机制和结项验收责任机制，推进项目竞标和公示管理制度。加强科研资金监管，落实科技项目法人负责制和责任倒查惩处机制，督促企业严格落实科研项目的配套经费保障，避免科研经费被挤占、挪用等。加强中央财政科技计划（专项、基金等）监督管理，提高资金使用效益。

二是以深化科研院所改革激发科技创新主体活力。制定拔尖专业技术人才扶植计划，对相关人员给予津贴补贴并进行年度述职考评。鼓励高校和科研机构的科研人员参与服务领域的技术创新。科技创新奖励向做出创新贡献的个人倾斜、向创新团队倾斜，从微观源头激发创新主体创新活力。减少党政机关领导干部牵头的科研立项，严格落实科研立项、论证评审由相关领域专家委员会决定，科研经费由项目牵头人自主支配，让科技人才从行政权力的支配下解放出来，回归自身领域的权威地位和应有的社会待遇，让创新事业成为全社会的香饽饽。根据科技人才储备库，政府分批分类实施通用业务培训，资助科研群体开展业内交流和不同企业的科研人员组建技术创新联合小组。以财政补贴形式支持科研人员留岗开展创新实验发挥"内企业家"功能，对科研人员自发留岗外出深造提供资助。对企业派科研人员出国深造或到国内科研院所、高等院校学习提供配套资助。

三是推进产学研合作机制。打破长期以来的"产学研"科技成果转化思路，构建"官产学研用"五个支撑元素的全新框架。突出骨干企业的壮大、重大产品的研发、关键技术的突破等，鼓励科技成果采用协议定价、作价入股、挂牌转让等方式交易，推动技术转让、技术服务等技术交易，加快科技成果产业化，支持行业骨干企业与高等院校、科研院所、上下游企业等建立以利益为纽带、网络化协同合作的产业技术创新战略联盟，推动优势资源向产业链集聚。定期开展全国科技统计调查工作，掌握科技资源动态，为科技决策、产业发展（特别是高技术服务业与制造业融合发展）提供基础支撑。

四是改善科研评价机制，推动科技成果转化进入产业实践。在考核地方政府新培育科技型企业数量、万人发明专利拥有量、荣获国家科学技术奖、专利申请量、专利授权量、发明专利授权量等指标的同时，要突出对实现高新技术产业增加值、科技进步对经济增长的贡献率等结果性指标的考核，带动科研力量将更多的精力放在科研成果的现实转化方面，更好地服务和带动产业发展。

五是完善技术成果转移转化服务体系。推动支持地方政府、地方企业与大院名校签署设立技术转移服务机构战略合作协议，资助科技成果转化项目，解决科技成果转化的"最后一公里"问题。完善技术推广服务体系，借助技术市场、技术转移服务机构，助推企业间、产业间、城乡间、区域间产业技术转移，通过跨地域兼并重组实现技术成果内部化。鼓励各地依据技术优势举办专业性国际科技产业博览会，组织企业、高校和科研院所进行区域产业技术创新供需交流对接。依托产业链和产业园区构建联合党组织，促发产业集群的技术扩散效应。

其中，科技市场和技术转移中心建设是个关键。在这方面，相对落后的河南省济源市于 2016 年 2 月 26 日与西安科技大市场签订合作共建济源科技大市场战略协议。济源科技大市场作为全国首个城际、跨区域的科技资源深度合作平台，为国家在区域间科技资源共享和技术自由贸易机制创新推进提供了有益探索，并已与西安科技大市场、中国技术交易所建立了数据链接，实现了资源共享。借助于济源科技大市场，济源市着力完善技术市场服务体系，有效地发挥科技大市场"展示、交易、共享、服务、交流"功能，成为科技资源统筹转化的聚变器、技术创新和成果转化的加速器、科技产业发展的助推器，很好地推动了本地产业互动和结构升级。

三　推动企业加大对高技术服务的投入

实现《中国制造 2025》提出的"鼓励制造业企业增加服务环节投入，发展个性化定制服务、全生命周期管理、网络精准营销和在线支持服务等；支持有条件的企业由提供设备向提供系统集成总承包服务转变，由提供产品向提供整体解决方案转变；鼓励优势制造业企业裂变专业优势，通过业务流程再造，面向行业提供社会化、专业化服务"等目标举措，无论是从国家整体还是微观个体企业的角度看，都需要确保足够的物资投入做保障。

一是要增加专项科技经费投入。各级政府和垂直一体化经营的制造业企业负责人要更新观念，充分认识到服务成为企业获取新价值和增强自身产品竞争力的重要动力来源，主动瞄准微电子技术、计算机芯片技术、物联网技术、云计算技术、卫星定位技术、生物医药等发展，因地制宜、因企而异确定主攻方向，发挥管理咨询、信息技术、科技研发等"软因素"对促进制造业进步的硬功能，推动核心技术自主创新能力建设。高技术服务企业自身也要加大主营业务投入，切实在单位预算中安排充分的高技术服务专项经费，带动提高全社会研发经费投入占 GDP 的比重，提高科技研发强度，为高技术服务业创新发展提供充足的资金支持。

二是要改善研发投入结构。我国政府 2006 年提出"自主创新"战略，2015 年全社会研发经费投入达到 1.4 万亿元，占全球研发经费投入的 20%，仅次于美国的 28%。然而，研发经费投入结构不合理，企业以国外技术设备为基础主要开展试验发展，较少涉及应用研究，几乎没有基础研究；高校和科研院所的科研成果转化率偏低，应用研究在基础研究和试验发展中的桥梁作用缺失。近 20 年来，我国基础研究支出占全社会研发经费投入比例一直徘徊在 5% 左右，基础研究投入比例长期"低"位徘徊；2014 年我国应用研究投入占全社会研发经费投入比例下滑至 10.8%，远低于主要发达国家 20% 以上的水平；科学研究与试验发展经费比约为 1∶5，研发经费投入过于偏向试验发展，产业创新自主知识产权供给率"低"。① 今后，要在保持高技术服务专项经费总额逐步增长的同时，突出做好基础研究，更加关注配套消化吸收经费投入和科研固定资产投资，实现一分技术引进经费背后具有几分配套消化吸收经费支持，切实提高研发经费使用效率，提高自主创新能力和核心技术发展水平。

三是必要时在内部成立专业化服务提供机构。当前流水线的生产形态已经日趋标准化、机械化、自动化，已经让制造业环节不再是价值链关键环节。在制造业服务化或者规模扩大化的过程中，如果没有超出规模经济、范围经济范畴，可以有意识地成立专门的高技术服务提供机构，为制造业更好发展提供支撑，近距离无交易成本地做好产业对接互动工作。

---

① 孙玉涛、曹聪：《万亿研发经费投入结构不合理："三低"挑战何解？》，http：//wemedia. ifeng. com/50602186/wemedia. shtml。

四 为劳动力素质提高和人才交流合作提供便利

企业间的竞争归根结底是知识和人才的竞争，如果人才匮乏就会导致企业研发创新缺乏动力支撑，就会使企业发展迷失前进的方向。高技术服务业以高技术及高技术制造业为依托，属于知识密集型行业，具有高知识人才和高技术含量的特点，与人才密集度和人才总体素质水平密切相关。在高技术服务业与制造业融合发展中，高技术服务业人才扮演着知识要素的创造者、推动者和传播者的角色，高技术服务业的发展高度依赖高素质的专业人才队伍。

2017 年 4 月武汉市招才局成立，拉开了我国一股"抢人大战"的热潮，从 2017 年下半年开始至今，先后有杭州、武汉、西安、成都、长沙、天津、南昌等二、三线城市加入高待遇找人行列。这体现了地方政府传统发展观念的调整和对人才这一根本要素重视程度的提高，但是，各地既要"引才引智"更要"用人留人"，而留人的关键是持续改善营商环境和政府服务，不断优化城市社会的硬环境和软环境，还要为人才干事创业营造富有活力的体制机制和制度保障。[①]

发展高技术服务业，最急需、最紧缺、最关键的是人才，高素质人才队伍的集聚形成需要地方企业、相关社会化服务单位和政府部门的共同努力，为地区可持续发展塑造必要的人才基础。推动高技术服务业和高新技术制造企业发展，必须一边引进人才，一边培养人才。

一是要加强人才培养。要发挥用人单位在人才培养、引进和使用中的主导作用，依托产业项目加强引才、引智、引技工作，采取引进、培育、人才交流合作等方式，加快引进一批创新创业高端人才、主导产业急需的紧缺人才及各类科技支撑人才，建设高素质的人才队伍，建立与区域经济社会发展相适应的各层次人才体系，为高技术服

---

① 定军：《津赣加入"抢人大战"发改委称关键在改善营商环境》，《21 世纪经济报道》2018 年 5 月 17 日第 6 版。

务业和制造业发展及融合提供人才支撑。在注重高端人才聚揽的同时，要注意深入发展职业技能教育，配套性地做好职业技能教育工作。推动职教院校分级分类兼并重组、整合资源，打造一批专业特色鲜明、规模效益显著、竞争能力突出的职教品牌，提高人力资本质量，为承接发达地区产业转移、为本地传统产业技术改造升级提供技工人才支持。

二是完善人才引进机制。人才的引进要和本地的经济发展战略紧密结合起来，围绕地方发展规划和主导产业需求来制定人才引进政策，实现人才引进与本地经济社会发展战略、产业结构调整的深度融合协同。建立科技人才供需信息定期发布制度，引导科技人才合理有序流动。完善高层次科技人才引育资金支持和配套服务等优惠政策，依托高科技产业园区和实验室等载体面向海内外引进熟悉国际商务、国际法律的开放型人才和符合本地主导产业发展趋向的国际前沿创新型人才团队和高层次紧缺人才。着力打造引才育才的政策优势，通过多样化引才模式、搭建人才创新创业平台、完善人才服务体系，建立高层次人才服务绿色通道，为海归人才、国际友人到华定居提供户籍办理、购房补贴等各方面的优惠，对具有先进适用项目的科研团队依托企业实施研发和成果转化提供政策支持。

三是完善人才发展平台。加大对中西部地区高技术服务业基础设施建设的投资力度和引入高素质人才的政策资金支持。将创新创业综合体打造成为具有科技企业孵化、科技人才创新创业培育、创新研发、科技成果转化、科技服务、科技投融资服务、人才集聚和生活服务等多功能的孵化组合体，促进资本、技术、人才对接，加速科技成果产业化步伐，培育科技型企业。

支持举办各类型各层次国际论坛峰会促进开放创新。要碰撞思想，把握风向，交流合作，促进国内高技术服务业和高技术制造业从业人员吸收新知识，提高自身专业化水平和综合素质。为国际高技术服务业、先进制造业来华交流合作搭设平台，支持赞助我国高技术服务业人才出国培训或参加论坛峰会。加强全国范围内的学习和交流，从资金、技术、原材料和生产等方面与全球、全国相关从业主体进行全方位的合作。

四是加强现代企业家素质教育。除了外部市场风险，企业家自身的心性追求也是影响产业分工和互动融合的重要因素。一些企业分离产业辅助环节的意愿不仅不强，而且企业所有者在追求利润回报的同时，也追求对资产的控制权力和自由交易，这体现在当其资产规模、营业额或利润规模达到一定程度后，不是选择进一步的专业化和高端化生产，而是选择走纵向一体化发展道路，做销售的向前端延伸到加工、设计环节，做生产的向后延伸到销售等环节。这样以内部权力形成便捷稳定的交易关系，避免外部交易的风险和交易成本，争取占有产业链的主动权，以制造业服务化和服务业制造化两种内部产业融合形式促进整体产业的发展。

第五节　搭建空间载体：完善产业互动、产城融合的城镇体系

现代服务业自身具有不断吸收新技术、新理念、新文化的天然属性，衍生出跨境电子商务、互联网金融、远程教育医疗、影视制作等新兴业态和经营模式。[①] 包括高技术服务业在内的现代服务业的发展和现代化城市的建设是一个有机的整体，现代城市经济的主体功能和发展方向是发展能够体现城市现代性的现代服务业。[②] 在进行产业空间布局时，要考虑城镇等级层次和城乡产业发展的不同需求和基础差异，合理布局产业类型，便于高技术服务业与制造业互动发展和产城

---

① 王彦武等：《河南服务业发展研究》，河南人民出版社，2007，第 123 页。
② 王彦武等：《河南服务业发展研究》，河南人民出版社，2007，第 122 页。

融合发展。

一　以现代城镇体系建设引导产业要素合理空间布局

目前，国内各大城市群内的城市之间由于利益因素互相博弈，协调机制不健全。城市群与城市群之间也存在同质化竞争、资源错配等现象。缺乏都市圈规划、创新合作平台、制度对接已成为城市群亟待解决的问题。[①] 要推动城市群内城镇体系空间规划协调、基础设施互联互通，促进地区内各城市依据功能定位开展产业分工协作，促进各种市场要素的自由流动，实现区域一体化。

一是明确城市群内城市间的功能角色定位。针对目前全国各地产业发展定位不清晰、产业结构趋同，地区间竞争关系远大于合作关系问题，经济区域圈层内的中心城市、副中心城市及其他城市间要理顺竞合关系，推动各级地方政府结合国家主体功能区的划分定位和本地资源禀赋、历史产业基础，科学确定地区细化的产业发展定位，并坚持不懈推进产业结构调整，最终实现区域协同发展。形成国家中心城市和区域中心城市要着力发挥服务引领功能，周边中等城市要围绕中心城市需要建设制造业基地，中小城市发挥好资源原材料支撑作用的功能格局。

二是搭建城市群内城市间分工协作的纽带。提高城市群内产业分工协作水平，完善动态管理的《产业转移指导目录》，促进交通连接、政策协同，建立完善东中西部地区良性互动、分工合理、特色鲜明、优势互补的现代产业体系，促进区域协调发展。解决好企业跨地区兼并重组引发的 GDP 核算、税收分两地征缴、招商引资政绩评价等问题。地区中心城市（区）要自觉推动低层次产业向外转移，为高技术服务业发展提供空间。

---

① 方列、刘良恒、赵瑞希：《中国城市群协同发展面临挑战》，《经济参考报》2018 年 3 月 30 日第 A05 版。

二 突出做强区域性中心城市的高端服务引领功能

生产性服务业分层级纷纷向全球性中心城市—国家级中心城市—区域性中心城市的中心地区依次转移集聚，并取代相应城市的传统制造业而成为居于主导地位的产业类别，避免了大都市中心区由于传统制造业外迁引发的产业空心化问题。[①] 要把国家中心城市、区域性中心城市做成等级分明的高技术服务业高地，使高技术服务业成为带动周边地区中小城市制造业发展的强有力引擎。

一是依托中心城区做大高技术服务业和制造业总部经济。新兴高技术服务业对厂房、资金、设备等要求不高，在地区间的迁徙相对容易。由于生产性服务业属于制造业的派生需求且属于轻资产型行业，其产业转移比较容易，可以通过调整组织结构（垂直一体化或选择兼并重组、迁移公司总部、设立地区总部、设立分支机构或转型主营业务等方法）来适应来自研发、市场联系和网络组织等方面的成本压力[②]，因而在空间布局上呈现出明显的追随制造业布局的特点（例如，长三角地区的上海就是生产性服务业和先进制造业的双重集聚地）。高技术服务业与制造业之间存在空间聚集关系（尽管实证研究发现这种关系可能并不是稳定存在的）是一个显著的特征，这也为在空间布局层面促进二者互动提供了依据。中心城市的高新技术产业开发区和 CBD 中心商务区空间布局规划和建设要相映成趣，以方便产业双向转移与空间积聚共生、制造业总部经济发展。

二是塑造城市文化魅力，营造开放创新的社会人文环境。着力弘扬城市精神，美化人文环境，提高居民文明素养。营造浓重的地域文化特色，为引得来、留得住高端生产要素、高技术服务业、先进制造业和优秀创新人才提供生态土壤。打造生态宜居、智慧生活家园。在

---

① 刘曙华：《生产性服务业集聚与区域空间重构》，经济科学出版社，2012，第64页。
② 刘曙华：《生产性服务业集聚与区域空间重构》，经济科学出版社，2012，第96页。

抓好交通治理、生态、环保、水系、绿地等自然环境的同时，优化居住、教育、医疗、就业资源布局，形成市民便利的生活环境。

三是推动中心城市功能跨地区跨城乡重构。包括高技术服务业在内的生产性服务业通过重构产业空间布局、变换就业和居住空间分布、改变交通设施空间走向和变更土地空间利用类型等途径重构地区空间格局，使得区域经济非均衡局面被强化。包括高技术服务业在内的生产性服务业集聚对区域经济的发展及其空间结构演变具有巨大的促进作用，是区域经济空间重构的重要驱动力。[①]

加大城市特色硬件设施建设，通过相对完备的城市功能，以别具特色的独特产业和现代服务业的发展奠定鲜明的形象定位，提高城市在国家要素流动中的吸引力和竞争力，为高技术服务业和先进制造业落地提供环境条件。在城市群内，要突出在中小城市周边建设工贸园区，使之作为与大城市产业配套的制造业加工生产基地，以宽松的制度促进资本跨地区跨城乡重构格局，为高技术服务业和先进制造业互动提供便利。

三 发挥产业园区的集聚分享互动功能

形成规模效应对于提高地域产业品牌效应、降低物流成本和供货商价格具有显著作用。产业集群促发的外部效应包括三个层面：一是同类产业的不同企业规模的叠加，形成上下游乃至侧向配套产业落地存活的最低市场需求，引发区域产业生态系统的形成，降低某一企业搜寻生产要素和配套服务的交易成本；二是以占全国同类产品的较大比例而形成地域品牌，在价格上提高产品附加值，促进同类产业和专业化配套产业的到来，进一步为产业升级提供条件；三是园区内同类企业通过近距离接触交流、信息共享，可以促进产业创新的出现。

---

① 刘曙华：《生产性服务业集聚与区域空间重构》，经济科学出版社，2012。

目前，产业集群发展已经成为政府空间规划、产业布局的着力方向，也成为后来企业选点布局的重要考虑因素。各类产业园区管理委员会要重视中小高技术服务企业发展和集群经济塑造，搭建产业集群载体和交流协作平台，着力推动当地龙头企业和行业标杆企业带动其他中小企业集聚发展，快速提升产业集群的整体竞争力。并要在市场和产业兴起成熟的过程中，促使城市建设投资国有资本积极开展政策性资金的退出和流转机制改革，探索上市退出、政府转让、向企业主体回购、股权转让等退出方式新模式。

除了以产业基地、产业园区、商务大厦为代表的产业集群的空间载体形式外，近年来出现的联合办公也是一种为降低办公室租赁成本而共享办公空间的办公模式，这种模式可以看作是产业集聚的一种微观形式。来自不同公司的个人在联合办公空间中共同工作，在特别设计和安排的办公空间中共享办公环境，彼此独立完成各自项目。办公者可与其他团队分享信息、知识、技能、想法和拓宽社交圈子等。这对于以创意产业为代表的知识型服务业的发展，对于促进高校毕业生就业创业，是个方向。

第六节　优化营商环境：降低产业互动的交易成本

良好的政务法治环境和配套产业服务体系形成高技术服务企业生存须臾不可的营商沃土。简单靠优惠政策招商引资的路径已经越来越行不通，地方政府必须要从构建产业生态系统的角度出发，系统性地构建综合政策环境，以市场的力量促进产业发展，促进高技术服务业围绕先进制造业提供配套服务、互动发展。

一　深入转变政府职能

政府是公共利益的代表，政府要在产权界定和保护的基础上，通过财政、税收、金融、贸易、土地、环保等政策手段乃至必要的政府管制手段维护市场运行秩序。在此基础上，社会主义国家面临着资本主义国家的围堵竞争乃至武力干涉，这就需要国家更加积极有为地推动经济发展、减少市场自我演化的过程时间和不必要的周折损失。

一是深化简政放权、放管结合、优化服务改革。要加快政府自身改革，理顺政府和市场间的职责和关系，从重管理向重服务转变，简化办事手续，优化管理流程，减少收费，主动服务、创新服务。要规范干部行为，营造公平公正的市场秩序。要清理制约人才、资本、技术、数据等要素自由流动的制度障碍，将更多的公共管理事务由审批制转变为备案制，扩大市场主体平等进入范围，塑造务实高效、廉洁公正、依法管制的政务环境，营造有利于大众创业、市场主体创新的政策环境和制度环境。要加强执法监管部门和窗口单位、服务行业工作人员日常管理，严惩吃拿卡要、不作为、乱作为行为，制止各级领导干部干预企业经营、资源出让，严控权力以参股、干股等形式为相关企业充当保护伞，与民争利。

二是加快市场化进程。以地方政府绩效考核指挥棒为规范地方政府间竞争行为树立导向，打破地方政府政绩考核竞争造成的部门分割和行政割据问题，促进统一大市场和经济一盘棋局面的形成。扫除不利于产业互动融合的产业管制政策，促进企业跨地区跨所有制跨产业链环节进行兼并重组，使市场在资源配置中起决定性作用。

三是提高产业政策公平有效性。由于信息不对称问题和寻租问题，在目前的产业扶持政策实施中跑关系的问题比较突出，紧缺的资金没有给予需要的市场主体，降低了产业政策的公平有效性。今后，产业资助活动应公开透明规范，在公共投资项目实行公平公开招投标的基础上，推进中标企业预算造价公开和最低报价企业公开。

四是高度重视和支持智库发挥作用。社科院、政府发展研究中心、高校科研院所以及党委政研室、政府研究室等官方智库和各类型的企业类管理咨询公司是出"点子"、撬动经济社会发展的支点。要大力发展包括智库在内的各类"点子公司",加强产业调研,提供有价值的行业分析报告,发现高技术服务业各细分行业的翘楚领军,摸准各种制造业细分行业的症结问题,为其见面对接提供信息服务。大力发展涉及知识、技术、法律等的专业咨询服务,促使商务服务更加专业化及网络化,为智库等产业发展提供便利。

二 优化投资营商的法治环境

市场经济本质上是法治经济,市场运行必须要有秩序,而良好的竞争秩序需要由规则来营造。如果没有法治环境的保障,行政权力将失去制约,厂商间的竞争也将充满欺诈和因不确定性而导致中断。所以,法治是营商环境的前提和基础。促进高技术服务业与制造业融合发展,也需要完善知识产权保护体系,加大对贸易纠纷的法律执行力度。

一是要严厉打击贸易纠纷的法律执行力度,严厉打击违约行为,降低交易成本,营造良好的市场环境和公平有序的市场交易秩序。特大城市和大城市贸易频次、交易规模较大,跨境业务、新类型业务不断涌现,要学习深圳市通过组建前海法院、深圳知识产权法庭、深圳金融法庭、深圳国际仲裁院保护营商环境的做法,以良好的法治环境给投资者提供明确的利益预期,从而增强投资者引进资金、技术和人才的信心。

二是切实加强知识产权保护。改革开放以来几十年的快速发展,主要是得益于对外开放的深化。各省区市相继推出的一系列扩大开放的政策和举措,都是从市场准入领域、引资方式和对外投资等方面进一步提升开放能力。在开放过程中,知识产权纠纷问题日益严重,建立促进高技术服务业发展的知识产权保护体系,要创新体制机制,推进地方知识产权法院(庭)建设,严厉打击假冒伪劣和垄断行为,遏制不正当竞争，推进依法治国和公正司法，有效保障投资者的合法权益，从市场化、法治化、国际化三方面入手，赋予国资、外资、民资公平竞争的机会和权利，为高技术服务业与制造业融合发展创造更好的市场交易环境和竞争环境。

三是推动法律咨询服务业的发展。法律咨询服务业本身属于高技术服务业中的信息服务的重要领域。信息服务业直接以提供信息、数据等形式传递知识、形成可交易的标的。高技术服务业和先进制造业互动关系越紧密，所需要获取信息的渠道就越多，越有助于降低企业搜寻成本、谈判成本、监督成本和契约维护成本等各种交易成本，提高企业间的交易效率，也就越有利于制造业创新。要在优化政务服务的同时，吸引外资法律服务业和各类高端资源要素集聚，为各种类型高技术服务业与制造业企业的交易活动夯实健全完善的配套法律服务支撑。

三　完善社会信用体系

信用是现代市场经济的基石，信用机制缺损，市场机制不可能有效运行；信用机制扭曲，会降低市场的有序性，从而市场经济就难以健康发展。完善的信用体系也是社会主义市场经济内在运行机制不可或缺的重要组成部分。党的十六大报告指出，"要加强和完善宏观调控，整顿和规范市场经济秩序，健全现代市场经济的现代信用体系"；十七大报告指出，"规范发展行业协会和市场中介组织，健全社会信用体系"；十八大报告提出"加强政务诚信、商务诚信、社会诚信和司法公信建设"；十九大报告提出"推进诚信建设和志愿服务制度化，强化社会责任意识、规则意识、奉献意识"。

社会信用体系以法律、法规、标准和契约为依据，以健全覆盖社会成员的信用记录和信用基础设施网络为基础，以信用信息合规应用和信用服务体系为支撑，以树立诚信文化理念、弘扬诚信传统美德为内在要求，以守信激励和失信约束为奖惩机制，提高全社会的诚信意识和信用水平。① 2016 年 5 月 30 日，《国务院关于建立完善守信联合激励和失信联合惩戒制度加快推进社会诚信建设的指导意见》以国发〔2016〕33 号文件形式公开发布，2016 年 9 月 25 日，中共中央办公厅、国务院办公厅印发并实施了《关于加快推进失信被执行人信用监督、警示和惩戒机制建设的意见》。然而，当前我国信用体系不健全、很多法律纠纷不能得到及时有效的处理，这导致契约维护成本很高，限制了市场交易行为的发生。商业欺诈、合同违法、制假售假、偷逃骗税、学术不端等诚信缺失问题，已经成为影响和制约我国经济社会持续有序健康稳定发展的顽疾，我国企业每年因不诚信导致的经济损失高达 6000 多亿元。② 在高技术服务业和先进制造业互动发展的目标导向下，众多的高技术服务业围绕制造业提供服务，交易范围相当广阔，如果信用环境不良，则很难促发制造业外包行为和对外服务需求。

一是以政务诚信建设带动社会诚信建设。社会诚信建设是社会进步的一项基本建设。政府是社会公正的支柱，是社会诚信的基石，尤其是在政府主导型经济社会发展模式下，要坚持从政府自身的诚信抓起，以政府诚信带动社会诚信建设。首先，建立行政机关内部重大决策合法性审查机制，建立重大决策终身责任追究制度及责任倒查机制。推广《中共最高人民检察院党组工作规则（试行）》提出的"党组重大决策失误的，对参与决策的相关党组成员实行终身责任追究；擅自改变或者故意拖延、拒不执行党组会议决定的，要严肃追责"。随时或定期检查政府的有关法规、法令和制度，凡是那些被实践证明不能做到的文件，应及时废止。其次，政府官员要重承诺践承诺，自

---

① 国务院：《社会信用体系建设规划纲要（2014—2020 年）》，https://www.creditchina.gov.cn/zhengcefagui/zhengcefagui/zhongyangzhengcefagui1/201801/t20180103_105451.html。

② 本刊编辑部：《以政府诚信带动社会诚信建设》，《中国行政管理》2016 年第 8 期。

觉接受民众监督、媒体监督和司法监督，言必信、行必果。要推动政府把国家宪法和法律作为一切行为的根本依据，始终坚持依法行政。再次，要保持换届过程中政府信誉的连续性。凡是集体决议的事情，后任政府领导要认真对待前任政府承诺的事情，绝对不可"新官不理旧账"。政务诚信的改善必将显著地促进整体社会诚信环境的改善，并直接地促进企业交易行为的公平公正。

二是完善诚信征集系统。在信用信息征集环节建立基础数据库，要考虑由社会公益性机构垄断运营。依托国家统计部门和中国人民银行系统建设国家信用体系，完善失信人员惩戒措施和部门协同联动机制，实现对进入失信黑名单的社会经济主体的投资、生活的有效影响，倒逼每个人、每个经济主体谨慎对待自己的交易行为。在信用信息评估等信用增值服务领域，可鼓励成立完全市场化的中介服务机构，实现有限度竞争，避免形成新的行业垄断。信用调查公司、信用征集公司、信用评级公司、信用担保公司、信用咨询公司等信用服务中介机构是信用市场的主体。我国信用中介机构的发展也相应处于初始阶段，存在着信用中介机构运作不够规范、信用评估缺乏统一标准、信用中介机构的运作空间有限、定位不准确等问题。要采取政府引导、社会多元化投资、市场化运作的方式积极培育中介机构，以设置市场准入条件来控制发展速度，以良好信用环境促进制造业外包服务、促进高技术服务业围绕制造业开展服务交易。

三是要充分重视以道德教化涵养经济主体的市场信用意识。诚信一直都是中华民族的崇高追求，正所谓"民无信则不立，商无信则不兴，国无信则不威"。在以法治手段依法打击失信行为的同时，要完善守法诚信褒奖激励机制和违法失信行为惩戒机制，落实2016年12月中共中央办公厅、国务院办公厅《关于进一步把社会主义核心价值观融入法治建设的指导意见》的要求，加快构建政府、社会机构参与共建的跨地区、跨部门、跨领域的守信联合激励和失信联合惩戒机制[1]，加快形成保护产权、维护契约、统一市场、平等交换、公平竞争、有效监管的体制机制，加大对诚信主体激励和对严重失信主体惩戒力度，在市场活动领域深入开展针对道德方面突出问题的专项治理，为高技术服务业与制造业融合发展提供有利的外部环境。

---

[1] 中共中央办公厅、国务院办公厅：《关于进一步把社会主义核心价值观融入法治建设的指导意见》，http://www.xinhuanet.com/politics/2016-12/25/c_1120183974.htm。

参考文献

[1] Abraham K. G., Taylor S. K., "Firms Use of Outside Contractors: Theory and Evidence", *Journal of Labor Economics*, 1996, 14 (3).

[2] Alexandra, Miehlbradt, Linda Jones, *Market Research for Value Chain Initiatives*, Mennonite Economic Development Associates, 2007.

[3] Amesse F., Latour R., Rebolledo C., "The Telecommunications Equipment Industry in the 1990s: From Alliances to Merges and Acquisitions", *Technovation*, 2004, 24.

[4] Amiti M. and Wei, "Fear of Service Outsourcing: Is It Justified?", *Economic Policy*, 2005, 4.

[5] Andersen B. "The Hunt for S-shaped Growth Paths in Technological Innovation: A Patent Study", *Journal of Evolutionary Economics*, 1999, 9 (4).

[6] Aoki S., "A Simple Accounting Framework for the Effect of Resource Misallocation on Aggregate Productivity", MPRA Paper, 2008.

[7] Arndt S. W., "Globalization and the Open Economy", *The North American Journal of Economics and Finance*, 1997, 8.

[8] Arrow K. J., "The Division of Labor in Economy, the Poliy, and Society", *The Return to Increasing Ruturns*, 1994, 69.

[9] Arrow K. J., "The Economic Implications of Learning by Doing",

The Review of Economic Studies, 1962, 29（3）.

[10] Bain J. S., "Internationgal Differences in Industrial Structure", 1959.

[11] Balassa B. A., "Trade Liberalization among Industrial Countries: Objectives and Alternatives", *Council on Foreign Relations*, 1967.

[12] Balassa, "Trade Liberalization and Revealed Comparative Advantage", *Manchester School of Economic and Social Studies*, 1965（33）.

[13] Bazan, Navas-Alemán, "Upgrading in Global and National Value Chains: Recent Challenges and Opportunities for the Sinos Valley Footwear Cluster, Brazil", Paper presented at the EADI's Workshop, Clusters and Global Value Chains in the North and the Third World, Novara, 2003.

[14] Becker Gary, Murphy Kevin, "The Division of Labor, Coordination Costs, and Knowledge", *The Quarterly Journal of Economics*, 1992, 107（4）.

[15] Bell D., *The Coming of Post-industrial Scoiety*, Heinemann Educational Books Ltd., 1974.

[16] Bengisu M., Nekhili R, "Forecasting Emerging Technologies with the Aid of Science and Technology Databases", *Technological Forecasting and Social Change*, 2006, 73（7）.

[17] Bettis R. A., "Commentary on 'Redefining Industry Structure for the Information Age' by Sampler J. L.", *Strategic Management Journal*, 1998, 19（4）.

[18] Bonanno and Vickers, "Vertical Separation", *Journal of Industrial Economics*, 1988, 36（3）.

[19] Breinlich H., "Trade Liberalization and Industrial Restructuring through Mergers and Acquisitions", *Journal of International Economics*, 2008, 76（2）.

［20］ Breschi S. , Lissoni F. , Malerba F. , "Knowledge-relatedness in Firm Technological Diversification", *Research Policy*, 2003, 32 （1）.

［21］ Browning H. L. , Singleman J. , "The Emergence of a Service Society: Demographic and Sociological Aspects of the Sectoral Transformation of the Labor Force in the USA", 1975.

［22］ Caves, D. W. , Christensen, L. R. , and Diewert, W. E. , "Multilateral Comparisons of Output, Input and Productivity Using Superlative Index Numbers", *Economic Journal*, 1982, （92）.

［23］ Checkland, Forbes, and Martin, S. , "Techniques in Soft Systems Practice Part 3: Monitoring and Control in Conceptual Models and Evaluation Studies", *Applied Systems Analysis*, 1990, 17.

［24］ Coase R. H. , "The Nature of the Firm", *Economic*, 1937, （4）.

［25］ Curran C. S. , Leker J. , "Patent Indicators for Monitoring Convergence-examples from NFF and ICT", *Technological Forecasting and Social Change*, 2011, 78 （2）.

［26］ Curran, S. , Broring, Leke, "Anticipating Converging Industries Using Publicly Available Data", *Technological Forecasting & Social Change*, 2010, 77 （3）.

［27］ Dinlersoz E. M. , MacDonald G. , "The Industry Life-cycle of the Size Distribution of Firms", *Review of Economic Dynamics*, 2009, 12 （4）.

［28］ Dixit A. J. , Stiglitz J. , "Monopolistic Competition and Optimum Produt Diverstiy", *American Economic Review*, 1997, 67.

［29］ Dixit A. K. , "Stiglitz J E. Monopolistic Competition and Optimum Priduct Diversity", *The American Economic Review*, 1997, 67 （3）.

［30］ Duysters G. , Hagedoorn J. , "Technological Convergence in the IT Industry: The Role of Strategic Technology Alliances and Technological Competencies", *International Journal of the Economics of Busi-*

ness, 1998, 5 (3).

[31] EC-European Commission, "Green Paper on the Convergence of the Telecommunications, Media and Information Technology Sectors, and the Implications for Regulation", Towards an Information Society Approach, 1997.

[32] Ernst. D., "Global Production Network and Industrial Upgrading Knowledge-centered Approach", Honolulu: East-Wester Center, 2001.

[33] Farrell J., "The Measurement of Productive Efficiency", *Journal of the Royal Statistical Society*, 1957, 20.

[34] Feenstra, "Integration of Trade and Disintegration of Production in the Global Economy", *Journal of Economic Perspectives*, 1998, 12 (4).

[35] Fernandes A. M., Paunov C., "Foreign Direct Investment in Services and Manufacturing Productivity: Evidence for Chile", *Journal of Development Economics*, 2012, 97.

[36] Findlay, "An Austrian Model of International Trade and Interest Rate Equalization", *Journal of Political Economy*, 1978, 86.

[37] Finger J. M., "Trade Overlap and Intra-industry Trade", *Economic Inqurty*, 1975, 13.

[38] Gaines B. R., "The Learning Curves: Underlying Convergence", *Technological Forecasting and Social Change*, 1998, 57.

[39] Gambardella A., Torrisi S., "Does Technological Convergence Imply Convergence in Markets? Evidence from the Electronics Industry", *Research Policy*, 1998, 27.

[40] Gambardella A., Torrisi S., "Does Technological Convergence Imply Convergence in Markets? Evidence from the Electronics Industry", *Research Policy*, 1998, 27.

[41] Gereffi, G., "Industrial Upgrading in the Apparel Commodity Chain:

What Can Mexico Learn from East Asia?", Paper Presented at International Conference on Business Transformations and Social Change in East Asia, 1999.

[42] Greenfield H. I. , *Manpower and the Growth of Producer Services*, 1966.

[43] Greenstein S. , Khanna T. , "What Does Industry Convergence Mean", *Competing in the Age of Digital Convergence*, 1997, (5).

[44] Grossman G. M. , Helpman E. , "Integration versus Outsourcing in Industry Equilibrium", *The Quarterly Journal of Economics*, 2002, 117 (1).

[45] Grossman G. M. , Helpman E. , "Outsourcing in a Global Economy", *The Review of Economic Studies*, 2005, 72 (1).

[46] Guerrieri P. , Meliciani V. , "Technology and International Competitiveness: The Interdependence between Manufacturing and Producer Services", *Structural Change and Economic Dynamics*, 2005, 16 (4).

[47] Hacklin, F. , Raurich, V. , Marst, C. , "Implications of Technological Convergence on Innovation Trajection: The Case of ICT Industry", *International Journal of Innovation and Technology Management*, 2005, 2 (3) .

[48] Hacklin F. , Raurich V. , Marxt C. , "Implications of Technological Convergence on Innovation Trajectories: The Case of ICT Industry", *International Journal of Innovation and Technology Management*, 2005, 2 (3).

[49] Hausman, "The Structure of the Product Space and the Evolution of Comparative Advantage", CID Working Paper No. 146, 2006.

[50] Hoeckman B. , Mattoo A. , "Services Trade and Growth", Policy Research Working Paper 4461, 2008.

［51］ Holmes, Thomas J. , "Localization of Industry and Vertical Disintegra-tion", *The Review of Economics and Statistics*, 1999 (5).

［52］ Hummels D. , Ishii J. , Yi Kei-Mu, "The Nature and Growth of Vertical Specialization in World Trade", *Journal of internationgal Economics*, 2001, 54.

［53］ Humphrey J. and Schmim, "How Does Insertion in Global Value Chains Affect Upgrading in Industrial Clusters", *Regional Studies*, 2002, 9 (36).

［54］ Jintian, Pengfei Shen, Yan Liu, "Effect Analysis on the Industrial Upgrading and Economic Growth", *Management Science and Engineering*, 2013, 7 (4).

［55］ Johnsen, A. , "What Does 25 Years of Experience Tell us about the State of Performance Measurement in Public Policy and Management?", *Public Money and Management*, 2005, 25.

［56］ Krugman P. , Cooper R. N. , Srinivasan T. N. , "Growing World Trade: Causes and Consequences", *Brooking Papers on Economic Activity*, 1995, 1.

［57］ Lee, G. K. , "The Competitive Consequences of Technolocical Convergence in an Era of Innovations: Telephony Communications and Computer Networding, 1989 - 2001", Phd. Thesis, Hsas School of Businese, UC Berkeley, CA, 2003.

［58］ Lei D. T. , "Industry Evolution and Competence Development: The Imperatives of Technological Convergence", *International Journal of Technology Management*, 2000, 19 (7).

［59］ Li F. , Whalley J. , "Deconstruction of the Telecommunications Industry: From Value Chains to Value Networks", *Telecommunications Policy*, 2002, 26.

［60］ Lopez R. , Yadaw, N. , "Imports of Intermediate Inputs and Spill-over Effcect: Evidence form Chilean Plants", *Journal of Development Studies*, 2010, 46 （8）.

［61］ Machlup F. , *The Production and Distribution of Knowledge in the United States*, Princeton University Press, 1962.

［62］ Maddigan, R. J. , "The Measuriement of Vertical Intergration", *The Review of Economics and Satistics*, 1981, 63 （3）.

［63］ Mueller M. L. , *China in the Information age: Telecommunications and the Dilemmas of Reform*, Praeger Pub Text, 1997.

［64］ Oz Shy, *Industrial Organization: Theory and Application*, Cambridge: The MIT Press, 1995.

［65］ Patel, P. , Vega, M. , "Patterns of Internationalization of Corporate Technology: Location Versus Home Country Advantages", *Research Policy*, 1999, （28）.

［66］ Pennings J. M. , Purannam P. , "Market Convergence and Firm Strategy: New Directions for Theory and Research", ECIS Conference, the Future of Innovation Studies Eindhoven, the Netherlands, 2001.

［66］ Poon, "Beyond the Global Production Networks: A Case of Further Upgrading of Taiwan's Information Technology Industry", *Technology and Globalization*, 2004, 1 （1）.

［67］ Poter M. E. , *The Comperative Advantage of Nations with a New Introduction*, Mac Millan Business, London, 1998.

［68］ Rainer Anderdassen, Franco Nardini, "Endogenous Innovation Waves and Economic Growth", *Structural Change and Economic Dynamics*, 2005, （3）.

［69］ Rawlinson M. , Wells P. , *The new European automobile industry*, Springer, 2016.

[70] Rosenberg N. , "Technological Change in the Machine Tool Industry, 1840 – 1910", *The Journal of Economic History*, 1963, 23 (4).

[71] State Environmental Protection Administration, China& The World Bank, *Cost of Pollution in China: Economic Estimates of Physical Damages*, Washington, 2007.

[72] State Environmental Protection Administration. China& The World Bank, *Cost of Pollution in China: Economic Estimates of Physical Damages*, Washington, 2007.

[73] Stewart D. W. , Zhao Q. , "Internet Marketing, Business Models, and Public Policy", *Journal of Public & Marketing*, 2000.

[74] Stigler G. J. , "The Division of Labor is Limited by the Extent of the Market", *The Journal of Political Economy*, 1951, 59 (3).

[75] Stigler G. J. , "The Successes and Failures of Professor Smith", *Journal of Political Economy*, 1976, 84 (6).

[76] Sven, Arndt, and Henryk Kierzkowski, *Fragmentation: New Production Patterns in the World Economy*, Oxford University Press, 2001.

[77] Thomas R. , "Business Value Analysis: Coping with Unruly Uncertainty", *Strategy & Leadership*, 2001, 29 (2).

[78] Tkaas, "Automotive Revolution-perspective Towards 2030: How the Convergence of Disruptive Technology-driven Trends Could Transform the Auto Industry", 2016.

[79] Townsend, Calantone, "Evolution and Transformation of Innovation in the Global Automotive Industry", *Journal of Product Innovation Management*, 2014, 31 (1).

[80] Vandermerwe S. S. , Rada J. , "Servitization of Business: Adding Value by Adding Services", *European Management Journal*, 1988, 6.

[81] Whitney S. N. , "Vertical Disintegration in the Motion Picture Indus-

try, In the Impact of Antitrust Laws", *The American Economic Review*, 1995, 45 (2).

[82] Wirtz B. W., "Reconfiguration of Value Chinas in Converging Media and Communications Markets", *Long Range Planning*, 2001, 34.

[83] Wright M. and Thompson S., "Vertical Disintrgration and the Life-Cycle of Firms and Industries", *Managerial and Decision Economics*, 1986, 7.

[84] Xing W., Ye X., Kui L., "Measuring Convergence of China, s ICT Industry: Aninput-output Analysis", *Telecommunications Policy*, 2011, 35 (4).

[85] Yeung Hwc, "Regional Development and the Competitive Dynamics of Global Production Networks: An East Asian Perspective", *Regional Studies*, 2009, 43 (3).

[86] Yoffie D. B., *Competing in the Age of Digital Convergence*, Harvard Business Press, 1997.

[87] Young A. A., "Increasing Returns and Economic Progress", *The Economic Journal*, 1928, 38 (152).

[88] Zhang, Y., "Vertical Specialization of Fims: Evidence from China's Manufacturing Sector", 2004.

[89] Zhang Y., Vertical Specialization of Firms: Evidence from China's Manufacturing Sector, 2004.

[90] Zheng Zhao, Jaideep Anand, Will Mitchell, "A Dual Networks Perspective on Inter-Organizational Transfer of R&D Capabilities: International Joint Ventures in the Chinese Automotive Industry", *Journal of Management Studies*, 2005, 42 (1).

[91] 奥利弗 E. 威廉姆森:《资本主义经济制度——论企业签约与市场签约》, 商务印书馆, 2002。

［92］ 白俊红、蒋伏心：《协同创新、空间关联与区域创新绩效》，《经济研究》2015 年第 7 期。

［93］ 蔡媛媛、吕可文：《生产性服务业与制造业互动发展研究——以河南省为例》，《华北水利水电大学学报》（社会科学版）2016 年第 5 期。

［94］ 蔡跃洲、王玉霞：《投资消费结构影响因素及合意投资消费区间——基于跨国数据的国际比较和实证分析》，《经济理论与经济管理》2010 年第 1 期。

［95］ 陈爱贞、陈明森：《中国装备制造业加入全球竞争的传统模式与突破路径》，《亚太经济》2009 年第 5 期。

［96］ 陈爱贞、陈明森：《中国装备制造业加入全球竞争的传统模式与突破路径》，《亚太经济》2009 年第 5 期。

［97］ 陈畴镛、陈力：《基于熵值法的我国高技术服务业发展评价》，《杭州电子科技大学学报》（社会科学版）2014 年第 10 期。

［98］ 陈菲：《服务外包与服务业发展》，经济科学出版社，2009。

［99］ 陈海生：《扬州跨江融合发展研究——基于苏南产业转移视角下的扬州制造业发展》，《中外企业家》2015 年第 31 期。

［100］ 陈汉林、朱行：《美国"再工业化"对中国制造业发展的挑战及对策》，《经济学家》2016 年第 12 期。

［101］ 陈林、唐杨柳：《推进广东产业升级的制度障碍与制度创新需求》，《经济与管理研究》2013 年第 5 期。

［102］ 陈柳钦：《产业融合的发展动因、演进方式及其效应分析》，《西华大学学报》（哲学社会科学版）2007 年第 4 期。

［103］ 陈强：《高级计量经济学及 Stata 应用》，高等教育出版社，2010。

［104］ 陈仕鸿、马朝辉：《广东省高技术服务业现状及竞争力分析》，《山东商业职业技术学院学报》2014 年第 4 期。

［105］ 陈仕鸿、徐姝好：《我国高技术服务业竞争力比较分析——基

于偏离 - 份额分析法的研究》，《连云港职业技术学院学报》2014 年第 1 期。

[106] 陈小兰：《浙江省生产性服务业与制造业互动发展的实证研究——基于 2002 - 2012 年浙江省投入产出表》，《统计科学与实践》2017 年第 6 期。

[107] 程皓、阳国亮、欧阳慧：《供给侧结构性改革背景下的中国制造业发展研究》，《广西师范学院学报》（哲学社会科学版）2017 年第 1 期。

[108] 程瑞芳：《流通产业升级的实现模式与路径选择》，《河北经贸大学学报》2004 年第 5 期。

[109] 程时雄、柳剑平：《中国工业行业 R&D 投入的产出效率与影响因素》，《数量经济技术经济研究》2014 年第 2 期。

[110] 楚明钦、陈启斐：《中间品进口，技术进步与出口升级》，《国际贸易问题》2013 年第 6 期。

[111] 楚明钦：《垂直分离与产业融合：生产性服务业与装备制造业互动研究》，中国社会科学出版社，2015。

[112] 楚明钦：《生产性服务业与装备制造业融合——基于第三次工业革命的分析》，《现代管理科学》2016 年第 1 期。

[113] 楚明钦：《生产性服务与装备制造业融合程度的国际比较——基于 OECDtour 产出表的分析》，《国际经贸探索》2014 年第 2 期。

[114] 楚明钦：《装备制造业与生产性服务业的产业关联研究——基于中国投入产出表的比较分析》，《中国经济问题》2013 年第 3 期。

[115] 崔巍：《产业结构、演化进程与中国调整升级的途径》，《武汉职业技术学院学报》2008 年第 1 期。

[116] 代中强：《制造业与生产者服务业的互动关系——来自长三角

的证据》，《产业经济研究》2008 年第 4 期。

[117] 戴天仕、徐现祥：《中国的技术进步方向》，《世界经济》2010 年第 11 期。

[118] 单元媛：《高技术产业融合研究》，科学出版社，2012。

[119] 单元媛、罗威：《产业融合对产业结构优化升级效应的实证研究——以电子信息业与制造业技术融合为例》，《企业经济》2013 年第 8 期。

[120] 单元媛、赵玉林：《国外产业融合若干理论问题研究进展》，《经济评论》2012 年第 5 期。

[121] 邓泳红、张其仔：《中国应对第四次工业革命的战略选择》，《中州学刊》2015 年第 6 期。

[122] 丁云龙、玉刚：《从技术创新角度看产业结构升级模式》，《哈尔滨工业大学学报》2001 年第 1 期。

[123] 杜传忠、杨志坤：《我国信息化与工业化融合水平测度及提升路径分析》，《中国地质大学学报》（社会科学版）2015 年第 3 期。

[124] 樊慧玲：《中国制造业集群质量升级的路径选择——基于"微笑曲线"的分析》，《吉林工商学院学报》2018 年第 1 期。

[125] 冯雪娇、邹慧、李贞明、陈春林：《智能制造视角下江西省制造业转型升级研究》，《江西科学》2017 年第 6 期。

[126] 符瑛：《全球价值链视角下我国产业集群转型升级影响因素研究》，《科学管理研究》2016 年第 3 期。

[127] 傅为忠、金敏、刘芳芳：《工业 4.0 背景下我国高技术服务业与装备制造业融合发展及效应评价研究——基于 AHP - 信息熵耦联评价模型》，《工业技术经济》2017 年第 12 期。

[128] 高铁梅、范晓非：《中国劳动力市场的结构转型与供求拐点》，《财经问题研究》2011 年第 1 期。

［129］ 高文婷、吴瑞明：《基于因子分析法的上海市高技术服务业发展评价体系研究》，《西南民族大学学报》（自然科学版）2013年第 1 期。

［130］ 龚仰军：《产业结构研究》，上海财经大学出版社，2002。

［131］ 顾乃华：《我国服务业对工业发展外溢效应的理论和实证分析》，《统计研究》2005 年第 9 期。

［132］ 顾乃华、夏杰长：《高新技术产业与现代服务业的耦合——理论分析和基于英国投入产出表的实证检验》，《国际经贸探索》2007 年第 2 期。

［133］ 桂黄宝、刘奇祥、郝铖文：《河南省生产性服务业与装备制造业融合发展影响因素》，《科技管理研究》2017 年第 11 期。

［134］ 国家发展改革委综合司，《关于消费率的国际比较》，《中国经贸导刊》2004 年第 16 期。

［135］ 韩东林、杜永飞、夏碧芸：《基于因子分析的中国三大区域高技术服务业竞争力评价》，《中国科技论坛》2013 年第 10 期。

［136］ 韩庆潇、查华超、杨晨：《中国制造业集聚对创新效率影响的实证研究——基于动态面板数据的 GMM 估计》，《财经论丛》2015 年第 4 期。

［137］ 韩先锋、惠宁、宋文飞：《信息化能提高中国工业部门技术创新效率吗》，《中国工业经济》2014 年第 12 期。

［138］ 韩永彩：《美国再工业化对中国制造业国际竞争力的影响》，《国际经济探索》2016 年第 4 期。

［139］ 何立胜：《产业融合与产业转型》，《河南师范大学学报》（哲学社会科学版）2006 年第 33 期。

［140］ 何宁、夏友富：《新一轮技术革命背景下中国装备制造业产业升级路径与评价指标体系研究》，《科技管理研究》2018 年第 9 期。

［141］ 胡汉辉、邢华：《产业融合理论以及对我国发展信息产业的启示》，《中国工业经济》2003 年第 2 期。

［142］ 胡金星：《产业融合的内在机制研究——基于自组织理论的视角》，复旦大学硕士学位论文，2007。

［143］ 胡晶：《工业互联网、工业 4.0 和"两化"深度融合的比较研究》，《学术交流》2015 年第 1 期。

［144］ 胡霞：《广东高技术服务业对制造业转型升级的影响探析》，《岭南学刊》2014 年第 4 期。

［145］ 华广敏：《高技术服务业 FDI 对东道国制造业效率影响的研究——基于中介效应分析》，《世界经济研究》2012 年第 12 期。

［146］ 华广敏：《高技术服务业与制造业互动关系的实证研究——基于 OECD 跨国面板数据》，《世界经济研究》2015 年第 4 期。

［147］ 黄明峰：《新形势下两化融合工作的若干思考》，《电信科学》2016 年第 1 期。

［148］ 黄先海、诸竹君：《新产业革命背景下中国产业升级的路径选择》，《国际经济评论》2015 年第 1 期。

［149］ 霍景东、黄群慧：《影响工业服务外包的因素分析——基于 22 个工业行业的面板数据分析》，《中国工业经济》2012 年第 12 期。

［150］ 霍景东、吴家森：《在岸服务外包的发展趋势及对策研究》，《广东商学院学报》2009 年第 3 期。

［151］ 江静、刘志彪、于明超：《生产者服务业发展与制造业效率提升：基于地区和行业面板数据的经验分》，《世界经济》2007 年第 8 期。

［152］ 姜凌、卢建平：《服务外包对我国制造业与服务业升级的作用机理》，《经济学家》2011 年第 12 期。

［153］ 蒋天颖：《我国区域创新差异时空格局演化及其影响因素分析》，

《经济地理》2013 年第 6 期。

[154] 杰里米·里夫金:《第三次工业革命－新经济模式如何改变世界》,张体伟等译,中信出版社,2012。

[155] 解学梅、徐茂元:《协同创新机制、协同创新氛围与创新绩效——以协同网络为中介变量》,《科研管理》2014 年第 12 期。

[156] 金碚:《竞争力经济学》,广东经济出版社,2003。

[157] 金碚、李钢、陈志:《加入 WTO 以来中国制造业国际竞争力的实证分析》,《中国工业经济》2006 年第 10 期。

[158] 金青、张忠、陈杰:《基于典型案例的苏南制造业转型升级路径与对策研究》,《科技进步与对策》2015 年第 18 期。

[159] 靳艳:《"中国制造 2025"背景下安徽制造业转型升级路径选择》,《成都师范学院学报》2018 年第 10 期。

[160] 剧锦文:《战略性新兴产业的发展"变量":政府与市场分工》,《改革》2011 年第 3 期。

[161] 科技部:《走中国特色高新技术产业化道路》,《中国高新技术产业导报》2007 年 3 月 12 日。

[162] 雷皓:《工业 4.0 浪潮下中国制造业转型策略研究》,《科技创新导报》2017 年第 16 期。

[163] 李赤日、李论:《我国服务业的比重至少被低估了 5－7 个百分点——浙江树人大学校长郑吉昌》,《中国经济导报》2011 年 10 月 6 日。

[164] 李晖:《高技术服务业发展的经验借鉴与模式选择——以湖南区域为实证样本》,《求索》2015 年第 10 期。

[165] 李建标、汪敏达、任广乾:《北京市科技服务业发展研究——基于产业协同和制度谐振的视角》,《科技进步与对策》2011 年第 7 期。

[166] 李兰芳:《上海市高技术服务业经济贡献研究》,《科技和产

业》2012 年第 10 期。

[167] 李廉水、吴先华：《江苏、香港和韩国制造业及其劳动生产率的比较研究》，《江苏社会科学》2010 年第 5 期。

[168] 李玲、陶峰：《中国制造业最优环境规制强度的选择——基于绿色全要素生产率的视角》，《中国工业经济》2012 年第 5 期。

[169] 李美云：《服务业的产业融合与发展》，经济科学出版社，2007。

[170] 李美云：《广东制造业和服务业融合发展的路径研究——以百丽公司为例》，《岭南学刊》2011 年第 5 期。

[171] 李美云：《基于价值链重构的制造业和服务业间产业融合研究》，《广东工业大学学报》（社会科学版）2011 年第 5 期。

[172] 李美云：《论服务业的跨产业渗透与融合》，《外国经济与管理》2006 年第 10 期。

[173] 李伟庆、唐铁球：《服务外包对我国制造业与服务业升级影响的实证研究》，《经济问题探索》2015 年第 12 期。

[174] 李霞、陈宁宁：《福建省高技术服务业与先进制造业产业关联效应分析》，《商场现代化》2012 年第 23 期。

[175] 李晓龙、冉光和、郑威：《科技服务业空间集聚与企业创新效率提升——来自中国高技术产业的经验证据》，《研究与发展管理》2017 年第 4 期。

[176] 李晓钟、陈涵乐、张小蒂：《信息产业与制造业融合的绩效研究——基于浙江省的数据》，《中国软科学》2017 年第 1 期。

[177] 李晓钟、杨丹：《我国汽车产业与电子信息产业耦合发展研究》，《软科学》2016 年第 11 期。

[178] 李雪荣、杨新华：《自然分工、劳动分工与市场起源及其演变》，《河北师范大学学报》（学社会科学版）2013 年第 5 期。

[179] 李亚薇、谢晓波：《装备制造业与创新驱动的关系概述》，《中国高新区》2017 年第 7 期。

[180] 李艳华、柳卸林、刘建兵：《现代服务业创新能力评价指标体系的构建及应用》，《技术经济》2009 年第 2 期。

[181] 李扬、李平、李雪松等：《经济蓝皮书：2016 年中国经济形势分析与预测》，社会科学文献出版社，2015。

[182] 李勇坚、孟静：《以发展高端服务业促进国家经济安全》，《经济研究参考》2012 年第 46 期。

[183] 李子叶、韩先锋、冯根福：《我国生产性服务业集聚对经济增长方式转变的影响——异质门槛效应视角》，《经济管理》2015 年第 12 期。

[184] 厉无畏：《中国产业发展前沿问题》，上海人民出版社，2003。

[185] 梁红艳、王健：《中国生产性服务业与制造业的空间关系》，《经济管理》2012 年第 11 期。

[186] 林民盾、杜曙光：《产业融合：横向产业研究》，《中国工业经济》2006 年第 2 期。

[187] 林木西、崔纯：《中国装备制造业和生产性服务业互动发展的区域比较》，《工业技术经济》2013 年第 6 期。

[188] 林秀梅：《我国转型期经济增长、经济结构与就业的关联性研究》，吉林大学博士学位论文，2006。

[189] 刘伯超、郝超：《常州高端装备制造业升级路径研究——以苏南现代化示范区建设为背景》，《价值工程》2015 年第 4 期。

[190] 刘朝阳、李秀敏：《交易成本的定义、分类与测量研究——中国总量交易成本的经验证据》，《经济问题探索》2017 年第 6 期。

[191] 刘丹丹：《辽宁省生产型服务业与装备制造业的互动研究》，《东北财经大学学报》2010 年第 2 期。

[192] 刘芳：《"中国制造 2025"背景下陕西航空制造业与生产性服务业互动发展的思考》，《技术与市场》2017 年第 3 期。

[193] 刘美平：《高科技服务业引领的创新供给规律和路径》，《社会

科学研究》2017 年第 3 期。

[194] 刘明宇、芮明杰、姚凯：《生产性服务价值链嵌入与制造业升级的协同演进关系研究》，《中国工业经济》2010 年第 8 期。

[195] 刘沛罡、王海军：《高技术产业内部结构多样化、专业化与经济增长动力——基于省域高技术产业制造业、高技术产业服务业面板数据的实证分析》，《产业经济研究》2016 年第 6 期。

[196] 刘书涵、张瑞、刘立霞：《中国生产性服务业和制造业的产业关联分析》，《南开经济研究》2010 年第 6 期。

[197] 刘曙华：《生产性服务业集聚与区域空间重构》，经济科学出版社，2012。

[198] 刘涛、金英淑、杨金帅、霍静娟：《基于博弈交叉效率 DEA 模型的中国工业企业创新绩效测度》，《科技和产业》2017 年第 9 期。

[199] 刘英基：《我国高技术产业低端锁定问题及解决对策》，《经济纵横》2013 年第 10 期。

[200] 刘友金、黄鲁成：《技术创新与产业的跨越式发展—A－U 模型的改进及其应用》，《中国软科学》2001 年第 2 期。

[201] 刘赟、陈伊娉、高英男、蒋佳云：《苏南地区制造业企业技术创新对策的实证研究》，《经济研究导刊》2012 年第 16 期。

[202] 刘志彪：《发展现代生产者服务业与调整优化制造业结构》，《南京大学学报》（哲学·人文科学·社会科学）2006 年第 5 期。

[203] 刘志彪：《论现代生产者服务业发展的基本规律》，《中国经济问题》2006 年第 1 期。

[204] 柳欣、赵雷：《吕元样我国经济增长中的需求结构失衡探源——基于存量——流量均衡的分析视角》，《经济学动态》2012 年第 7 期。

[205] 卢锋：《产品内分工》，《经济学》（季刊）2004 年第 4 期。

[206] 吕东：《支持工业界科研院所的新改革》，《人民日报》1999 年 8 月 28 日第 2 版。

[207] 吕民乐、金妍：《知识密集型服务业对中国制造业创新的影响——基于高技术制造业的实证分析》，《工业技术经济》2016 年第 4 期。

[208] 吕明元：《产业政策、制度创新与具有国际竞争力的产业成长》，《经济社会体制比较》2007 年第 1 期。

[209] 吕铁、余剑：《金融支持战略性新兴产业发展的实践创新、存在问题及政策建议》，《宏观经济研究》2012 年第 5 期。

[210] 罗宣、吴宁宁：《基于 CPM 的高技术服务业竞争力差异实证研究——以试点省市为例》，《第十一届中国管理学年会论文集》，2016。

[211] 马化腾、张晓峰、杜军：《互联网＋国家战略行动路线图》，中信出版集团，2005。

[212] 马健：《信息产业融合与产业结构升级》，《产业经济研究》2003 年第 2 期。

[213] 濮筠、崔玉平：《制造业转型升级背景下的苏南地区技术技能人才适应性研究》，《科技与经济》2017 年第 2 期。

[214] 齐芮、祁明：《科技服务业集聚对工业效率提升的溢出效应研究——基于 2003－2015 年中国 215 个地级以上城市的经验证据》，《宏观质量研究》2018 年第 1 期。

[215] 綦良群、赵龙双：《基于产品价值链的生产性服务业与装备制造业的融合研究》，《工业技术经济》2013 年第 12 期。

[216] 钱德勒：《规模与范围：工业资本主义的原动力》，张逸人等译，华夏出版社，2006。

[217] 仇冬芳等：《基于主成分分析的江苏省高技术服务业发展评价

研究》，《科技与经济》2011 年第 6 期。

[218] 曲婉、冯海红：《高技术产业对服务企业的技术溢出效应研究》，《科研管理》2016 年第 7 期。

[219] 任保平：《马克思经济学与西方经济学分工理论比较研究》，《经济纵横》2008 年第 3 期。

[220] 任广新：《"互联网 +"背景下的我国制造业转型升级研究》，《改革与战略》2018 年第 2 期。

[221] 任皓、周绍杰、胡鞍钢：《知识密集型服务业与高技术制造业协同增长效应研究》，《中国软科学》2017 年第 8 期。

[222] 任皓、周绍杰、胡鞍钢：《知识密集型服务业与高技术制造业协同增长效应研究》，《中国软科学》2017 年第 8 期。

[223] 阮光珍：《高技术产业集聚研究》，科学出版社，2012。

[224] 阮敏：《企业所有权性质、环境规制与发明专利的研发效率》，《软科学》2016 年第 2 期。

[225] 邵世禄：《对发展和振兴甘肃省装备制造业的探讨》，《甘肃高师学报》2009 年第 5 期。

[226] 盛龙、陆根尧：《中国生产性服务业集聚及其影响因素研究——基于行业和地区层面的分析》，《南开经济研究》2013 年第 5 期。

[227] 石庆焱、赵玉川：《高技术服务业统计体系研究》，《数据》2010 年第 1 期。

[228] 时省、洪进、赵定涛：《知识密集型服务业对高技术产业两阶段创新效率的影响研究》，《中国科技论坛》2013 年第 1 期。

[229] 史安娜、潘志慧：《长江经济带核心城市高技术制造业与知识密集型服务业共生发展研究》，《南京社会科学》2018 年第 6 期。

[230] 史本叶、李泽润：《基于国际垂直专业化分工的中国制造业产

业升级研究》，《商业研究》2014 年第 1 期。

[231] 史一鸣、包先建：《装备制造业与高技术服务业耦合发展评价指标体系研究》，《长春大学学报》2013 年第 7 期。

[232] 亚当·斯密：《国富论》，杨敬年译，陕西人民出版社，2001。

[233] 苏东水：《产业经济学》，高等教育出版社，2000。

[234] 苏杭、郑磊、牟逸飞：《要素禀赋与中国制造业产业升级——基于 WIOD 和中国工业企业数据库的分析》，《管理世界》2017 年第 4 期。

[235] 苏萍：《德国"工业 4.0"战略对中国制造业的启示》，《现代商贸工业》2017 年第 8 期。

[236] 苏向坤：《"中国制造 2025"背景下老工业基地制造业转型升级的路径选择》，《经济纵横》2017 年第 11 期。

[237] 孙郁瑶：《两化融合重塑制造业新优势》，《装备制造》2016 年第 12 期。

[238] 孙元元、张建清：《中国制造业省际间资源配置效率演化：二元边际的视角》，《经济研究》2015 年第 10 期。

[239] Timothy J.，Coelli D. S.，Prasada Rao 等：《效率和生产率分析导论》，刘大成译，清华大学出版社，2009。

[240] 谭清美、陈静：《信息化对制造业升级的影响机制研究——中国城市面板数据分析》，《科技进步与对策》2016 年第 20 期。

[241] 唐辉亮、姚玉婷：《开放经济条件下企业转型升级评价体系研究——基于沪市 500 家制造业上市公司数据的实证分析》，《对外经贸》2016 年第 10 期。

[242] 唐晓华、张欣钰：《效率视角下装备制造各子行业竞争力差异性研究——基于辽宁省面板数据的实证研究》，《辽宁大学学报》（哲学社会科学版）2017 年第 2 期。

[243] 陶长琪、周璇：《产业融合下的产业结构优化升级效应分析——

基于信息产业与制造业耦联的实证研究》，《产业经济研究》
2015 年第 3 期。

[244] 田小平：《高技术服务业与制造业关联关系研究——基于组织
生态学的视角》，《技术经济与管理研究》2015 年第 12 期。

[245] 田振中：《科技服务业与制造业发展互动关系实证研究——以
河南省为例》，《财会通讯》2018 年第 17 期。

[246] 汪芳：《高技术产业关联研究》，科学出版社，2012。

[247] 汪芳、潘毛毛：《产业融合、绩效提升与制造业成长——基于
1998 - 2011 年面板数据的实证》，《科学学研究》2015 年第
4 期。

[248] 王慧娟：《生产性服务外包提升中国制造业国际竞争力》，哈
尔滨商业大学硕士学位论文，2013。

[249] 王江、李郁璞：《北京市高技术服务业发展现状及前景分析》，
《国际商务》（对外经济贸易大学学报）2010 年第 3 期。

[250] 王兢、汪志晓：《浅谈大数据在苏南制造业中的引领作用》，
《山东工业技术》2015 年第 13 期。

[251] 王磊、谭清美、王斌：《传统产业高端化机制研究——基于智
能生产与服务网络体系》，《软科学》2016 年第 11 期。

[252] 王卫、綦良群：《中国装备制造业全要素生产率增长的波动与
异质性》，《数量经济技术经济研究》2017 年第 10 期。

[253] 王翔、肖挺：《产业融合视角下服务业企业商业模式创新绩效
分析》，《技术经济》2015 年第 5 期。

[254] 王新红、押榕、李世婷：《基于创新驱动的中国区域产业升级
能力评价及比较研究》，《技术与创新管理》2018 年第 3 期。

[255] 王仰东、安琴等：《珠三角高技术服务业 SWOT 分析与发展对
策研究》，《中国科技论坛》2010 年第 10 期。

[256] 王仰东、杨跃承、赵志强：《高技术服务业的内涵特征及成因

分析》,《科学与科学技术管理》2007 年第 11 期。

[257] 王正新、孙爱晶、邱风:《中国生产性服务业与先进制造业的互动关系——基于 Lotka-Volterra 模型的实证分析》,《华东经济管理》2017 年第 7 期。

[258] 王正新、朱洪涛、陈雁南:《我国高技术服务业区域发展水平综合评价——基于因子分析与改进聚类分析的实证研究》,《科技管理研究》2016 年第 15 期。

[259] 魏芳:《高技术产业组织研究》,科学出版社,2012。

[260] 魏江、黄学:《高技术服务业创新能力评价指标体系研究》,《科研管理》2015 年第 12 期。

[261] 翁朝霞:《基于区位商法的江苏高技术服务业竞争力分析》,《商业经济》2013 年第 24 期。

[262] 邬丽萍、柴陆陆:《跨境垂直专业化影响因素分析——对中国-东盟制造业分行业面板数据的实证》,《科技进步与对策》2017 年第 7 期。

[263] 巫强、刘志彪:《本土装备制造业市场空间障碍分析——基于下游行业全球价值链的视角》,《中国工业经济》2012 年第 3 期。

[264] 巫强、刘志彪:《中国沿海地区出口奇迹的发生机制分析》,《经济研究》2009 年第 6 期。

[265] 巫强:《为出口而进口:非对称战略的背景:内在机制和外在冲突》,《商学评论》2007 年第 14 期。

[266] 吴福象:《经济全球化中制造业垂直分离研究》,《财经科学》2005 年第 3 期。

[267] 吴福象:《跨国公司制造业垂直分离》,南京大学出版社,2009。

[268] 吴福象、马健、程志宏:《产业融合对产业结构升级的效应研究:以上海市为例》,《华东经济管理》2009 年第 10 期。

［269］吴福象、王德鑫：《产业融合的产业结构高级化效应——基于上海市六大支柱产业的实证研究》，《南京邮电大学学报》（社会科学版）2009 年第 2 期。

［270］武新邦、詹旋江、潘静：《发挥审判职能护航创新发展——各地法院依法保护知识产权综述》，《人民法院报》2018 年 4 月 27 日，第 3 版。

［271］席艳乐、李芊蕾：《长三角地区生产性服务业与制造业互动关系的实证研究——基于联立方程模型的 GMM 方法》，《宏观经济研究》2013 年第 1 期。

［272］席艳乐、易莹莹：《生产性服务业发展与上海制造业国际竞争力的提升》，《统计与决策》2013 年第 4 期。

［273］夏杰长、刘奕、顾乃华：《制造业的服务化和服务业的知识化》，《国外社会科学》2007 年第 4 期。

［274］肖文、林高榜：《政府支持、研发管理与技术创新效率——基于中国工业行业的实证分析》，《管理世界》2014 年第 4 期。

［275］谢地：《从"规制"到"规制放松"——西方国家微观经济干预政策的走势与我国公共经济政策选择》，《当代经济研究》1998 年第 2 期。

［276］谢显亮、潘德志：《浅谈中国制造业与服务业的关系及制造业的技术创新》，《学理论》2012 年第 3 期。

［277］邢苗、张建刚：《五大发展理念下产业结构转型升级评价指标体系构建与测评》，《中国市场》2017 年第 32 期。

［278］熊勇清、李世才：《战略性新兴产业与传统产业耦合发展的过程及作用机制探讨》，《科学学与科学技术管理》2010 年第 11 期。

［279］熊勇清、李世才：《战略性新兴产业与传统产业耦合发展研究》，《财经问题研究》2010 年第 10 期。

［280］徐斌：《江苏制造业竞争力研究》，科学出版社，2009。

［281］徐琪：《知识密集型制造业与高技术服务业互动发展研究》，《商业研究》2007 年第 6 期。

［282］徐一平：《制造业是创新主战场》，《群众》2016 年第 12 期。

［283］徐盈之、孙剑：《信息产业与制造业的融合——基于绩效分析的研究》，《中国工业经济》2009 年第 7 期。

［284］许金晶：《苏南制造业转型调查》，《中国经济周刊》2015 年第 48 期。

［285］阳立高、谢锐、贺正楚、韩峰、孙玉磊：《劳动力成本上升对制造业结构升级的影响研究——基于中国制造业细分行业数据的实证分析》，《中国软科学》2014 年第 12 期。

［286］杨凡、杜德斌、林晓：《中国省域创新产出的空间格局与空间溢出效应研究》，《软科学》2016 年第 10 期。

［287］杨慧力、汪金月、李静：《科技服务业促进制造业效率提升的路径》，《中国科技论坛》2018 年第 11 期。

［288］杨青峰：《高技术产业地区研发创新效率的决定因素——基于随机前沿模型的实证分析》，《管理评论》2013 年第 6 期。

［289］姚海林：《西方国家"再工业化"浪潮：解读与启示》，《经济问题探索》2012 年第 8 期。

［290］姚正海、刘肖、路婷：《我国高技术服务业创新效率评价研究》，《经济问题》2016 年第 9 期。

［291］叶飞文：《在新发展理念下福建产业转型升级路径研究》，《福建论坛》（人文社会科学版）2016 年第 2 期。

［292］于斌斌、胡汉辉：《产业集群与城市化共生演化的机制与路径——基于制造业与服务业互动关系的视角》，《科学学与科学技术管理》2014 年第 3 期。

［293］于刃刚：《产业融合论》，人民出版社，2006。

[294] 余东华、胡亚男、吕逸楠：《新工业革命背景下"中国制造 2025"的技术创新路径和产业选择研究》，《天津社会科学》2015 年第 4 期。

[295] 余菊花：《"欧美再工业化"对新常态下中国制造业发展战略布局的影响及对策》，《西部经济管理论坛》2017 年第 7 期。

[296] 俞彤晖：《科技服务业集聚、地区劳动生产率与城乡收入差距》，《华东经济管理》2018 年第 10 期。

[297] 原毅军、刘浩：《中国制造业服务外包与服务业劳动生产率的提升》，《中国工业经济》2009 年第 5 期。

[298] 原毅军、张军、孙大明：《FDI 技术溢出与自主研发的比较——基于中国制造业技术升级的视角》，《科技与管理》2017 年第 5 期。

[299] 岳鸿飞、徐颖、周静：《中国工业绿色全要素生产率及技术创新贡献测评》，《上海经济研究》2018 年第 4 期。

[300] 曾春九、蒋兆龙：《苏南地区第三方物流与制造业基地建设分析》，《中国流通经济》2005 年第 1 期。

[301] 曾智泽：《高技术产业发展特点及趋势》，《中国科技投资》2007 年第 2 期。

[302] 张伯旭、李辉：《推动互联网与制造业深度融合——基于"互联网 +"创新的机制和路径》，《经济与管理研究》2017 年第 2 期。

[303] 张诚、赵奇伟：《中国服务业外商直接投资的区位选择因素分析》，《财经研究》2008 年第 12 期。

[304] 张杰、郑文平：《全球价值链下中国本土企业的创新效应》，《经济研究》2017 年第 3 期。

[305] 张军、章元：《对中国资本存量的再估计经济研究》，《经济研究》2003 年第 7 期。

［306］张磊：《产业融合与互联网管制》，上海财经大学出版社，2001。

［307］张龙鹏，周立群：《"两化融合"对企业创新的影响研究——基于企业价值链的视角》，《财经研究》2016年第7期。

［308］张琴、赵丙奇、郑旭：《科技服务业集聚与制造业升级：机理与实证检验》，《管理世界》2015年第11期。

［309］张同斌、高铁梅：《高技术产业产出增长与关联效应的国际比较——基于美、英、日、中、印、巴六国投入产出数据的实证研究》，《经济学》（季刊）2013年第3期。

［310］张晓芹、王宇：《发达中小城市新型制造业综合评价与比较研究》，《科技管理研究》2018年第9期。

［311］张映红、燕善俊：《基于多元统计方法的华东地区高技术服务业发展评价研究》，《科技创业月刊》2017年第16期。

［312］张于喆：《新时期推进军工行业加强军民融合发展的对策建议》，《宏观经济研究》2017年第9期。

［313］张志元：《供给侧改革背景下提高我国先进装备制造业竞争力研究》，《当代经济管理》2016年第12期。

［314］赵珏、张士引：《产业融合的效应、动因和难点分析——以中国推进"三网融合"为例》，《宏观经济研究》2015年第11期。

［315］赵新华：《产业融合对经济结构转型的影响：理论及实证研究》，湖南大学硕士学位论文，2013。

［316］赵彦云、秦旭、王志彪：《"再工业化"背景下的中美制造业竞争力比较》，《经济理论与经济管理》2012年第2期。

［317］赵彦云：《中国制造业产业竞争力评价分析》，《经济理论与经济管理》2005年第5期。

［318］赵玉林：《高技术产业发展与经济增长》，中国经济出版社，2009。

［319］赵玉林、李丫丫：《技术融合、竞争协同与新兴产业绩效提升——基于全球生物芯片产业的实证研究》，《科研管理》2017

年第 8 期。

[320] 赵玉林、裴承晨：《技术创新、产业融合与制造业转型升级》，《科技进步与对策》2019 年第 5 期。

[321] 郑凯捷：《分工与产业结构发展——从制造经济到服务经济》，复旦大学出版社，2008。

[322] 郑天羽、董盛雄：《加快"两化融合"助推产业强区——关于传统制造业改造提升的思考》，《江南论坛》2018 年第 1 期。

[323] 植草益：《信息通讯业的产业融合》，《中国工业经济》2001 年第 2 期。

[324] 钟鸣长、付春红：《智能制造背景下福建省制造业转型升级的对策》，《湖南商学院学报》2017 年第 3 期。

[325] 周大鹏：《服务化——制造业的创新之路》，上海社会科学院出版社，2016。

[326] 周强、董建国、袁军宝：《我国制造业服务化成新趋势》，《经济参考报》，2018 年 1 月 9 日。

[327] 周振华：《产业融合：产业发展及经济增长的新动力》，《中国工业经济》2003 年第 4 期。

[328] 周振华：《信息化进程中的产业融合研究》，《经济学动态》2002 年第 6 期。

[329] 周志丹：《信息服务业与制造业融合互动研究》，《浙江社会科学》2012 年第 2 期。

[330] 朱克力：《供给侧改革引领"十三五"》，中信出版社，2016。

[331] 朱瑞博：《价值模块整合与产业融合》，《中国工业经济》2003 年第 8 期。

[332] 朱四海：《"十三五"时期福建省制造业转型升级路径分析》，《发展研究》2015 年第 12 期。

[333] 朱永虹、邵炜、王艳波：《知识密集型服务业与高技术产业互

动机理研究——以安徽省为例》，《吉林工商学院学报》2017
年第 1 期。

[334] 朱有明、刘金程：《知识密集型服务业创新绩效影响因素实证
研究》，《财经问题研究》2016 年第 5 期。

后　记

　　知识经济催生了大批高新技术，推动高新技术产业价值链不断向服务环节扩展和延伸，产品中的服务价值比重甚至开始超过实体价值比重，高技术服务业对制造业转型升级的促进和支撑作用与日俱增。特别是国际金融危机爆发后，以美国为代表的发达国家开始重新审视经济增长模式，提出将"再工业化"作为重塑国家竞争优势的重要途径，让经济增长回归实体经济，这使得新一轮全球分工体系正在发生剧变。制造业是国民经济的主体，是立国之本、兴国之器、强国之基。我国是制造业大国，但不是制造业强国，因此，在这个重要阶段，加快我国高技术服务业与制造业融合发展，既是加速服务业与制造业价值链相互渗透、延伸和重组，推动战略性新兴产业发展，最终形成现代化产业体系的规律使然，也是承接国际产业转移，融入全球价值链体系，更好地参与国际分工与合作，提升制造业国际竞争力的客观需要，开展此项研究对于构建两者融合发展的价值链体系以及为政府部门制定相关产业政策有十分重要的意义。

　　本书从拟定写作提纲到最终书稿完成，先后经历了资料搜集、实地调研、框架设计、数据处理、会议研讨、书稿撰写、征求意见及修改完善等阶段。在本书写作大纲的设计阶段，河南省社会科学院院长谷建全研究员、河南省社会科学院经济研究所所长完世伟研究员给予了精心的指导；在写作阶段，郑州大学新闻与传播学院楚明钦副教授、河南省委政策研究室刘建军博士、河南省财政金融学院张红星副教授、河南省社会科学院城市与环境研究所吴旭晓副研究员、郑州大学商学院任广乾副教授、河南省人民政府发展研究中心郑广建博士等同事、同学、朋友给予了高度关注，河南省社会科学院经济研究所、科研处的各位同事给予了大量鼓励，同时，本书也得到了河南省社会科学院创新工程的资助出版，在此一并表示感谢！

在本书即将付梓之际，笔者越发觉得自己水平有限，并对这一问题重新进行了思考，也发现了很多新问题。比如，在模型构建方面，把第四次工业革命背景下，技术进步、科技创新日新月异带来的制造业价值链垂直分离快速化以及产业融合加剧的动态演进机制纳入研究分析框架，就可能使模型设计更为精确，对问题的解释也更接近实际；比如，在实证研究方面，深入微观层面通过区域市场主体的具体数据分析高技术服务业对制造业效率提升问题，就能对采用行业数据和区域数据对制造业与高技术服务业的垂直分离与产业融合互动问题研究进行很好的补充；又比如，在研究内容方面，第四次工业革命的到来已经开始推动各国产业组织发生巨大变化，制造业垂直一体化与垂直分离的形式开始有了新的变化趋势，如果把这种趋势、变化效应融入研究可能会有更多新发现，等等。这也为自己今后研究提供了新的方向。

谨向所有鼓励、支持和帮助本书写作出版的领导和同志表示衷心的感谢。书中难免有不妥之处，敬请大家批评指正。

袁金星

2019 年 5 月 28 日

图书在版编目（CIP）数据

制造业与高技术服务业融合发展研究／袁金星著
. -- 北京：社会科学文献出版社，2019.11
（中原学术文库. 青年丛书）
ISBN 978 - 7 - 5201 - 5827 - 5

Ⅰ.①制…　Ⅱ.①袁…　Ⅲ.①制造工业 – 服务业 – 产业发展 – 研究 – 中国②高技术产业 – 服务业 – 产业发展 – 研究 – 中国　Ⅳ.①F426.4②F279.244.4

中国版本图书馆 CIP 数据核字（2019）第 267694 号

中原学术文库·青年丛书
制造业与高技术服务业融合发展研究

著　　者／袁金星

出 版 人／谢寿光
组稿编辑／任文武
责任编辑／张丽丽

出　　版／社会科学文献出版社·城市和绿色发展分社（010）59367143
　　　　　地址：北京市北三环中路甲 29 号院华龙大厦　邮编：100029
　　　　　网址：www. ssap. com. cn
发　　行／市场营销中心（010）59367081　59367083
印　　装／三河市尚艺印装有限公司

规　　格／开 本：787mm × 1092mm　1/16
　　　　　印 张：15.25　字 数：204 千字
版　　次／2019 年 11 月第 1 版　2019 年 11 月第 1 次印刷
书　　号／ISBN 978 - 7 - 5201 - 5827 - 5
定　　价／78.00 元

本书如有印装质量问题，请与读者服务中心（010 - 59367028）联系